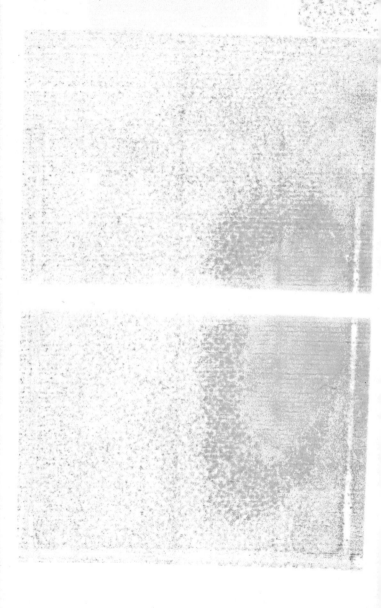

ENGLISH RECUSANT LITERATURE
1558–1640

Selected and Edited by
D. M. ROGERS

Volume 161

THOMAS PRESTON

Rogeri Widdringtoni . . .
Responsio Apologetica
1612

PAUL HARRIS

A Briefe Confutation of . . .
Mr. James Usher
1627

THOMAS PRESTON

Rogeri Widdringtoni . . .
Responsio Apologetica
1612

The Scolar Press
1973

ISBN 0 85967 121 6

Published and Printed in Great Britain by
The Scolar Press Limited, 20 Main Street,
Menston, Yorkshire, England

NOTE

The following works are reproduced (original size), with permission:

1) Thomas Preston, *Rogeri Widdringtoni . . . responsio apologetica*, 1612, from a copy in the library of York Minster, by permission of the Librarian.

References: Allison and Rogers 674; STC 25597.

2) Paul Harris, *A briefe confutation of . . . Mr. James Usher*, 1627, from a copy in Lincoln Cathedral Library, by permission of the Dean and Chapter.

References: Allison and Rogers 381, STC 12813/ 24661.

ROGERI
WIDDRINGTONI
CATHOLICI ANGLI
RESPONSIO APOLO-
GETICA.

ad

Libellum cuiusdam Doctoris Theologi, qui
eius pro iure Principum Apologiam tanquam
fidei Catholicæ apertè repugnantem, atque
Ethnicismum sapientem,falsò, indoctè,
& seditiosè criminatur.

Qui fodit foveam incidet in eam, & qui statuit lapidem prox-
imo offendet in eo,& qui laqueum alij ponit,peribit in illo.
ECCLESIASTI. CAP.27.

COSMOPOLI
Apud Pratum.
1612.

PRAEFATIO
AD LECTOREM.

Didi non ita pridem (Christiane Lector) Apologiam pro Iure Principum aduersus rationes Card. Bellarmini, qui suam sententiam pro potestate Papali Principes abdicandi, vt rem de fide certam demonstrare, & contrariam quorundam Catholicorum opinionem tanquam hæreticam impugnare contendit. Quæ quidem Apologia (quam ego, Deus mihi testis est, non studio contradicendi, aut Card. Bellarminum, quem plurimùm veneror, traducendi,

a 2 ducendi,

ducendi, sed gratia tantùm veritatis inuestigandæ, & quosdam Catholicos pios, eruditos, atque de Ecclesia Catholica optimè meritos, qui si in viuis essent, aliorum patrocinio ad se defendendos minimè indigerent, à fædißima hæreseôs nota vindicarem, confeci) à nonnullis peßimè excepta est, qui eam miris clamoribus insectantur, & pueros, mulierculas, virosque præsertim indoctos, & vix syllabam illius intelligentes inducunt, vt eam quibuscunque maledictionibus, atque execrandis contumelijs ignominiosè lacessant. Aiunt enim (vt leuioris momenti conuitia prætcream) esse librum temerarium, scandalosum, erroneum, quin & fidei Catholicæ ex toto repugnantem.

2   Quæ enim, inquiunt, maior temeritas excogitari potest, quàm vnum, vel alterum obscuri nominis

Au-

AD LECTOREM.

Auctorem septuaginta Doctoribus clarissimis à Card. Bellarmino recensitis, quin etiam, *vt ipse Bellarminus affirmat,* * Scriptoribus Catholicis omnibus, tum Theologis, tum sacrorum Canonum, ac ciuilium legum professoribus sese opponere, & tanquam alterum Goliath aduersus acies omnium Catholicorum procedere ausos esse?

* In Præfat contra Barclaium.

An non etiam incredibilis arrogantia est tot virorum grauissimorum non doctrina tantùm, sed sanctitate etiam illustrium concordi sententiæ non solùm non acquiescere, verùm etiam in eos nefandam perduellionis culpam impingere, *sicut Widdringtonum fecisse satis apertum esse aiunt,* cum eos, qui potestatem Principes deponendi summo Pontifici attribuunt, grauissi-

a 3   mam

mam supremis Principibus iniuriam irrogare, & si subditi sint, in detestandum læsæ maiestatis crimen incurrere non semel, sed sæpiùs in sua Apologia asserere videatur?

3 Quod verò hæc VViddrintoni Apologia sit valde scandalosa, *nimis manifestum esse dicunt*, cum Principibus secularibus licentiam tribuat libros prohibendi, quod tamen ad hæreticæ prauitatis Inquisitores, Episcopos, summumque duntaxat Pontificem pertinere videtur: ijsdemque Principibus ansam præbeat Ecclesiam impunè persequendi, & scelera quæcunque liberè, & absque pœnæ temporalis periculo perpetrandi; atque etiam Prædicatores ad fidem Catholicam dilatandam à summo Pontifice missos pro arbitrio repellendi,

ex

ex quibus profecto maxima sequutura esse scandala nemo inficiari potest . Quin etiam ipsum Card. Bellarminum potissimum hoc tempore Ecclesiæ Catholicæ aduersus Sectarios propugnatorem insulsè admodum perstringere videtur, dum & titulum tam ignominiosum suæ Apologiæ apponit, & ipsum tanquam quæstionem hanc grauissimam minùs syncerè pertractantem, & sibimetipsi in multis contradicentem ex suismet principijs confutare, & proprio gladio iugulare prætendit; quod sanè non absque graui scandalo nimis amplam tum Catholicis occasionem dare videtur, ne reliquis suis controuersiarum libris debitus ille honor, in quo hucusque ab omnibus sunt habitæ, deinceps deferatur:

a 4   tum

tum etiam Ecclesiæ Catholicæ aduersarijs, nec ad Ecclesiæ gremium tam cito reuertantur, dum Catholicos ipsos linguis suis, quasi gladijs quibusdam, se inuicem cōfodere, & calamos suos adeo hostiliter in se mutuò stringere conspiciunt.

4 *Demum*, quòd V Viddringtoni liber sit planè hæreticus, & fidei Catholicæ omni ex parte repugnans, aut saltem à fide deuians, perspicuè probat Card. Bellarminus ex nouem Concilijs, quorum tria generalia sunt, à summo Pontifice approbatis; neque enim ab hæresi, aut errore saltem excusari posse videtur, qui vocem Ecclesiæ audire contemnit, & tot Concilijs, quæ doctrinam Catholicam apertè declarant, sciens, & volens contradicere præsumit.

5   *Hac*

5 *Hæc sunt præcipua, quæ rigidi isti Censores ex nimio spiritus sui feruore aduersus meam Apologiam obiectant, quæ omnia refellere, méque ab eorum calumnijs vindicare non valde laboriosum esse reor. Quod si in istis calumnijs obterendis nimiùm prolixus esse videar, & debitæ proportionis, quæ tam parui libelli Præfationi congruit, modum excedam, supplex à te, Lector beneuole, veniam peto; neque enim tam commodam me iniustè accusatum defendendi opportunitatem nactus, meam à peßimis hisce criminibus purgationem vlteriùs differendam esse duxi.*

6 *Atque, vt singula capita eodem, quo proposita sunt, ordine, eáque, qua possum, breuitate percurram, inprimis definitionem* temerarij, *prout in præsenti à Theologis sumi solet (vt plures alias*

alias temeritatis *acceptiones, quas ij-dem Theologi tradunt, nunc missas faciam*) *à Dominico Bannes* a *Theologo doctissimo, & qui nouissimè post Melchiorem Canum, quem ipse citat, de hac materia scripsit, accipiam:* Si, inquit, definitionem nominis *temerarij* consideremus, omnis propositio hæretica, & erronea est satis *temeraria.* Sed tamen accipitur specialiter propositio *temeraria,* quando aliquis asserit quidpiam contra communem opinionem Ecclesiæ, aut Theologorum sine magna auctoritate in materia graui. *Vtrum autem hæc definitio* temerarij *propriè sumpti, quam Card. Bellarminus, vt opinor, admittet, vel saltem vt* improbabilem *non reijciet, Widdringtoni Apologiæ iure attribui possit, iam disquirendum est.*

a 2.2.q.11. ar.2.

7 *Rem*

AD LECTOREM.

7 *Rem quidem, de qua nunc agitur, fateor esse grauißimam, vtpote ad supremam potestatis Ecclesiasticæ, & ciuilis iura spectantem, neque de hoc vlla inter nos controuersia existit. Itaque hæc duo tantùm examinanda restant; primum, an quidpiam in Widdringtoni libro contineatur, quod communi Ecclesiæ, aut Theologorum opinioni aduersetur; secundum, an si tale quid inueniatur, illud sine magna auctoritate asseratur. Si enim vel nihil comprehendat, quod communi Ecclesiæ, aut Theologorum sententiæ repugnet, vel si tale aliquid affirmet, illud non sine magna auctoritate asseueret, prædictam temeritatis culpam vtiq; deuitabit, eamque potius in suos aduersarios iuxta legem talionis retorquebit.*

8 *Verùm ante omnia attendere te oportet Lector erudite (ad te enim potißimùm*

tißimùm sermonem meum dirigo) quinam sit scopus, ad quem Widdringtonus suam pro Iure Principum Apologiam collineat, & quidnam sit illud de
quo ipse cum Card. Bellarmino contendit; hoc enim semel cognito, multo faciliùs dijudicare poteris, vtrum iure, vel
iniuria prædicta crimina illi obijciantur.
Non igitur ea Widdringtoni mens est,
vt quidam imaginantur, communiorem
Theologorum sententiam, quæ potestatem Principes deponendi summo Pontifici attribuit, vt manifestè falsam refellere, aut contrariam vt veram cer-
tißimis rationibus demonstrare; sed
cum paucißimi quidam recentiores, &
potißimùm Card. Bellarminus, tam
mordicùs, tantóque impetu auctoritatem hanc Papalem abdicandi Principes defendendam in se susceperint, vt
eam euidentißimè conuincere opinaren-
tur

*tur, eosᶐ Catholicos, qui huic senten-
tiæ non applaudunt, hæreseôs nota
aspergere non formidarent, hoc solum
mihi institutum erat, vt rationibus*
Card. Bellarmini probabiliter saltem
*responderem, virosque Catholicos pios,
ac eruditos ab execrando* hæreseôs *crimine, quo immeritò notantur, vindicarem, adeóque non* certis, sed probabilibus *rationibus ex eius principijs
commonstrarem, sua argumenta non
esse ita vsquequaque certa, ac demon-
stratiua, vt perspicuè demonstrent, eos,
qui talem auctoritatem insiciantur, non
esse in fidelium cœtu numerandos, vel à
sacramentorum participatione exclu-
dendos.*

9 *Quapropter præsens controuersia, quæ inter me, & Card. Bellarminum iam agitatur, non est de hac* simplici enunciatione, *an Papa possit,*
vel

vel non poßit Principes ob hærefim ab-
dicare, sed de ifla modali, vtrum adeo
certum fit talem deponēdi Principes auctoritatem summo Pontifici ex Chrifti
inftitutione competere, vt qui contrariam opinionem tuentur, manifefto hæ-
refeôs, erroris, culpæve læthalis
periculo sese exponant. Vnde, tametfi
ego quædam argumenta ab incommodis
defumpta, quæ dialectici ad impoßibile
appellant, in mea Apologia adduxerim,
ad probandum, talem poteftatem non
esse à Chrifto Domino summo Pontifici
communicatam, qui tamen eam diligenter infpexerit, flatim perfentiet, me
non rationes certas, quæ assensum firmum, ac indubitatum gignunt, sed ve-
rifimiles duntaxat, & ex principÿs cre-
dibilibus petitas, quæ perfuafionem probabilem procreare valent, adducere voluisse.

10 *Atque hinc cuiuis liquidò con-stare poteſt, Widdringtonum nec Theo-logis, nec communi Ecclesiæ, aut Docto-rum opinioni, ſed pauciſsimis duntaxat ſcriptoribus ſeſe opponere, cum pauci admodum ex illis ſeptuaginta Auctori-bus à Bellarmino relatis inueniantur, qui, tametſi forſan ſentiant poteſta-tem Principes ſuis Regnis ob enormia facinora priuandi ſummo Pontifici à Chriſto Domino conceſſam eſſe, non ta-men adeo tenaciter ſuæ opinioni adhæ-rent, vt contrariam amplexantibus hæreſeôs notam inurant. Et niſi Card. Bellarminus in poſterioribus ſuorum operum editionibus, nullam planè de nouo ad ſuam ſententiam confirman-dam rationem adducens, contrariam Catholicorum opinionem vt hæreti-cam condemnaſſet, ſed cuiuis in propria ſua, quam veriorem arbitraretur, opi-nione*

nione absque hæreseôs periculo persi-
stere integrum permisisset, non habuis-
set profectò Widdringtonum, qui sibi
aduersaretur, aut qui suas rationes,
tanquam ad rem de fide certam demon-
strandam minùs sufficientes, euertere
attentasset.

11 *Deinde, neque etiam sententia*
Barclaÿ communi Ecclesiæ, aut Docto-
rum opinioni aduersaria censenda est;
nomine enim communis opinionis in de-
finitione temerarÿ positæ nõ intelligitur
illa, quæ minùs communi, sed quæ singu-
lari opponitur. At constat sententiam
Barclaÿ non esse vnius, aut alterius
singularem, quicquid Card. Bellarmi-
nus toties vnum Barclaium, solum
Barclaium, tanquam alterum Goliath aduersus omnes Scriptores
Catholicos *ingeminans asseueret; cum*
plurimos ego Authores, qui eam ample-
ctuntur,

&tuntur, in mea *Apologia recenfuerim,* atque *vt optimè fcribit Trithemius,* de hac re certant Scholaftici, & adhuc fub Iudice lis eft, an Papa poffit Imperatorē deponere; *& propterea eius opinio ad hunc effectum, vt eam tutò fequi liceat, communis dici poteft.*

12 Theologorum Scholafticorum etiam multorum teftimonium, *ait Canus,* [b] fi alij contra pugnant viri docti, non plus valet ad faciendam fidem, quàm vel ratio ipforum, vel grauior etiam auctoritas comprobârit. Vnde in Scholaftica difputatione plurium auctoritas obruere Theologum non debet, fed fi paucos viros modò graues fecum habet, poterit fanè aduerfus plurimos ftare. *Et pulchrè Nauarrus,* [c] Non videtur, *inquit,* vna

b Lib. 8. de locis, cap. 4.

c In Manual. c. 27. nu. 289.

b   opinio

opinio appellanda communis ad
effectum præiudicandi alteri eo solo, quòd plures eam sequantur, tanquam aues aliæ alias, quæ vnam
volantem aliæ omnes sequuntur.
Communiorem enim ad hoc exi-
stimarem illam, quam sex, vel sep-
tem auctores classici rem ex professo tractantes assererent, quàm pro-
batam à quinquaginta sola fere
auctoritate priorum ductis. Opinio
enim communis non ex numero
opinantium, sed ex pondere auctoritatis fit. Quin & arbitror vtramque ad hoc posse dici communem,
quando vtraque habet octo, vel de-
cem assertores graues, & cum iudicio eam deligentes. *An non in gene-*
rali Chalcedonensi Concilio circa prima-
tum Romani Pontificis tres, quatuor ve
Episcopi sexcentis ferme Episcopis, to-
tique

tique Concilio sese opposuere, quos tamē procul dubio non esse eapropter temeritatis nota aspergendos Card. Bellarminus constanter affirmabit? Iam si quis primam huius opinionis, quæ potestatem Principes deponendi summo Pontifici attribuit, originem, & progressionem diligenter consideret, facile inueniet, posteriores huius opinionis assertores non tam vi rationū motos, quàm priorum auctoritate tractos eam sequutos esse.

13　*Neque etiam satis firmiter comprobari potest, opinionem hanc pro potestate Papali Principes abdicandi esse adeo communem, vt Card. Bellarminus tanquam certum supponit. Etenim non adeo clarum est, septuaginta illos Auctores, quos ipse tanquam tot milites loricatos in suæ opinionis patrocinium adducit, eosque, vt maiorem*

b　2　　　*aduer-*

aduersario tot armatorum agmina in frontispicio intuenti terrorem incutiat, ordine quasi militari artificiosè disponit, suæ sententiæ omnimodò patrocinari. Nam, vt taceam plurimos ex illis non sententiam Card. Bellarmini pro dominio summi Pontificis indirectè in tēporalibus, quam ipsi acriter impugnant, propugnare, sed planè directum dominium, quod ipse improbat, magno applausu approbare; inprimis constat Alexandrum Halensem Doctorem sanè irrefragabilem ^dvtrumque dominium, tam directum, quă indirectum, expressissimis verbis confutare, neque quid Almainius senserit, est adhuc, vt alibi ^e vidimus, satis exploratum.

d Vide inferius nu. 190.

e Nu.122. mcę Apolog.

14 Deinde, ex illis septuaginta quidam tam generalibus verbis vtuntur, quòd nimirum potestas spiritualis se extendat ad temporalia, quòd potestas

poteſtas temporalis ſubdita ſit ſpirituali, & quòd gladius gladio ſubijciatur, &c. *vt de ſubiectione quoad*
pœnas tantùm ſpirituales, non tempora-
les, & de poteſtate imperandi tempora-
lia, non autem de temporalibus diſpo-
nendi commodè intelligi poſſint. Alij non
de Regibus in vniuerſum, ſed de Im-
peratore tantùm Romano apertiſſimè
loquuntur, de quo, an eadem planè ſit
ratio, atque de alijs Regibus, ob aliquod
forſan pactum inter ipſum, & ſummum
Pontificem initum, & ob Iuramentum
fidelitatis, quod Papæ præſtat, in di-
ſputationem vocari poteſt. Quid autem
Imperator vi illius Iuramenti, quod
verè fidelitatis eſſe Conciliũ Viennenſe
decernit, pollicetur, & in quo fidelitas
illa propriè conſiſtat, non eſt noſtri inſti-
tuti iam examinare.

15   *Præterea, quid impedit, quo*
                                minùs
             b 3

minùs plurimi ex illis septuaginta Auctoribus, qui docent Papam Reges, &
Imperatores deponere posse, eodem modo explicari nequeant, quo Doctores
illi in mea Apologia relati vnà cum
Glossa aperta Gregorij septimi verba
interpretantur, asserentis Romanum
Pontificem Zachariam Regem Francorum à Regno deposuisse, id est, deponentibus concessisse, vel deponendum declarasse, seu eius depositionem vt licitam consuluisse, suáque auctoritate approbasse? Quo fit, vt pauci admodum ex illis septuaginta Auctoribus,
nisi qui postremo hoc seculo de hac materia scripserunt, adeo apertè sententiam
Card. Bellarmini sequantur, quin eorum verba ad aliquem ex præfatis sensibus optimè accommodari possint.

16 Verum esto, admittamus hanc
Card. Bellarmini sententiam esse ab illis

septua-

septuaginta, alijsque præterea Doctoribus communiter receptam; si quis tamen communi Ecclesiæ, aut Doctorum opinioni cum magna auctoritate refragatur, is nequaquam temerarius *iuxta prædictam* temerarij *descriptionem existimandus est. Vtrum autem Widdringtonus rationes sufficientes attulerit, ad eos Catholicos à* temeritatis *vitio excusandos, qui talem deponendi Principes potestatem summo Pontifici non concedunt, prudens Lector ex eius Apologia facillimè iudicabit, in qua tum prætensas Card. Bellarmini demonstrationes funditus euertit, tum plures sanctorum Patrum, summorum Pontificum, aliorúmque Doctorum auctoritates producit, qui gladium duntaxat spiritualem, & non materialem Ecclesiasticæ potestati competere, & Principes supremos à solo Deo pœnis tēporalibus*

b 4   *coercen-*

coercendos esse affirmant; tum etiam
octo ad minimum Auctores graues (quin
& totum Franciæ regnum si Petro Pi-
thæo fides adhibenda sit) qui iuxta Nauarri superius * citati doctrinam, opinionem illam, quam sequuntur, ad hunc
effectum vt eam tutò amplecti possi-
mus, communem reddere valent, contra
prædictam Bellarmini sententiam, quæ
communis dici solet, allegat : tum po-
stremò diuersas causas assignat, quare
hæc opinio, quæ potestati summi Pontificis in temporalibus fauet, adeo communis sit, & à primis suis primordijs
ad hæc vsque tempora tantopere incre-
buerit; quas eius rationes si quis seriò
considerauerit, meritò profectò mirari poterit, quòd in libris Catholicorum
vllum omnino iam extet monumentum,
in quo hanc summi Pontificis potestatem temporalem à Doctoribus Schola-
sticis

*Nu.12.

sticis in controuersiam vocari vel sub-
obscurè significetur.

17 *At inquiunt aduersarij,* neque
VViddringtonum suis rationibus
efficaciter demonstrasse, quòd prædicta Principes abdicandi potestas
in summo Pontifice non resideat,
neque etiam auctoritates Doctorum fideliter recensuisse, cum quidam ex illis, quos ipse pro sua sententia citat, & præsertim *Gre-*
gorius Tholosanus, & *Antonius de*
Rosellis, disertè affirment, posse
summum Pontificem Principes
hæreticos suis Regnis exuere. *Ve-*
rùm friuolas esse istas obiectiones cui-
libet erudito eius Apologiam attentè
perlegenti luculenter apparebit. Hoc
enim potißimùm Widdringtono insti-
tutum erat, vt argumentis Cardina-
lis Bellarmini probabiliter saltem
*   respon-*

responderet, & non rationes demonstra-
tiuas, quæ contrariam sententiam euidenter concludant, produceret. Sed quoniam argumentorum solutio nullum
contrariæ opinionis positiuum assensum
ex se producere valet, tametsi ad assentiendum mentē vtcunq; disponat, visum
est Widdringtono non solùm rationes
Card. Bellarmini refellere, verùm etiam argumenta quædam probabilia tum
ex principijs extrinsecis, tum ex intrin-
secis petita contra opinionem communem in medium proferre, quæ, licet in-
tellectum ad applaudendum non planè
cogant, eum tamen ad assentiendum
rationabiliter inclinent.

18 Idcirco autem Gregoriū Tho-
losanum, & Antoniū de Rosellis aduersus Bellarmini sententiam adducit,
quia non solum Auctores, qui oppositam
expressè sequantur, sed fautores etiam
pro-

proferre intendit. Constat autem præfatos Doctores in eo Card. Bellarmini sententiæ apertißimè aduersari, quòd existiment non posse summum Pontificem Principes supremos ob crimina merè secularia, quæ tamen bono spirituali obsunt, deponere. Præterquã quòd Antonius de Rosellis subdubitanter, & disiunctiuè affirmet, * posse summum Pontificem Imperatorem vel imperio priuare, vel priuandum declarare, adeo vt ipse in sententiam Ioan. Parisiensis, qui potestatem Principes deponendi non Pontifici, sed Reipublicæ attribuit, propendere videatur.

* In sua monarchia, parte I, cap. 63.

19 Denique; secundum illud temeritatis crimen, quod Widdringtono obijciunt, eum nimirum Doctoribus illis, qui hanc summi Pontificis deponendi Principes potestatem tuentur, nefandum perduellionis crimen impingere,

mera

mera calumnia, & impostura est. Neque
enim Widdringtonus in quinta sua ratione, [b] quam isti calumniantur, aliud
affirmat, quàm non posse sufficientem
assignari rationem, quamotus quispiam supremorum Principum col-
la, absque maxima ipsorum iniuria,
alterius potestatis iugo subijcere
queat; sed [c] tales contra Principum
sceptra machinationes esse ex se,
suóq; genere illicitas, & supremis
Principibus summè iniuriosas, liberè, & absque hæsitatione, quod sibi pro-
babilius videtur, pronunciat: & propterea, non satis adhuc sibi constare asserit, [d] quanam via à perduellionis crimine excusari possint subditi, quamcunque opinionem circa potestatem Pontificis temporalem specu-
latiuè tueantur, qui practicè, sub
prætextu forsan religionis, & deuo-
tionis

b Nu.63.suæ
Apologiæ.

c Nu.447.suæ
Apologiæ.

d Nu.471.suæ
Apologiæ.

tionis erga sedem Apostolicam, non æquè etiam perpendentes debitum suæ seruitutis erga Maiestatem Regiam obsequium, Principem suum legitimum, non obstante quacunque Excommunicatione, aut depriuatione Papali, è Regni sui possessione, quamdiu lis hæc de Principum depositione sub Iudice existit, expellere niterentur.

20   Atque hanc ipsam sententiam sequi tenentur, vt factum suum legitimum reddant, tredecim illi Sacerdotes Angli, c omnesque etiam nunc, duobus duntaxat demptis, superstites, (quorum nomina, nisi priùs publicata fuissent, vtique reticuissem) qui, vt Reginæ Elizabethæ fidelitatem suam probarent, publico scripto protestati sunt, & vniuerso Orbi Christiano testatum fecerunt, eam, ta-

metsi

c D. Gulielm. Bishop. Ioan. Colleton. Ioan. Mush. Robert. Charnocke. D. Ioan. Bosseuile, Anton. Hebborne. Rogerus Cadwalader. Robert Drury. D. Anton. Champney. Ioan. Iackson. Francis. Barnebey. Oswold. Needham. Richard. Button. E quibus tres Sorbonicæ Scholæ Doctores Theologi sunt, reliqui verò viri graues, pij, & erudits à Catholicis habentur.

metſi tunc nominatim excommunicatã,
& per ſententiam ſummi Pontificis Pij
quinti regnandi auctoritate priuatam,
non minùs tamen plena auctoritate,
poteſtate, & ſuperioritate in eos,
reliquoſque omnes huius Regni
ſubditos, quàm vnquam è maiori-
bus ſuis quemlibet, dominari. Et
non obſtante quauis auctoritate,
vel excommunicatione quacunque
denuntiata, aut denuncianda vel
contra ipſam Reginam, vel contra
Maieſtatis ſuæ ſubditos, qui ab e-
ius, eiuſve dominiorum defenſio-
ne non recederent, ſe tamen Principem, & patriam ſuam contra
quoſcunque defenſuros, omnem-
que in cauſis ciuilibus obedientiam
Maieſtati ſuæ exhibituros eſſe publicè, & ſolenniter promiſerunt *.

*Extat hæc
fidelitatis pro-
teſſio in fine
Examinatio-
nis M. Geor-
gij Black-
uelli, p.203.

21 *Hoc igitur primo temeritatis*
crimine

crimine repulso, iam ad secundum de scandalo propellendum veniamus. Quidam hisce diebus propriarum opinionum adeo tenaces sunt, vt, quicquid ipsi illicitum esse semel apud sese statuerunt, illico ab omnibus etiam cum maximo ipsorum incommodo tēporali tanquam illicitum condemnandum esse vellent. Et si ab illis ratio exigatur, qua moueantur, ad talem actionem, vt illicitam, tam fidenter condemnandam, cum alij contrà sentientes eam nulla lege, naturali, vel diuina, Ecclesiastica, vel ciuili prohibitam esse opinentur, continuò ad scandalum, si alia ratio illis non suppetat, confugere solent, & scandalum, scandalum, conclamitare assuescunt.

Scandalum esse dictum, vel factum minùs rectum præbens alteri occasionem ruinæ Theologi [f] definiunt; in qua tamen definitione explicanda multùm

f S. Hieronym. in cap. 18.15. Math. S. Thom. 2. 2. q. 43. art. 1. & alij Theologi ibidem.

tùm insudant, atque in singulis conditio-
nibus, quæ operationem aliquam scandalosam reddunt, assignandis non adhuc inter se consentiunt. In hoc tamen
omnes conueniunt, nullam omnino actionem, quæ lege præsertim naturali præcipitur, veram ruinæ occasionem præbere posse, & si inde aliquis peccandi
ansam arripiat, non datum, sed acceptum esse scandalum vniuersi cõsitentur.
Hinc sit, vt reddere vnicuique quod
suum est, & Cæsari, quæ sunt Cæsaris, & quæ sunt Dei, Deo, nemini
occasionem ruinæ præbere queat, quin
potius Principibus ius suum, quod lex
naturæ illis concedit, eripere est valde
scandalosum, & legi tum diuinæ, tum
naturali quàm maximè dissentaneum.
   22   Atque hinc singulæ de scandalo
criminationes, quas seueri isti Aristarchi
Widdringtono intentant, in seipsos
facilè

AD LECTOREM.

facilè retorqueri poſſunt. Conſtat enim apud omnes Theologos, penes rempubli-cam ciuilem eſſe auctoritatem ſufficien-tem, qua vitia caſtigare, ciuium quieti conſulere, ſeipſam conſeruare, & quam-cunq; iniuriam, aut imminentem gladio viſibili, qui poteſtati ciuili congruit, pro-pulſare, aut illatā vlciſci poterit. Ex quo principio vel ipſo naturali lumine notiſ-ſimo euidentiſſimè colligitur, poſſe Rem-pub.ciuilem libros quoſcunq; ſeditioſos, quà ſeditioſi ſunt, & iura Principum iniquè violant, ſub pœnis temporalibus prohibere (ſicut & ſummo Pontifici eoſ-dem, vt ſaluti ſpirituali obſunt, pœnis ſpiritualibus profligare competit) atque Prædicatores tumultuoſos, & ſtatui ſuo politico verè aduerſarios, quiquè alijs machinationibus illicitis, quàm ex pura Euangelij prædicatione, quæ de-bito modo facta nemini iniuriam infert,

c   tem-

temporalem suæ reipublicæ quietem illi-
cité perturbant, in Regnum suum non
admittere, neque hæc, meo quidem iu-
dicio, absque maximo scandalo in dubi-
tationem vocari possunt.

23 *Neque Widdringtonus Prin-*
cipibus maiorem occasionem tribuit, aut
Ecclesiam persequendi, aut licentiùs vi-
uendi, quàm cæteri Doctores ab eo in
sua Apologia relati, & præsertim Alex-
ander Halensis vir insigni pietate, &
eruditione præditus, (cuius Doctrina à
summo Pontifice Alexandro quarto, &
septuaginta Theologis g *vt à veritate*
Catholica minimè dissentiens approbata
est) qui disertis verbis affirmat, Re-
ges, si deliquerint, à solo Deo pœ-
nis temporalibus castigari posse; ex
qua doctrina si aliqui forsan Principes
ansam peccandi sumant, illud non Do-
ctorum vitio, sed humanæ Principum
infir-

g Vide infra nu. 190. in margine.

*infirmitati ascribendum est. Denique,
innocentes defendere, veritatem quasi
per vim oppreſſam tueri, viróſque Catholicos pios, & eruditos, qui ſuam innocentiam, cum in viuis non ſint, propugnare non valent, à peſſimo hære-
ſeós crimine vindicare, tametſi inde in
eorum aggreſſores aliqua ſua fama ia-
ctura forſitan reſultet, nullam iuſtam
offenſionis occaſionem præbet.*

24 *Quod ad titulum attinet, quem
ego, vt liber ipſe & auidiùs perquirere-
tur, & attentiùs perlegeretur, eo modo
inſcripſi, cum fini, ſcopo, & materiæ
ipſius libri conſentiens ſit, non magis,
quàm liber ipſe diſplicere poteſt. Si Il-
luſtriſſimum Bellarminum in aliquo of-
fenderim, doleo ſané plurimùm; non e-
nim nocendi animo, ſed veritatem inue-
ſtigandi, atque viros innocentes à le-
thali noxa vindicandi gratia, quidquam*

ex instituto me conscripsisse Deum atte-
stor. Et quantuuis tā Card. Bellarminus
quàm plures alij Theologi remp. Christianam suis cōmentarijs mirificè illustra-
uerint, quo nomine maximæ illis gratiæ
à Catholicis omnibus agendæ sunt, non
tamen existimo, vllum omnino Doctorem Catholicum quantacunq; doctrina,
aut dignitate præpolleat, reperiri, qui
tantam proprio suo iudicio certitudinē
arrogat, vt, cum homo sit, & humanæ
ignorantiæ subiectus, singulis suis opinionibus ab omnibus absq; vlteriori examine indubitatam fidem adhibendam
esse velit, quin potiùs maximè scandalosum, & non parui erroris occasio illis esset, qui fidem suam, quæ ad æternam salutem consequendam necessaria est, super
nudā cuiuscunq; Doctoris asseueratio-
nem, tanquam firmissimum, atque im-
mobile fundamentum absq; maiori dis-
quitione construeret.   25 Ne-

25 *Neque de illis rebus* , de quibus Scholaſtici certāt, & adhuc ſub
Iudice lis eſt, *probabiliter diſceptare,*
vllum aut Catholicis, aut non Catholicis
ſcandalum eſſe poteſt; quinimò proba-
biles *Doctorum opiniones vt* hæreticas *condemnare nimis ſcandaloſum eſt,*
& charitati Chriſtianæ, cui ſcandalum
ex diametro opponitur, valde aduerſa-
rium. Nobis quidem, *inquit Canus,*
*Schola noſtra magnam licentiam   * Lib.8.de
dat, vt quodcunque maximè pro-   locis, cap.4.
babile occurrat, id noſtro iure lice-
at defendere, ſed non licet tamen
eos, qui nobis ſunt aduerſi, temerè,
ac leuiter condemnare. *Atque hæc*
ad meam Apologiam à ſcandali ſuſpi-
cione expurgandam dicta ſufficiant;
nolo enim in præſenti meritam ſcan-
dali reprehenſionem in aliorum li-
bros retorquens eadem menſura, qua

c 3   *me*

me mensi fuerint, & illis remetiri.

26   *Demum, vt à postremis, sed*
omnium grauissimis hæreseôs, *atque*
erroris criminibus me immunem red-
dam, notum est, & apud Theologos per-
uulgatum, errorem *ab* hæresi *ita di-*
stingui, quòd hæresis *fidei diuinæ, cu-*
ius certitudo ex principijs diuinitus re-
uelatis ex toto dependet, aduersetur,
error *vero conclusioni Theologicæ, cu-*
ius veritas partim diuinæ reuelationi,
partim lumini naturali innititur, repug-
nans sit; In hoc tamen omnes pariter
conueniunt, quòd sicut tam conclusio
Theologica, *quàm* fides supernatu-
ralis *sint certæ, & manifestæ veritatis,*
itatam error, *quàm* hæresis *apertam,*
& indubitatam falsitatem contineant;
quo sit, vt si doctrina hæc de Principi-
bus auctoritate Papali non abdicandis
manifestæ falsitatis conuinci nequeat,
                                              neque

AD LECTOREM.

neque hæresi, neque errore, iure notari queat.

27 Quanta igitur certitudo circa hanc summi Pontificis Principes deponendi potestatem ex Concilijs concludi queat, expendamus. Concilia omnia tam prouincialia, quàm generalia à summo Pontifice confirmata debita veneratione prosequor, non tamen vtrisque æqualem honorem deferendum esse censeo. Concilia enim generalia in suis definitionibus, Spiritu sancto illis assistente, errare non posse Catholici omnes profitentur; at prouincialia tam in decretis fidei, quàm morum errori obnoxia esse grauissimi Theologi constanter asseuerant. Et tametsi viri quidam doctissimi affirment, sententiam hanc de superioritate Concilij supra Pontificem, & de fallibili Pontificis iudicio, si absque Synodo generali definiat, malè

c 4   au-

audire apud Catholicos, ita vt paſſim cenſeatur erronea, & hæreſi
proxima, atque ab Eccleſia ſolum-
modò toleretur, *meo quidem iudicio*
verbis nimiùm æquiuocis vtuntur,
neque quid ſibi velint, ſatis perſpicuè
declarant. Etenim hanc ſententiam
tum malè *apud Catholicos, nimi-*
rum Romanos, tum benè *apud Pa-*
riſienſes, alioſque Catholicos audire,
neque paſſim, *id eſt,* vbique, *&*
apud omnes *erroneam, aut hæreſi pro-*
ximam reputari nimis manifeſtum eſt.

28   *Siquidem Nauarrus noſtri*
temporis ſcriptor, idemque Theologus
inſignis, & Iuris Canonici ſcientiſ-
ſimus, [h] *apertiſſimè docet de hac re in-*
ter Romanos, & Pariſienſes adhuc pro-
babiliter diſceptari, neque ipſe magis in
vnam, quàm in alteram partẽ inclinat.
Eſt, inquit, * [i] maxima diſcordia Romanorum,

h Poſſeuinus
in Apparatu
verbo Marti
nus Azpilcue-
ta.
* i In cap.
Nouit de Iu-
dicijs notab.
3. nu. 84.

manorum, & Parisiensium, cui prin-
cipalius potestas Ecclesiastica fuerit à Christo collata, an Ecclesiæ
toti, an verò ipsi Petro. Illi enim te-
nent, Petro & successoribus datam
esse hanc potestatem, atque ideo
Papam Concilio esse superiorem;
ij verò, quibus Gerson adhæret, totam datam esse toti Ecclesiæ licet
exercendam per vnum; atque ideo
in aliquot saltem casibus Concilium esse supra Papam. Quarum illa
scilicet Romanorum videtur pla-
cuisse S. Thomæ, Thomæ à Vio, vbi
altius omnibus, & profundius hoc
demonstrare conatur. Altera verò
placuit Panormitano, qui pro Pari-
siensibus est, quem frequentius nostri sequutur, vt tradit Decius. Quã
mordicus tuetur Iacob. Almaynus
è Sorbona Theologus, qui respon-
dit

dit Thomæ à Vio libello iusto, &
Ioannes Maior, qui idem facit, ai-
ens Romæ nemini permitti tenere
Parisiensium, & Panormitani sententiam, nec rursus Academiam illam Parisiensem pati, vt contraria
opinio asseratur in ea.

29 *Et quamuis Additionator,* k *vt
ita loquar, Nauarri ipsum ancipitem
animi, & plurimùm dubitantem de hac
quæstione,* An Papa sit supra Concilium, *in sententiam Romanorum pertrahere studeat, calamo tamen, & atra-
mento magis temperato scribit, & Parisiensium sententiam* vt probabilem
*relinquit, tametsi Romanorum opinio-
nem* probabiliorem esse *statuat. Sed
multo quidem clariùs, & modestiùs do-
ctißimus Victoria,* de comparatio-
ne, *inquit,* l potestatis Papæ est du-
plex sententia, altera est S. Thomæ,
&

k Ita enim
eum appellat
Zanches in
suis disputa-
tionibus de
Matrimonio,
sapissimè.

l Relect. 4. de
potest. Papæ
& Conc. pro-
positione 3.

& sequacium multorum, & aliorum Doctorum tam in Theologia, quàm in Iure Canonico, quòd Papa est supra Concilium; altera est communis sententia Parisiensium, & multorum etiam Doctorum in Theologia, & Canonibus, vt Panormitani, & aliorum contraria, quòd Concilium est supra Papam: non tamen est locus nunc disputandi quæ illarum sit verior, quia non de hoc agitur. Puto vtramque esse probabilem opinionem, & quia quælibet habet magnos assertores, non oportet in quæstione proposita procedere solùm ex altera opinione, sed statuere quid dicendum, quamcunque sententiam sequamur.

30   *Vellem igitur, vt rigidi isti Censores claris, atque apertis verbis sen-*

sententiam suam proferant, neque arti-
ficioso sermonis inuolucro Lectorum
animos ancipites teneant, sed mentem
suam candidè, & perspicuè manifestam
reddant, atque ingenuè respondeant,
num qui opinionem Parisiensium vt
probabilem defendunt, ita ab Ecclesia
tolerentur, sicut meretrices, foenerato-
res, & eiusmodi publicè delinquentes
nonnunquam ad maiora fugienda scandala in republica permittuntur; qui
tametsi poenis legum ordinarijs saepenu-
mero non plectantur, à sacramentorum
tamen participatione, quamdiu in suis
vitijs persistunt, omnino excluduntur;
vel vtrum qui Parisiensium opinioni
adhaerere statuunt, absolutionis sacra-
mentalis beneficio gaudere queant? Si
enim postremum istud concedant, fateri
compellentur, opinionem Parisiensium
non solùm ab Ecclesia tolerari, verùm
etiam

etiam vt probabilem, & quæ absq; vllo hæreseôs, erroris, aut peccati læthalis periculo defendi poßit, ab Ecclesia approbari.

31 *Quòd verò ad sacramenta Ecclesiastica eiusmodi Doctores admittantur, totius Ecclesiæ Gallicanæ praxis (quã vt temerariam, aut scandalosam absque graui temeritatis, & scandali noxa nemo condemnare potest) nimis manifestum perhibet testimonium. Itaque charitati Christianæ multo magis, mea quidem sententia, consentaneum esse videtur, vt viri Catholici aliàs pij, & eruditi ab errore, & hæresi, quantum fieri potest, excusentur; atque synceritati Euangelicæ magis consentiens est, vt, quid in rebus quæ ad fidem pertinent, à quouis Christiano fide Catholica credendum sit, Doctores Theologi clarè, & perspicuè abs-*

absque tot verborum integumentis fidelibus proponant, neque opiniones incertas, quæq; absque fidei præiudicio defendi possunt, pro indubitatis fidei dogmatibus fideli populo tam facilè obtrudant. Atque hinc constat, nullius Concilij Prouincialis etiam à summo Pontifice approbati auctoritatem, si solitariè sumatur, posse Catholicis sufficiens præbere argumentum, vt eius definitionibus tam indubia fides adhibenda sit, quin illis absque vlla hæreseôs aut erroris nota contradici queat.

32 Neque magni momenti est quod obijciunt aduersarij: Si summus Pontifex extra Concilium generale definiens non facit rem omnino certam, sed errare possit, nihil certi de innumeris dogmatibus tribus primis seculis haberi potuisset, in quibus plurimæ hæreses à summo Pontifice

tifice profligatæ sunt, vt patet in erroribus Priscillianiſtarum, Vigilantij, Iouiniani, Manichæorum, & aliorum complurium. *Non enim iuxta Pariſienſium opinionem, præfatæ Priſcillianiſtarum, cæterorumque opiniones primis illis ſeculis vt hæreticæ ex eo præciſe habendæ ſunt, quòd à ſummo Pontifice, aut Concilijs tantùm Prouincialibus condemnatæ fuerint, ſed quoniam eiuſmodi condemnationem tota Eccleſia receperit, atque approbauerit, quod in præſenti (vt breuitati, quantum poſſum, conſulam) viris eruditis inſinuaſſe ſatis ſit, illud fuſiùs, ſi opus fuerit, alibi oſtenſurus.*

33 *Iam, quid certi ex Concilijs pro auctoritate Papali Principes deponendi colligi poſſit, paucis examinemus. Sex Concilia Prouincialia, & tria Generalia Card. Bellarminus pro hac ſua opinione* con-

confirmanda adducit. *Et tametsi Conci-*
lia Prouincialia iuxta probabilem mul-
torum opinionem, vt iam vidimus,
rem de fide certam facere non valeant,
& propterea nullum efficax argumen-
tum ex illis peti poßit ad doctrinam a-
liquam aut hæreseôs, *aut* erroris condemnandam; *vt tamen veritas magis*
elucescat, demus disputationis gratia, ea
in suis definitionibus errare non poße,
& videamus, quàm solidè Card. Bel-
larminus suam sententiam tanquam
de fide certam *ex illis confirmet.*

    34   *Primum Concilium, quod à*
Card. Bellarmino producitur, est Roma-
num sub Gregorio septimo, anno Domini
1080. celebratum, in quo Gregorius,
vt ait Bellarminus , [m] omnibus consentientibus, & laudantibus publicè, & solenni ritu, ac ceremonia
Henricum quartum Imperatorem
excom-

m Pag. 29.

AD LECTOREM.

excōmunicauit, & imperio, regnoq́; priuauit. *Legi equidem Gregorium septimū in Synodo Romana Henricum deposuisse, seu potius* in fine n *synodalis absolutionis Henrici depositionem annexuisse; sed quòd à Synodo, aut quod Patribus omnibus consentientibus, & laudantibus depositus fuerit, nondum legi. In reliquis quinque Concilijs, Beneuentano sub Victore, Placentino sub Vrbano, Romano sub Paschali, Coloniensi sub Gelasio, & Rhemensi sub Callisto, ne verbum quidem de Henrici depositione, nisi depositionem cum excommunicatione confundamus, reperio. Et tametsi Imperator non solum in sex Concilijs memoratis, verùm etiam à sex illis Concilijs Imperio priuatus fuerit, hinc tamen nihil de fide certum deduci potest, cum depositio illa Henrici non res fidei, sed facti*

n Bertholdus in anno 1080. Et tom. 3. Concil. part. 2

d   dun-

duntaxat esset, in quo tam Pontifices,
quàm Patres illi proprias sequuti opiniones errare poterant, vt paulo inferiùs * in simili ad Lateranense Concilium responsione fusiùs explicabo.

*Nu. 50.

35 Tria Concilia generalia à Card.
Bellarmino proferuntur; Claromonta-
num, Lateranense, & Lugdunense. Ad
Lugdunense satis in mea Apologia respondi, non posse nimirum sufficienter
comprobari, depositionem illam Frede-
rici à Synodo, sed solùm à Pontifice in
Synodo, neque Concilio approbante, sed
præsente tantùm factam esse.

36 Ex Concilio Claramontano ita
arguit Card. Bellarminus. Summus
Pontifex, Vrbanus secundus, in
Concilio frequentissimo Claromontano Philippum primum
Francorum Regem, ob repudiatam
legitimam vxorem, & adulteram
in

in matrimonium acceptam, & admonitum obedire recusantem, excommunicauit, & corona Regni priuauit; vt testis est Sigebertus in Chronico anni 1095. & clariùs idem refert Matthæus Paris in VVillielmo secundo ad annum 1695.

37 *Verùm neque ex hoc Concilio quidquam certi pro potestate Papali Principes deponendi concludi potest. Nam esto, quòd Vrbanus, vt Sigebertus, & Matthæus Paris asserunt, Philippum ob dictam causam in Concilio* a Lib.3.in Philippo primo. *Claromontano excommunicauerit, seu, vt ait Papyrius Massonius templi aditu, & sacrificio interdixerit (tametsi Andreas vetus historicus, vt refert Paulus Æmilius,* b *scribit id ante Concilium Claromontanū, & Aimonius* c *insinuet, illud post Concilium factum esse)*

b Lib.38.in Philippo etiam primo.

c De gestis Francorum lib.5.partim c. 48. in principio partim. 49.in principio.

d 2

esse) *quo tamen argumento efficaci ostendi poterit, Philippum in eo Concilio ab Vrbano Regni corona priuatum esse?*

38   Sed quòd cum excōmunicatione, *ait Card. Bellarminus*, intelligeretur priuatio Regiæ dignitatis, intelligi poteſt ex Iuone Carnotenſi, qui in epiſt. 28. ad Vrbanum ſecundum Papam, ſic loquitur: Qui ad vos venturi ſunt in calliditate ingenioli ſui, & venuſtate linguæ impunitatem flagitij ſe impetraturos Regi à Sede Apoſtolica promiſerunt, hac ratione ex parte vſuri, Regem cū Regno ab obedientia veſtra diſceſſurum, niſi coronam reſtituatis, eumque ab anathemate abſoluatis. Intelligi poteſt etiam ex hiſtoricis, qui teſtantur, vetitum fuiſſe ab Vrbano Pontifice, ne

ne diadema Regium Philippo excommunicato imponeretur. Vide
Chronicon Ioan. Naucleri, gene-
rat. 37. Paulum Æmilium lib. 3. in
Rege 38. Papyrium Maſſonium
Annal. lib. 3. Adde etiam quod ſcri-
bitur in Summario, ſiue Compen-
dio hiſtoriarum Francicarum Ni-
colai Vignerij toto tempore, quo
Philippus ſub anathemate vixit, in
publicis ſcripturis non fuiſſe poſi-
tũ de more, regnante Philippo, ſed
regnante Chriſto, quia videlicet
Regem excommunicatum pro Rege populus non habebat.

39　Veruntamen, quomodo hinc
Card. Bellarminus efficaciter deducat,
Philippum vel à Concilio, vel in Concilo
fuiſſe Regno priuatum, ego ſatis
perſpicere non valeo. Nam inprimis
dato, ſed non conceſſa, Philippum

ab Vrbano corona Regia priuatum fu-
iße, non tamen proinde certò concluditur, priuationis sententiam in Concilio
Claromontano latam eße, cum in decretis Concilij nulla illius sententia mentio
habeatur, & vel antea, vel postea particulari aliquo decreto eam Pontifex
fulminare potuißet.

40   Deinde, præterquàm quòd omnes ferme Franciæ Episcopi sese Iuoni
opposuère, verba illa, Nisi coronam
restituaris, satis commodè exponi possunt, nempe, vt coronam restitua-
tis, quam aliqui forsan ex populo, præsertim rudiori, per solam excommunicationis sententiam, vel omnino sublatam,
vel magna ex parte diminutam eße ar-
bitrabantur; nam Regem excommunicatum, ait Bellarminus, pro Rege
populus non habebat. Præterea ex-
communicatio Regis non exiguam populo

pulo ad rebelliones præcipiti ansam præ-
bere poterat, vt Regnum aduersus
Regem aliqua ratione commoueretur.
Atque hunc sensum verba Iuonis habe-
re posse satis insinuat Iuretus in suis
obseruationibus ad Iuonis epistolas,
° Probabile est etiam, *inquit,* excommunicato Principe nonnullos è
subditis recusasse honorem, ac obedientiam, alios coluisse, & obtem-
perasse, & sic componi potest opinionum diuersitas. *Et propterea non*
mirum si in publicis scripturis Ecclesiasticis* *non fuerat de more positū* regnante Philippo, *ne Ecclesiastici ea ra-*
tione cum Rege excommunicato parti-
cipare viderentur, sed regnante
Christo, *quia videlicet Regem excom-*
municatum pro Rege, omni scilicet ex
parte absoluto, & cum quo in quibus-
cunque negotijs sicut priùs communicare
liceret,

o In prædicta
Iuonis verba.

*Auctor
Chronici S.
Dionysij a-
pud Iuret.
loco proximè
citato.

d 4

liceret, populus non habebat.

41 *Quòd autem ipsemet Iuo, & populi pars maior in ea sententia fuerint, non fuisse Philippum per excōmunicationem, aut aliunde regnandi iure priuatum, constat, tum quia populus libenter Regi parebant, tum ipsemet Iuo literis ad Regem licet excommunica-* p Epist. 24.28 *tum missis* ᵖ *vocat eum* pijssimum & magnificum Francorum Regem, suumque Dominum, & se humilem Sublimitatis suæ clericum: *& ali-* q Epist. 56. *am epistolam* �q *anno Domini* 1095. *vt testatur Baronius, eòque tempore, quo Philippus excommunicatus erat, conscriptam ita inscribit:* Philippo Dei gratia Serenissimo Regi Francorum Iuo humilis Presbyter suus salutem, & sicut Domino, & Regi suo fidele seruitium; *à quibus profectò Titulis prorsus abstinuisset Iuo*

Iuo, si Philippum Regio honore, ac dig-
nitate ab Vrbano priuatum esse exi-
stimasset.

42   *Quòd verò iussu Vrbani Pon-*
tificis, seu potius sui duntaxat Legati,
prohibitum erat Franciæ Episcopis, ne
diadema Regium Regis, Reginæque
capitibus imponerent, non probat
Regem regnandi iure priuatum fuis-
se, sed hæc coronæ impositio ad so-
lennitatem nuptiarum, & ad cere-
moniam quandam Religiosam in
die, quo Nuptiæ Regis solenniter
celebrabantur, & plerumque inter
Sacra adhiberi solitam pertinebat,
quæque, cum præsertim matrimo-
nium Philippi cum Bertrada contra-
ctum confirmare videretur, iure opti-
mo ab Vrbano, eius ve Legato inter-
dici poterat.

43 *Nunc*

43 *Nunc restat, vt ad Concilium Lateranense, in quo potißimum sententiam hanc de Principibus auctoritate Papali abdicandis fundatam esse aduersarij opinantur, solidè respõdeamus.* Inprimis igitur existimo, nomine Domini principalis, seu Dominũprincipalē non habentis *Imperatores, Reges, Principesq; supremos minimè cõprehendi. Idque hinc colligo, quòd Fredericus Imperator, cuius Legati eidem Concilio Lateranensi intererant, quinto post Concilium celebratum elapso anno, eandem Constitutionem totidem planè verbis, mutatis tantùm pœnis spiritualibus in temporales, ediderit; atqui verisimile non est, Imperatorem suo Edicto seipsum, qui legibus solutus* est, * *& multo minùs alios Reges sibi non subiectos comprehendere voluisse.*

44 *Deinde, in legibus pœnalibus*
Prin-

AD LECTOREM.

Principes Seculares generalibus Dominorum, Magistratuum, & Iudicum temporalium nominibus iuxta regulas Iurisprudentium nequaquam significantur, sicut neque Abbas nomine monachi, neque Episcopus nomine Sacerdotis, neque summus Pontifex nomine Episcopi, quod ad pœnas attinet, intelligi solent, cum iuxta regulas Iuris in sexto, in pœnis benignior pars eligenda sit, & odia restringi, fauores ampliari conueniat. *Quod si Concilium suo illo decreto Principes Seculares comprehendere voluisset, æquè facilè potuisset Principes Seculares proprijs* Principum *nominibus, atque generalibus* Dominorum principalium, aut Dominos principales non habentium *nuncupare, cum præsertim idem Concilium in alijs decretis peculiaria* Principum *nomina vsurpauerit.*

45 *At*

45   *At inquiunt primò*, si Synodus Lateranensis Imperatores, Reges, Principesque supremos suo decreto complexa non fuerit, quinam igitur sunt illi, quos ipsa dominorum principalium, aut Dominos principales non habentium nominibus appellat? *Et ego itidem ab illis quæro, quinam sint illi, qui in Imperatoris edicto Domini principales, seu Dominos temporales non habentes iure nuncupari possint. Eadem etenim responsio, modò solida sit, quam meo quæsito adhibebunt, illorum obiectioni plenissimè satisfaciet. Existimo tamen per Dominos principales tam à Concilio, quàm ab Imperatore, non intelligi Imperatores; Reges, & Principes Superiorem in temporalibus recognoscentes, sed eos tantùm, qui terras aliquas, prouin-*

cias,

cias, aut forsan etiam regna à supremis Principibus in feudum regale vel quasi regale acceperunt, ratione cuius feudi talium Principum Vasalli constituuntur, tametsi etiam ipsi alios Vasallos, quorum Domini sunt, respectu eiusdem feudi sub sese habeant, & quo magis, vel minus à Supremorum Principum iurisdictione exempti sunt, eo magis, vel minus principales Domini dici possunt. Sed hæc breuiter attigisse in præsenti satis sit.

46 Obijciunt secundò, esto, Reges, & Principes supremi in illo Concilij decreto per se, & primariò non includantur, secundariò tamen & ex consequenti eos comprehendi, aut saltem comprehendi potuisse manifestum esse videtur. Nã si Pontifex potestatem habeat aliorum

rum Principum ſubditos dominijs
temporalibus abſque ſuorum Principum conſenſu ob crimen hæreſeôs ſpoliandi, non videtur ſufficiens ratio aſſignari poſſe, quare etiã
ipſoſmet Principes ſupremos, ſi eadem cauſa occurrat, dominijs ſuis
priuare non poterit.

47   *Ad hanc obiectionem varias*
reſponſiones in mea Apologia breuiter
indicaui, quas hìc ad verbum referre
a Nu. 454.   *neceſſarium eſſe duco. Prima erat, tam*
Pontifices, quàm Concilia ſæpe multa
ſtatuere, quorum ordinatio potius ad
poteſtatem politicam, quàm ad Eccleſia-
ſticam ſpectat, ex expreſſo, vel tacito
Principum conſenſu, qui per ſeipſos, aut
per ſuos Legatos præſentes adſunt, vel
ex præſumpta, aut ſaltem ſperata Prin-
cipum ratihabitione. Et hoc dicunt ex-
poſitores Iuris Canonici, *ait Ioan.*
                                        Pari-

Parifienfis. Quærit enim Hoftienfis, *Extra de hæreticis, cap. Ad abolendam,* vbi mandat Dominus Papa hæreticorum confifcari bona, Quid ad Papam de temporalibus? Et refpondet cum Domino fuo Innocentio, quòd reuera nihil ad eum, fed hoc fecit de affenfu Imperatoris, qui tunc Paduæ præfens confenfit.

48   *Altera refponfio his verbis continetur.* * Aliam expofitionem * ibid. adhibet Gloffa *in cap. Hadrianus dift.* 63. vbi Papa præcipit eorum confifcari bona, qui eius decretum violant. & in *cap. Delatori* 5. *q.* 6. vbi ftatuit, Delatoribus linguam capulandam, aut conuictis caput amputandū effe. Refpondet enim Gloffa, hîc docere Ecclefiam, quid facere debeat Iudex Secularis. Quæ
                                         eius

eius responsio ad similia decreta, in quibus sacri Canones pœnas temporales infligunt, accommodari potest. *Huic etiam responsioni fauent verba Syluestri,* [r] *qui sic ait :* Sentit Ioannes Andreas post Hostiensem, quòd Episcopus non possit imponere pœnam pecuniariam Laico sibi temporaliter non subiecto, sed eam debet facere infligi per Iudicem secularem.

r In sum. ver. pœna, nu. 9.

49   *His adde, quotiescunque summus Pontifex generali Constitutione aliquid temporale statuit, quod iuri alterius sibi in temporalibus non subiecti præiudicat ; ad sola Romanæ Ecclesiæ territoria, seu B. Petri patrimonium,* in quo, *vt ait Papa* [f] *Innocentius,* & summi Pontificis auctoritatem exercet, & summi Pontificis exequitur potestatem, *constitutionem illam extendi,*

f Cap. Per venerabilem.

tendi, nisi contrarium exprimatur, quidam nō improbabiliter existimant. Quibus fauere videtur Glossa in dictū c.per venerabilem,*vbi affirmat,quòd* Dominus Papa nō possit legitimare aliquem,quantum ad hoc, vt succedat in hæreditate tanquā legitimus hęres, qui non sit de sua Iurisdictione temporali, sic enim esset mittere falcem in messem alienam, & vsurpare alienam Iurisdictionem, & priuare aliquem iure succedendi, quod non debet, *& propterea* quoad forum seculare non potest legitimare, nisi Princeps ei permiserit. *Si autem Pontifex nęqueat ex non legitimo facere legitimum, aut priuare aliquem iure succedendi, non video quonā iure ex hærede,& Principe legitimo illegitimum efficere,aut aliquē hæreditate,quā legitimè possidet,priuare queat.*

e   50   *Tertia*

50   *Tertia Responsio est, decretum illud Concilij Lateranensis non esse rem fidei, sed facti duntaxat, in quo tam Papa, quàm Patres illi proprias sequuti opiniones errare poterant, neq; Concilium determinasse, talem depositionem futuram vel à potestate indubiè legitima processisse, vel à sola Ecclesiastica absque Principum consensu auctoritate dimanasse. Et propterea non affert illorum Patrum opinio maiorem certitudinem pro auctoritate Papali Principes deponendi, quàm si extra Concilium sententiam suam declarassent; cum hoc solum ex certa Ecclesiæ Catholicæ doctrina colligi possit, infallibilem sancti Spiritus assistentiam non factis, & probabilibus Pontificum, aut Conciliorum opinionibus, sed definitionibus duntaxat à Christo Domino promissam esse.*

51   *Mitto nunc verba illa,* vt ex
tunc

tunc ipſe Vaſallos ab eius fidelitate denunciet abſolutos, *non nullam difficultatem continere, quæ, ſi in illis vim facere velimus, ſolùm ſignificare videntur, proprium eſſe Pontificis ſubditos à fidelitate non verè abſoluere, ſed abſolutos tantùm declarare.*

52   *Sed contra hanc tertiam reſponſionem plurimùm inſtant aduerſarij:* Illa, *inquiunt,* doctrina ad fidem pertinet, quam ſummi Pontifices, Concilia, & doctores tanquam certum fundamentum ſuarum conſtitutionum, & ſententiarum vel proponunt, vel ſupponunt; atqui hæc doctrina de poteſtate Papali Principes deponendi, & ſubditos ab eorum fidelitate abſoluendi proponitur, vel ſupponitur à Pontificibus, Concilijs, & Doctoribus tanquam fundamentum multorum Cano-

num,

num, & sententiarum iudicialium, ergo doctrina hæc ad fidem pertinet.

53 *Deinde*, si Concilium generale expressè definiret, Ecclesiam habere hanc potestatem, nemo Catholicus dubitare potest, quin ea res ad fidem pertineret, atqui cum supponit illud tanquam certum fundamentum suarum constitutionum, & sententiarum, non minùs illud censetur asserere, ergo non minùs certum censeri debet.

54 *Denique* de fide est, Ecclesiam non posse errare in doctrina, & præceptis morū, docendo generatim aliquid esse licitum, quod est iniquum, aut iniquum, quod licitum, aut etiam aliquid per se iniquum præcipiendo. Talis enim error non minùs perniciosus est fidelibus,

libus, quàm error in fide: atqui si
summus Pontifex non haberet illam potestatē Principes tēporales
suis dominijs priuandi, Ecelesia er-
raret in doctrina morum, & quidem circa res grauissimas. Docet
enim, Principe per sententiam summi Pontificis abdicato, omnes subditos ab eius obedientia esse solu-
tos, & ditionem eius ab alio posse
occupari, vt ex Concilijs constat.
Item, Principe publicè excommunicato, subditos à Iuramento fidelitatis esse absolutos, ita vt non teneantur ei parere donec reconcilie-
tur, immo prohibet, ne illi pareant,
si censura est denunciata. Quæ omnia falsa erunt, neque solùm falsa,
sed etiam perniciosa, quia per ea
subditi ad rebelliones, & periuria
incitabuntur, & vel inuiti, & relu-

ctantes

ctantes compellentur. Errat ergo
Ecclesia in doctrina morum, &
præcipit rebelliones, & periuria,&
Censuris suis ad illa adigit : atqui
hoc asserere est hæreticum, ergo &
illud vnde sequitur, nimirum Ecclesiam non habere potestatem subditos à vinculo Iuramenti, & ab obedientia liberandi.

55   Hæ sunt præcipuæ obiectiones
aduersus tertiam illam responsionem, in
quibus doctissimi nostri aduersarij non
mediocriter gloriantur, existimantes
illis euidentissimè demonstrari, esse vsque adeò certum, potestatem Principes
deponendi summo Pontifici ex Christi
institutione competere, vt contrarium
absque hæreseos, aut saltem manifesti
erroris nota defendi non possit. Sed
caueant isti Doctores alioqui sanè doctissimi, ne peculiares, & incertas suas
                              collecti-

AD LECTOREM.

collectiones, pro vniuersalibus, ac indubitatis Catholicæ fidei conclusionibus im-
perito populo diuulgare præsumant; neque enim hæc argumenta tam solida
esse, vt isti imaginantur, facillimè ex
Ecclesiæ praxi, & summorum Pontificum decretis commonstrari potest.

56   Atque inprimis, an non debita Sacramentorum administratio res
magni momenti est, atque ad summi
Pontificis officium maximè spectans,
errorq̃ circa eam perniciosissimus censendus est? Atqui summus Pontifex
Sacerdoti simplici licentiam sæpe imper-
titus est, t sacramentum Chrismatis
administrandi, cum tamen inter Theologos magna controuersia existat, an ex
concessione summi Pontificis administratio huius sacramenti Sacerdoti simplici committi possit. Cum igitur Sacramenta nouæ legis, vt docet Conci-

t Vt constat
ex S. Grego.
l.3.epist.26.
& habetur in
cap. peruenit
dist.95.&
plurimi Ab-
bates hodier-
na die hanc
facultatem
habent.

e 4   lium

* In fine in decreto Eugenij Papæ.

lium Florentinum, **tribus perficiantur, materia, forma, & ministro, quorum si aliquid desit, non perficitur sacramentum;** *& materiam, ac formã debitam sacramenti à ministro. indebito serio applicari maximum sit sacrilegium, si summus Põtifex, in quo solo secũdum istos Theologos tota potestas Ecclesiastica, & auctoritas res fidei certò definiendi principaliter residet, potestatem hoc sacramentũ cõficiendi simplici Presbytero concedere nequeat, vt doctissimi*

v Adrian. Papa in 4. in materia de Confirm. ar. 3. Darand. dist. 7. q. 3. & 4. Bonauen. 1b. Alphonsus de Castro lib. de hæresibus, verbo Confirmatio. Petrus Soto lect. 2. de Confirmat. & alij.

x Habetur tom. 4. Conciliar. post vitam Sixti 4.

Theologi ᵘ *absq; vlla hæreseôs, aut errotis nota opinãtur, an non grauissimus error est, tales licentias concedere, vnde periculum est, ne grauissima sacrilegia, vtputa, inualidæ sacramentorum administrationes, perpetrentur?*

57 *Præterea Sixtus quartus in honorem impaculatæ conceptionis B. Virginis Mariæ Constitutionem* ˣ *edidit*

de

de festo Conceptionis eius celebrando, *vt* vniuersi Christi fideles de ipsi-us immaculatæ Virginis mira con-ceptione, *quam etiam* immacula-tam *appellat, gratias, & laudes refe-rant; & nihilominus incertum est, & apud Theologos absque vlla* hæreseôs, erroris, *aut* peccati mortalis *macula hinc inde disputatum, vtrum B.Virgo in sua conceptione peccatú originale con-traxerit, vel peculiari Dei prouidétia ab eo præseruata fuerit. An non igitur hinc constat, doctrinam illam, quæ à summo Pontifice tanquam fundamentum con-stitutionis, & decreti Apostolici, etiã ad religiosum Dei cultú pertinét is, vel pro-ponitur, vel supponitur, nõ esse tã certæ, atq; indubitatæ veritatis, vt absq; gra-uis peccati periculo oppugnari nequeat?*

58 *Demum summi Pontifices sæ-pissimè dispensauerunt cum Principibus,*

qui

qui in religionibus approbatis solenne castitatis votum emiserunt, vt matrimonium contraherent, y sicut de Constantia Rogerij Siciliæ Regis filia, de Casimiro Poloniæ, & Ramiro Aragoniæ Regibus, de Nicolao Iustiniano nobili Veneto, alijsque pluribus historiæ produnt: atqui si summus Pontifex in voto solenni castitatis dispensandi auctoritatem non habeat, de quo inter Doctores z contrauertitur, eiusmodi profectò dispensationes plurimorum scelerum causæ essent, & in grauem aliorum Principũ iniuriam cederent, qui suo iure regnandi, atq; in hæreditate succedendi per illas dispẽsationes iniustè spoliarẽtur

59   An non igitur iuxta aduersariorum principia ita liceret argumentari? Summi Pontifices doctrinam hanc, quòd B. Virgo in peccato originali concepta nõ fuerit, quòd
Pa-

y Vide Azorium tom.1.l. 12.c.7.q.1.

z Negant S. Tho.2.2.q.88 ar.11 & omnes fere Thomistæ,& plures alij, quos refert Zanches lib. 8.de matrimonio disp. 8.qui etiã ait hanc sententiam esse probabilem.

Papa in solenni castitatis voto dispensare, & simplici Sacerdoti, vt sacramentum Confirmationis administret, licentiam dare queat, supponit tanquam fundamentum multorum decretorum, dispensationum, atque sententiarum iudicialium: atqui oportet eam doctrinam, quæ est fundamentum tantarum rerum, esse certissimam.

60 *Deinde*, si summus Pontifex expressè definiret, Ecclesiam habere talem potestatem, nemo Catholicus *(ex ijs præsertim, qui Papam absq; Concilio generali definientem non posse errare defendunt)* dubitaret, quin ea res ad fidem pertineret: atqui, cum supponit illud tanquam certum fundamentum suarū Constitutionū & sententiarū, non minùs illud censetur asserere, quàm si expressè

presse definiret, ergo non minùs
certum censeri debet.

61 *Præterea,* de fide est, *vt aduersarij nostri supponunt,* summū Pō-
tificem non posse errare in doctrina, & præceptis morum, docendo
generatim aliquid esse licitum
quod est iniquum, aut iniquum,
quod licitum, aut etiam aliquid
per se iniquum præcipiendo, talis enim error non minùs perniciosus est fidelibus, quàm error
in fide; atqui, si summus Pontifex non haberet potestatem in solenni religionis voto dispensandi,
aut non posset simplici Presbytero facultatem tribuere, vt vnctione Chrismatis baptizatos confirmet, errare posset in doctrina, &
præceptis morum, & quidem circa
res grauissimas. Docet enim sacramentum

cramentum Confirmationis à fim-
plici Presbytero confectum verum facramentum effe. Item, Principe Monialem profeffam ex dif-
penfatione Pontificis in vxorem
accipiente, matrimonium illud effe
ratum, & validum, & liberos ex illis
nafcituros legitimos effe, atque in
Regno fuccedere oportere. Et non
obftante, quod proximi Regis con-
fanguinei ius in regnum ob defe-
ctum hæredis legitimi fibi vendica-
rent, poffet proculdubio fummus
Pontifex, iuxta aduerfariorum doctrinam, fubditis præcipere, atque
Cenfuris conftringere, vt prolem ex
tali matrimonio, vtpote legitimo,
fufceptam pro vero, indubitato &
legitimo fuo Principe agnofcant;
quæ omnia falfa erunt, neq; folùm
falfa, fed etiam perniciofa, quia per
ea fubditi ad iniurias inferendas
inci-

incitabuntur, & vel inuiti, & relu-
ctantes compellentur, & Principes
incestus, & sacrilegia perpetrandi
liberam à summo Pontifice licentiam obtinebunt. Errat ergo 'Ecclesia in doctrina morum, & con-
sulit sacrilegia, atque præcipit iniu-
stitiam, & Censuris suis ad illam a-
digit; atqui hoc asserere est hæreticum, ergo illud vnde sequitur, nimirum summum Pontificem non
habere potestatem in solenni religionis voto dispensandi & simplici
Sacerdoti, vt sacramentum Confirmationis conficiat, facultatem im-
partiendi : *& nihilominus neutrum
horum asserere aut hæreticum, aut erroneum à Theologis iudicatur. Expediant
igitur aduersarij has difficultates, &
ego quoque nodos illos, quos putant
indissolubiles, ex ipsorum solutionibus*
sub-

subinde dissoluam.

62   *Denique, an non rationes, quibus Concilia ad aliquid definiendum inducuntur, sunt veluti bases quædam, quæ ab ipsis tanquam suarum definitiorum, atque decretorum fundamenta aut proponuntur, aut supponuntur? & nihilominus, nullus, vt opinor, Theologus affirmabit illas eadem certitudine, atque ipsasmet definitiones, à Catholicis recipiendas esse.* In Concilijs, *inquit,* Card. Bellarminus, [a] maxima pars actorum ad fidem non pertinet. Nõ enim sunt de fide disputationes quæ præmittuntur, neque rationes quæ adduntur, neque ea quæ ad explicandum, & illustrandum adferũtur, sed tantùm ipsa nuda decreta, & ea non omnia, sed tantùm quæ proponuntur tanquam de fide. [b]

a Lib.2.de Conc.cap.12.

b Vide etiam Canum lib.6. de locis, c.8.

63   *Qua*-

63 Quapropter inter vocem, doctrinam, & consensum Ecclesiæ firmiter credentis, aut aliquid de fide defini-
entis, & eiusdem probabiliter tantùm
opinantis, magnum constituendum esse
discrimen nemo ambigere potest. Qui
enim vocem Ecclesiæ firmiter credentis
audire contemnit, eum in errorem,
aut hæresim prolabi nemo Catholicorum inficiatur; qui verò Ecclesiæ probabiliter tantùm opinantis doctrinam
sufficienti ratione motus non amplecti-
tur, eum nequaquam hæreseôs, erroris, aut temeritatis periculo sese expo-
nere Doctores Catholici, quorum auctoritatem doctissimi nostri aduersarij facilè admittent, disertis verbis affirmant. Nam Alphonsus Salmeron, &
Fracisc. Suarez viri sanè eruditißimi,
pro immaculata B. Virginis Cöceptione
confirmanda totius Ecclesiæ Catholicæ
praxim

praxim, & consensum producunt, & nihilominùs contrariam opinionem absq; vllo lethalis culpæ periculo defendi posse tum ipsi apertè concedunt; tum absque graui peccato denegare non possunt. Nos, *inquit* [c] *Salmeron,* vniuersæ penè Ecclesiæ cōsensum opponimus, & Vniuersitatum omnium concordem sententiam. Et *Suarez* [d] Secundum fundamentum, *inquit,* ex Ecclesiæ auctoritate sumendū est, & primùm totiùs Ecclesiǫ fere vniuersalis consensus. Et prǫsertim ab hinc ducentis annis ferme omnes Ecclesiastici Scriptores, Episcopi, vniuersæ fere religiones, & Academiæ subscripserunt.

64   *Sed de his satis. Ex ijs etenim, quæ iam diximus, quantulam vim habeant præfatæ aduersariorum obiectiones, eruditus Lector facillimè comprehendet. Atque hæc sunt præcipua, quæ ex*

A   *Con-*

[c] In Rom. 5. disp. 51 §. Deinde.

[d] Tom. 2. disp 3. sect. 5.

Concilijs à Card.Bellarm.citatis aduerſus meam Apologiam obijciunt aduerſarij, cuius quidem librum contra Barclaium diligenter legi,atq;perlegi, qui-
que, vt verum fatear, meo intellectui
tam parum ſatisfacit,vt me in priſtina
mea ſententia potius confirmet, quàm
ab ea vllatenus amoueat,cui etiam reſponſionem aliquam adhibere iamdiu
decreueram,niſi alter, cuius id nego-
tij magis intererat,in ſe,vtì à viris fide dignis accepi,prouinciam illam ſuſce-
piſſet;quam tamen iam differendam eſſe
ſtatui, donec eius ad meam Apologiam
reſponſio,quam noſtrates quotidie ex-
pectant,in publicum egrediatur.

65   Poſtremo loco obijciunt aduerſarij librum quendam, qui inſcribitur,
Diſputatio Apologetica pro poteſtate ſummi Pontificis, à Leonardo
Leſſio,vt ipſi aiunt, viro vtiq, doctiſſi-
mo compoſitum, in quo clarè,perſpicuè,
                                    atque

atque euidenter ex Scripturis, sanctis Patribus, Concilijs, & tredecim efficaciſſimis rationibus demonſtrari aſſerunt, penes Pontificem eſſe poteſtatem Principes abdicandi, iſtámq; veritatem non ſolùm eſſe concluſionem Theologicã, quæ errori opponitur, ſed de fide etiam expreſſè definitam, ita vt contraria opinio abſque manifeſta hæreſi ſuſtentari non poſſit.

56 Maximis equidem laudibus librum iſtum à nonnullis efferri ſæpiùs audiui, illumẃ, à viro pererudito, ſi verũ eſt, quod iſti aiunt, confectum eſſe denegare non poſſum. Veruntamen, ſi liber hic tam apertè, vt iſti gloriantur, demonſtrat, quare in lucem non prodit, ſed tanquam negotium perambulans in tenebris, in conſpectum paucorum, eorúmque duntaxat, qui illi applaudere exiſtimantur, venire permittitur? Vtrum hæc

A 2   boni

boni operis argumenta sint, an potius nō
exiguæ in tua causa diffidentiæ indicia
non obscura, temetipsum, vir doctissime,
qui huius libri Auctor es, Iudicem appel-
lo. Præcursorem tuum Anglicum, qui anno integro iam elapso tam grandia de
hoc tuo libro pollicitus fuerat, illiusque
summarium confecerat, sed ita summa-
tim, vt ne vnam quidem ex clarissimis
tuis demōstrationibus clarè perspice-
re quis valeat, in manus omnium Catholicorum veniendi potestatem facitis.
Et tamen liber ipse, quem vacillantibus
animis plenè satisfacturum esse Præ-
cursor ille tuus promiserat, nec prece,
nec pretio comparari, neque ab omnibus
Catholicis promiscuè, sed à paucis admodùm, idque cum pactione solenni, ne
eum alijs communicent, conspici potest.

    67   An forsan veremini librum il-
lum, qui doctrinam de fide creden-
dam,

dam, *atque idcirco ad salutem necessa-*
riam apertissimè demonstrat, *cunctis*
fidelibus, ijsque præsertim, quos à fidei
tramite errare certò creditis, diuulgare?
Libros æquè periculosos, & qui iuxta
huius Regni leges sub pœna capitis pro-
hibentur, in manus omnium Catholico-
rum absque delectu venire sinitis, & li-
brum istum tam necessarium, vtpote fidei dogmata, *vt prætenditis,* apertè
demonstrantem, *ijsque in rebus, quæ*
ad iura Principum, summique Pontifi-
cis spectant, in publicum prodire tanto-
pere formidatis? At vereor ne aliter
res se habeat, quàm quidam apud nos
hìc iactitant. Si enim vera sunt, quæ au-
dio (præterquam quòd imperare *tem-*
poralia cum disponere *de temporali-*
bus confundere videaris, & subditi ex
tua sententia vi sola excommunicatio-
nis à vinculo fidelitatis liberentur, &

A 3   *Breuia*

*Breuia Apostolica ad certam aliquã pro-
uinciã directa, quæ ab Eudæmon-Ioanne*

* In præfati-
one Paralleli
Torti.

*literæ priuatę appellantur, & in qui-
bus ne verbum quidem de Principum depositione habetur, eam tamẽ doctrinam,
vt rem de fide certã, definiant) quædam
ex tuis exemplis, quæ ex antiquis Patribus adducis, vt hanc tuam de Principum depositione doctrinam veteri Ecclesiæ cognitam esse ostendas, non tam
ad abdicationem Principum auctoritate
Pontificis, quàm ad eos à populo deponendos, & priuatã auctoritate etiam
occidendos tendere videntur. Sed nolo
amplius rem istam exaggerare; tempus
est, vt ad Doctorem nostrum Anony-
mum, qui meam Apologiam hæreseôs,
atque Ethnicismi insimulat, sermonem
conuertam, cui profectò, si me alicuius
erroris, quem in ea contineri existimas-
set, fraterne admonuisset, ingentes gra-*
tias

tias eo nomine retulissem. Verùm cum neque nomen aliquod notum, cui reuerentiam adhiberem, literis suis, quæ casu in manus meas inciderunt, apposuerit; neque palam, & manifestè, sed furtim, & per insidias me tam horrendis criminibus apud Catholicos falsò accusauerit, bonamque mei nominis existimationem in perpetuum violare studuerit; si meam innocentiam defendendo eum fortasse paulo asperiùs tractare, & charta, calamoque aliquantulum dentatis rem agere visus fuero, id sibimetipsi, me summam per iniuriam vltro lacessenti, acceptum referat, atque in posterum caueat, ne viros Catholicos, qui hæresim, *atque* Ethnicismum *non minori, quàm ipsemet, odio prosequuntur,* hæreseôs, *aut* Ethnicismi *tam facilè condemnet.*

Errata corrigenda.

Pag. 11. lin. 16. *lege* illicito. p. 22. in marg. lin. 1 l. Caiet. p. 23. lin. 9. l. aliquo. p. 34. lin. 13. l. rum i sent. p. 42. lin. 10. l. perexiguam. p. 53. lin. 14. l. politicum. p 62. in marg. lin. 1. l. d. 151. p. 65. lin. vlt. l. requirereς p. 68. lin. 4. l. eidem pauperi. ibidem. lin. 18. l. procedit ab *sine com.* p. 70. lin. 17. l. temeritate, ne *cum com.* p. 71. lin. 21. l. imperanti, ob, *cum com.* p. 92. lin. 1. l. eert ò p. 116. 10. l. quit, obli. *cum com.* p. 117. lin. 23. l. obligatione p. 124. lin. 6. l. efficienter. p. 131. lin. 5. *e go profecto non satis intelligo,* charactere maiusculo scribi debent. p. 131. lin. 7. l. sine. p. 134. lin. 23. l. Princeps est *sine com.* p 147. lin. 10. l. veluti per. p. 151 lin. 2. l. perhorrescisς p. 181. lin. 5. l. Princeps. pag. 189. lin. 21. l. vitiosa est, scandalosa est, ergo. p. 206. lin. 5. l. ciuitate. p. 213. lin. vlt. l. non in corpora.

Errata in Præfatione.

Nu. 3. lin. 39. le. ne. nu. 10. lin. 3. l. Theologis omnibus. nu. 12. lin. 17. l. aues. nu. 21. lin. 25. l. reddāt nu. 34. lin. 11. & 14. l. Synodo illa. nu. 37. lin. 11. l. scribat. nu. 45. lin 9. l. summi Principis. nu. 45 l. 204. non recognoscentes. nu. 43. lin. 5. post verbum respondeamus, hæc verba collocāda sunt, & charactere maiusculo conscribenda. Ita enim ex hoc Concilio arguit Card. Bellarminus ***In tract. con-** ****: In celeberrimo Conci- tra Barclaium*** lio Lateranensi sub Innocentio tertio editus est Canon, qui est **pag. 30.** ordine tertius, in hæc verba. Excommunicamus, & anathematizamus omnem hæresim extollentem se aduersus sanctam Orthodoxam Catholicam fidem, quam superiùs exposuimus, &c. & infra : Si vero Dominus temporalis admonitus ab Ecclesia terram suam purgare neglexerit ab hæretica fœditate, per metropolitanum, & comprouinciales Episcopos excommunicationis vinculo innodetur. Et si satisfacere contempserit infra annum, significetur hoc Summo Pontifici, vt extunc ipse Vasallos ab eius fidelitate denunciet absolutos, & terram exponat Catholicis occupandam, qui eam exterminatis hæreticis sine vlla contradictione possideant, & in fidei puritate conseruent. saluo iure Domini principalis, dummodo super hoc ipse nullum præstet obstaculum, nec aliquod impedimentum opponat, eadem nihilominus lege seruata circa eos, qui non habent Dominos principales.

Quid hic Barclaius diceretς Si hæc non est Ecclesiæ Catholicæ vox, vbi, obsecro, cam inueniemus ς & si est (vt verissimè est) qui eam audire contemnit, vt Barclaius fecit, an non vt Ethnicus & publicanus, & nullo modo Christianus, & pius habendus eritς

Sed hæc obiectio facilè dissoluitur. Inprimis igitur, &c.

Reliqua, si quæ occurrant, errata studiosus Lector emendabit.

RESPONSIO
APOLOGETICA
PRO IVRE PRIN-
CIPVM.

Iteræ quædam à te
(quocunque nomi-
ne vociteris) cóscrip-
tæ per plurium ora,
manusque feruntur,
in quibus, vt amici
tui postulatis satisfa-
cias, vel saltem satis-
facere te simules, quid de mea pro iure
Principum Apologia, adeoque de potestate Papali Principes deponendi, ex animi
tui sententia sentiendum sit, candidè, fideliterque declarare prætendis. Quod quidé
si eo animi candore, quem præ te geris,
præstitisses, plurimis me quoque modis v-
nà cum amico tuo tibi deuinctum meritò
B existi-

existimassem. De hoc etenim certiorem
fieri plurimùm desidero, qua certitudine
communis hæc Theologorum, præsertim
recentiorum, opinio de Principibus secularibus auctoritate Papali Principatu priuandis defendi debeat. Et si semel mihi
quispiam *euidenter demonstrauerit*, eam à
nullo verè Catholico absque fidei Catholicæ abnegandæ, aut læthalis noxæ perpe-
trandæ periculo repelli posse, statim con-
quiescam, atque à veritate tum amplectē-
da, tum etiam promulganda nulla me vel
terreni præmij spes, vel pœnæ metus per
tantillum temporis spatium retardabit.

2   Interim nemo mihi iure succensere
poterit, si incertas quorundam Doctorū o-
piniones pro indubitatis fidei dogmatibus
nobis quasi per vim obtrudi grauatè feram.
Veneror equidem illustrissimum Bellarm.
& singularem, perfectamque illius in omni fermè doctrinę genere eruditionem plurimùm admiror; sed quòd auctoritas sui
testimonij, alteriusve Doctoris cuiuscun-
que non minori doctrina, ac dignitate prę-
diti tātùm apud Catholicos valere debeat,
vt quicquid ipsi de fide certum esse sentiāt,
statim pro diuino quasi oraculo, cui falsum
                                    subesse

subesse nequit, habendum sit, & contraria
Catholicorum, tametsi longè pauciorum
opinio, non tam sententia, quàm hæresis
æstimanda, istud profectò æquo animo
ferre non possum.

3   Non te latet quantis precibus Le-
ctorem obsecrauerim, * vt si *forte aliqua in*   * in Præfati-
mea Apologia reperiret, quæ sibi non arride-   one.
rent, modestum, vt decet Catholicum, sed soli-
dum, vt Theologo conuenit, responsum adhi-
beret, neque ipsi difficultati tenebras offunde-
re, sed eam firmis rationibus clarè, & perspi-
cuè explicare studeret. Verùm enimuerò,
quàm imperitè tu, & dolosè, vt Bellarmini sententiam, *tanquam de fide certam*, de-
fendas, meam Apologiam impugnaueris;
adeóque amici tui expectationem turpiter
fefelleris, neque syncerè, vt præ te fers, sed
versutè admodum quæstionem hanc grauissimam pertractaueris, ipsamet tua scripta, quæ ego inferiùs in fine meæ Respon-
sionis integrè, fideliterque subijciam, nimis
apertè testantur. Nam & controuersiæ
statum fraudulenter inuertis, & mihi ea,
quæ nec per somnium cogitaueram, tanquam à me dicta iniuriosè obtrudis, vt ita
liberiùs in mea scripta debaccheris, illisque
B 2   fœdissi-

fœdiſſimas *hæreſeωs*, ac *Ethniciſmi* notas
maiori cum audacia inuras. Cęterùm, dum
tu dolo malo mea ſcripta per ora hominum
traducere pertentas, bonam tui nominis
exiſtimationem in controuerſiam adducis,
& qui hucuſque eximiæ tum probitatis ob
munus Sacerdotale, tum eruditionis ob
Doctoris officium, quibus fungi te audio,
à plurimis es habitus, nunc tua fraude, &
imperitia falſam dę tua doctrina, ac integri-
tate opinionem eos animis ſuis imbibiſſe
apertiſſimè demonſtras.

4 Nam, præterquam quòd calumnias,
quas mihi falsò imponis, euidenter con-
tundam, tuamǿue tum inſcitiam, tum malitiam clariſſimè patefaciam, quàm grauem
tu præterea, niſi te meliùs purgaueris, cen-
ſuram merearis, dum ita præcipitanter pro-

a Nu. 14. tui
libelli.

nuncias, primò, [a] *poſſe Sacerdotes vnà cum*
populo, & quando poſſunt, teneri in ſui defen-
ſionē arma corripere aduerſus Principem illis
ſub pœna capitis iniuſta imperantem; ſecundò,

b Nu. 15. 16.
tui libelli.

[b] *obedientiam ciuilem,* quæ Principibus etiã
hæreticis, atque infidelibus in rebus licitis
iure diuino exhibenda eſt, *ex mala Princi-*
pis intentione reddi malam, & ſcandaloſam,
ac proinde per ſpiritualem ſummi Pontificis
auctori-

auctoritatem subditis inhibendam; & tertiò, [c]*penes summum Pontificem esse potestatem de* cNu.17.20. *dominijs Principum, & obedientia subditorū* tui libelli. *pro maiori Dei gloria disponendi*, illis, ad quos spectat, iudicandum relinquo, tuuque ipse ex ijs quæ inferiùs [d] dicam, cum graui dA nu.34. ad tuo cordolio facillimè deprehendes.   41.à nu. 64.
ad 84.& à nu.

5 Denique, si ego, dum omnis culpæ, 128,ad 133. quam in me immeritò conijcis, suspicionē à me dimoueo, tuam prudentiam, scientiam, ac synceritatem in ius vocauero, id tibimetipsi vitio vertas, qui, vt mihi nequaquam te prouocanti, nec leui aliqua iniuria vnquam afficienti non leuem aliquam labeculam, sed turpissimas *hæreseωs*, ac *Ethnicismi* maculas summam per iniuriam aspergas, falsa, indocta, seditiosa, ac scandalosa effutire non reformidas. Igitur, vt ad rem propiùs accedam, quàm pulchra tibi castella in aëre fabricaueris, atque adeo cum vmbris conflictans insignem, scilicet, de ijs victoriam reportaueris, paucis accipito.

6 *Duo*, inquis, [e] *sunt præcipua funda-* eNu.2.tui lib. *menta, quibus innixus Widdringtonus im-* ,, *pugnat Ecclesiæ potestatē ad deponendos Prin-* ,, *cipes, qui hostes sunt Ecclesiæ. Primum in hoc* ,, *collocatur, quòd iudicet Ecclesiæ potestatem ita* ,,

B 3   *esse*

" esse merè spiritualem, vt non alia obiecta, seu
" media habeat ad consequendum, & protegen-
" dum suum finem spiritualem, nisi eàdem ana-
" logià purè spiritualia, vtpote verbi prædica-
" tionem, administrationem sacramentorum,
" excommunicationem, atque censurarum di-
" strictiones. Ex quo concludit, non posse sum-
" mum Pontificē aliter animaduertere in Prin-
" cipem delinquentem hæresi, vel apostasia, im-
" pedientemq̄ finem dictum spiritualem Euan-
" gelij, nisi in ipsum edicendo sententiam excō-
" municationis, alteriusue censura, vel opera
" pietatis exercendo; vnde sperari possit diuini
" numinis fauore reuocandum quandoq̄ ad sa-
" niorem mentem.

"   7   Alterum in hoc positum videtur, quòd
" reputet secum, Iuramentum fidelitatis Princi-
" pi præstitum esse indispensabile, & non obedire
" in ciuilibus esse vsque adeo in subdito intrinse-
" cè malum, vt ex nullo honesto fine, aut euentu,
" vllove in terris imperio possit virtute, ac re-
" ctitudine moris insigniri. Atque hinc elicit,
" non posse puniri Principem damno temporali,
" quantumuis hæreticum, vel atheum, nisi à solo
" Deo, neque proinde posse Pontificem illi adi-
" mere imperium in iuratos subditos, vel hosce
" absoluere à vinculo Iuramenti suscepti ab ipsis.
                                    8   Hæc

8 *Hæc duo fundamenta, præterquam* "
quòd Ethnicismum mihi videntur sapere, at- "
que in lucem nostræ ætatis reuocare obsoleta ve- "
terum Imperatorum numina nulla lege, aut "
iure coercenda, quantumuis insanire, & in "
genus humanum illis furere libitumfuerit, Ec- "
clesia interim adducta in euidentissimum pe- "
riculum, & quasi obiecta in prædam malorum "
Principum cupiditatibus, insuper fidei Catho- "
licæ veritati apertè repugnare apud me explo- "
ratissimum, quod sigillatim, ac seorsim istis o- "
stendere aggrediar. Hæc tua sunt verba, nu. "
2.3.4.

9 Iste igitur tui discursus finis, hic scopus est, vt duo potissima fundamenta à
Widdringtono (si tibi hac in re credere fas
esset) ad potestatem Papalem Principes deponendi impugnandam posita funditùs e-
uertas, atque in profundum *hæreseωs* ac
Ethnicismi barathrum abijcias. Quibus semel prostratis totum suæ Apologię pro Iure Regio ædificium protinus corruere nemo inficiari potest. Cæterum non esse hæc
Widdringtoni fundamenta, sed meras im-
posturas ex tuo cerebro cōfictas quiuis vel
mediocriter doctus, qui eius Apologiam
vel properans percurrerit, statim dispicere
B 4 valet:

valet : cum non semel ac iterum, sed sæ-
pissimè, nec quasi pertransiens, sed ex instituto ea quæ me negare asseris, disertis verbis doceam, atque confirmem; vt
clarum sit, vel te non intelligere quæ legis,
idque in rebus clarissimis, quasque ad fidé
pertinere velis, quod sanè cum insigni illa
eruditione, quæ in Doctore Theologo e-
lucere debet, non aptè cohæret; vel si intelligis, ea in contrarium prorsus sensum,
quàm à me dicta sunt, de industria detor-
quere, vt ita fidentiùs mea scripta *Ethnicismi*, & *hæreseos* insimules, quod profectò
à pura, nitidaque conscientia, quam in viro probo, Deique Sacerdote inesse oportet, longissimè abhorret.

10   Vt autem à primo fundamento ini-
tium sumam, fingis me asserere, potestatem
Ecclesiæ ita esse merè spiritualem, vt non
alia obiecta, seu media habeat ad consequendum, & protegendum suum finem
spiritualem, nisi eâdem analogiâ purè spiritualia, vtpote verbi prædicationem, administrationem Sacramentorum, excomuni-
cationem, atque censurarum districtio-
nes: Quod etiam inferiùs repetens; *Mul-*
tum, inquis; f *in hoc insistit Widdringtonius,*
quòd

f Nu. 18. tui
libelli.

quòd res temporales non sint subiectæ Pontifi- „
cis auctoritati, eo quòd instrumenta, & media „
potestatis spiritualis debeant esse spiritualia, „
non carnalia, vel temporalia. Verùm hoc aper- „
tè fidei Christianæ repugnat, &c. „

11 Atque in hoc pronunciato non
meo, sed figmento planè tuo impugnando
plures chartas otiosè consumis, atque hoc
solum probare contendis, spiritualem summi- „
mi Pontificis potestatem occupatam esse „
in temporalibus, vt conducunt ad finem „
spiritualem; versari circa temporalia, habere „
sibi subiectam rem temporalem, idoneam „
sibi habere rem temporalem, posse præci- „
pere rem temporalem pro bono fidei, ac re- „
ligionis. Et tandem ita concludis: g Proba- „ g Nu. 11. tui
tum itaque maneat ex fidei dogmate spiritua- libelli ad fi-
lem summi Pontificis potestatem habere pro nem.
materia subiecta temporalia, non quidem vt „
temporalia, vtpote in suis naturis considerata, „
vel vt iussa, & prohibita à Principibus secu- „
laribus, vel vt relata ad temporalem in repub- „
lica tranquillitatem, vt finem, sed vt subsunt „
hisce duobus respectibus, conducendi scilicet „
ad finem virtutis, vel abducendi homines à „
virtute, destinandi eos ad vitia, &c. „

12 Sed cur, obsecro, tot verbis inani-
bus

bus aërem verberas? quem feris? in quem te aduersarium intendis? Widdringtonus enim toties hoc idem, quod tu hîc affirmas, tam claris, apertiſque verbis docet, repetit, atque inculcat, vt mirum ſit, qua fronte vir eruditus, niſi omnem prorſus pudorem abieciſſet, commentum adeo manifeſtum, vt à fœdo mendacij nomine, honoris tui gratia abſtineam, illi imponere audeat. Atque vt clarè perſpicias, quàm turpiter tu tum ſcriptis meis, tum tua ſcientia, & conſcientia abutens, cum tuo etiam amico, qui magnam in tua ſynceritate fiduciam collocaſſe videtur, fraudulenter te geſſeris, ponam tibi ante oculos quaſdam propoſitiones in mea Apologia ad verbum expreſſas, ex quibus, quàm egregium impoſtorem egeris, & quàm exigua fides in rebus tanti ponderis tuis dictis deinceps adhibenda ſit, tumetipſe confeſtim non fine rubore animaduertes.

13 Imprimis enim in quarto Corollario [h] aſſerit Widdringtonus, *adminiſtrationem temporalium in ordine ad bonum ſpirituale, id eſt, quatenus ſpirituali ſaluti aduerſatur, qua ratione naturam criminis ſpiritualis induit, ad forum Principis Eccleſiaſtici pertinere,*

h Nu. 93.

tinere , in quo corrigi , & iudicari debet. Et
nu. 97. *Quapropter esto , ait , quòd Princeps*
Ecclesiasticus habeat potestatem dirigẽdi, præ-
cipiendi , atque compellendi Principes tempo-
rales etiam in temporalibus , quatenus tempo-
ralia animarum saluti notabile damnum affe-
runt , non tamen proptereà potestatem habet
omni pœnarum genere transgressores punien-
di , sed pœnis tantùm certis , & à Christo defi-
nitis.

14　Deinde in quinto Corollario ita
ait ; [1] *Quocirca licet Ecclesia habeat potesta-*
tem sibi à Christo traditam dirigendi Princi-
pes seculares in ordine ad bonum spirituale,seu
imperandi illis , & cogendi , ne in perniciem
suarum animarum tali , vel tali modo illicitè
de temporalibus disponant , non tamen proin-
de sequitur, Ecclesiam in ordine ad salutem
animarum habere dominium rerum tempo-
ralium, aut potestatem de temporalibus dis-
ponendi; sed hoc solum colligi potest,Ecclesiam
habere potestatem dirigendi , imperandi, at-
que pœnis Ecclesiasticis constringendi Princi-
pes seculares, ne cum dispendio salutis spiritua-
lis temporalia administrent.

15　Et nu. 141. *Sicut ,* inquit , *spiritus*
carni præcipere potest , vt omnes suas affectio-
nes

i Nv. 101.

*nes inordinatas, quæ penè innumeræ sunt,
iuxta rationis normam repellat, non tamen
ipsam carnem rebellem, & sua desideria perfi-
cientem, omni pœnarum genere castigare poterit, ita etiam potestas spiritualis imperandi
temporali, quando fini spirituali, seu animæ
saluti obest, est quidem penè illimitata, sicut
infinita ferè sunt peccatorum genera: potestas
tamen coercendi, seu pœna afficiendi temporalem potestatem sibi in ijs, quæ ad animæ salutem spectant, contradicentem, est ad certum
terminum, extra quē egredi non licet, à Christo definita.* Et nu. 152. docet *potestatem ciuilem, & Ecclesiasticam apud Christianos ac-
cidentaliter, & quodammodò subiectiuè con-
iungi, ratione cuius coniunctionis potestas ciuilis subiecta est per accidens potestati spirituali in rebus tantùm spiritualibus, & nō in temporalibus, nisi quando temporalia ratione peccati annexi, quod est spirituale, naturam spiritualem induunt.*

16   Et nu. 154. *Si,* inquit, *contingat,
potestatem ciuilem abuti tēporalibus in damnum reipublicæ spiritualis, & finis illius, qui
est animarum salus, per accidens subijcitur potestati spirituali, cui commissa est cura spiritualium, & consequenter potestatem iurisdictionis*

ctionis habet super omnes actiones externas, quæ finem spiritualem iniustè impediunt. Immò & ipsemet gladius materialis ex Widdringtoni sententia Ecclesiæ imperio non-nunquam subijcitur. *Potest*, inquit, [k] *Ecclesia propter instantem suiipsius necessitatem præcipere, vel prohibere vsum gladij materialis.*

k Nu 197.

17 Denique, vt plura similia loca præteream, in Responsione ad exemplum ex S. Ambrosio desumptum (de quo inferiùs *mihi tecum de tua inexcusabili fraude expostulaturo iterum erit sermo,) [l] *Princeps spiritualis*, inquit Widdringtonus, *ex vi suæ potestatis spiritualis potest Principem politicū cogere pænis spirstualibus, & intra fines potestatis Ecclesiasticæ,ne temporalia in detrimentum suæ salutis spiritualis, vel aliorum illicitè administret.* Et paulo pòst ita concludit: [m] *Verùm cum solùm ostendat Bellarminus Ambrosium excommunicasse Theodosium, & præcepisse illi, vt propter bonum spirituale legem politicam conderet,nihil aliud confirmat, quàm quod sæpiùs ex professo tradidimus.*

*Nu.27.28.

l Nu.377.

m Nu.378.

18 Ex his igitur satis perspicuum est,me non asserere,vt tu nimis impudenter comminisceris,*spiritualem Ecclesiæ potestatē non sese*

sese extendere ad temporalia, aut, rem temporalem in ordine ad bonum spirituale præcipere non posse, aut, temporalia, quatenus fini spirituali obsunt, non esse subiecta spirituali summi Pontificis auctoritati, aut potestatem Ecclesiæ ita esse merè spiritualem, vt non alia obiecta, seu media habeat ad consequendum, & protegendum suum finem spiritualem, nisi eadem proportione purè spiritualia. Sed cum ego ex professo media distinguam, eáque in duplici differentia constituam, quædam dirigentia, quædam constringentia, quæ potestati, seu vi dirigenti, atque constringenti in qualibet lege, & præcepto comprehensis correspondent, atque contendam, res omnes temporales, quando spiritualis boni necessitas id postulauerit, supremi Ecclesiæ Pastoris directioni, siue imperio, atque etiam spirituali eiusdem, non autem temporali coercioni subiacere, tu hanc distinctionem callidè dissimulans controuersiæ statum omnino immutas, atque amico tuo, sed parum amicè persuadere niteris, me in vniuersum negare, Ecclesiam alia habere obiecta, seu media ad consequédum, & protegendum suum finem spiritualem, nisi merè spiritualia, & nihilo minùs scripta

mea

mea apertè clamant, me de solis medijs
constringentibus, & non de dirigentibus
locutum esse.

19   Quoniam igitur in quo tota huius
controuersiæ difficultas consistit, vel non
intelligis, vel non intelligere te fingis, tecū
paulo apertiùs agam, atque vt nullus tibi
deinceps tergiuersandi relinquatur locus,
illud, quod sæpiùs in mea Apologia de industria annotaui, iterum in tui gratiam re-
petere non grauabor. Ait res omnes temporales in ordine ad bonum spirituale, id
est, quando spiritualis boni necessitas id re-
quirit, spirituali Ecclesiæ auctoritati, siue
imperio subiectas esse. Atq; vt rem clariùs
exemplis illustrem, possunt Episcopi vt tu
hìc refers, iuxta Concilij Tridentini decretum meretrices publicas extra oppidū,
vel diœcesim eijcere, id est, vt egrediantur
imperare. Possunt hæreticis, si bonum spirituale id necessariò exigit, commercium
ciuile interdicere, aliijſque præcipere, ne
cum illis orent, edant, loquantur *. Possunt
Iudici seculari preceptum imponere, vt homines sceleratos capitali pœna ex legum
præscripto dignos è medio tollant. Possunt
Principibus secularibus, quod tu crebrò
                            inculc.ɜ,

* Iuxta illud
Ioh. 2 nec
Aue ei dixe-
ritis.

inculcas, præcipere, ne clericos ob necef-
fariam, fuóque ftatui Clericali debitam reuerentiam ad fora Iudicũ fecularium abf-
que Epifcopi licentia trahi permittant. Denique penes Ecclefiam eft poteftas cuilibet
Chriftiano præcipiendi, vt quamcunque
pœnam temporalem, quæ ad æternam fa-
lutem confequendam neceffaria exiftit, patienter fuftineat. Neque de hac imperandi
poteftate, fed folùm de modo, quo Pontifex Chriftianos ad iuffa fua exequenda
conftringere valet, vlla, meo quidem iudicio, difficultas effe poteft.

20   Si autem meretrices ad Epifcopi
imperiu ciuitate exire recufauerint, poteft
quidem eas cenfuris Ecclefiafticis ad ex-
eundum compellere, fed vi, & armis illas
ex ciuitate extrudere, nifi brachij fecularis
opem imploret, nequaquam poteft. Si
hæretici contra Epifcopi iuffum cum alijs,
& alij viciffim cum illis communicare vo-
luerint, nulla alia remedia ad eos coercendos præter fpiritualia fpirituali poteftati ex
Chrifti inftitutione fuppetunt. Si Iudex
fecularis homines nequam pœna mortis
mulctare abnuerit, poteft eum Epifcopus
fpirituali anathematis gladio percutere, fed
in

in illos proprijs manibus animaduertendi, illorumque ceruices amputandi, nulla Epiſcopo ex lege Chriſti poteſtas competit. Si Principes Chriſtiani, non obſtante Pontificis præcepto, Clericos irreuerenter tractari ſinant, poteſt eos Pontifex ob ſuam inobedientiam è regno Chriſti, quod eſt Ecclesia, eijcere, ſed temporali regno illos priuare nullatenus valet. Denique ſi quis pœnam temporalem, quæ ſibi in neceſſarium ſuæ ſalutis remedium per præceptum Ecclesiæ imponitur, ſubire contempſerit, poteſt eum ſupremus Ecclesiæ Paſtor ob contumaciam animaduerſione ſpirituali caſtigare, ſed ad alia arma conſtringentia, quàm ſpiritualia, eius auctoritatem extendi, non eſt adhuc à Card. Bellarmino vllibi [o] ſufficienter demonſtratum.

21   Vides itaque, quàm amplam ego ſummo Pontifici in rebus temporalibus imperandi tribuo poteſtatem, vt iam te latere nullatenus poſſit, quàm vana ſit, ac planè friuola hæc tua primi illius fundamenti confutatio, cum hoc ſolum comprobare contendas, *poteſtatem in rebus temporalibus imperādi* pro bono fidei, ac religionis, ſummo Pontifici ex Chriſti inſtitutione competere,

[o] Nec in controuerſijs, nec in Reſponſ. ad Barclaium.

C   petere,

petere, *sed potestatem de temporalibus dispo-*
nendi, quam ego à *potestate imperandi* longè distinctam esse fusiùs in mea Apologia
P commonstraui, & de qua sola disputatio
præsens instituitur, tametsi tu vtramque
frandulenter confundas, summo Pontifici ex lege Christi concessam esse nullo
planè exemplo, aut ratione confirmas.

p Nu.99. &
seq.

22   Antequam autem ad secundum
illud fundamentum, seu veriùs figmentum
tuum impugnandum accedas, tria ex ijs,
quæ superiùs à te dicta sunt, corollaria de-
ducis.

" Primum est, *Spiritualem Ecclesiæ potesta-*
" *tem sese extendere ad temporalia, vt subsunt*
" *duobus dictis respectibus, auocandi à bono vir-*
" *tutis, & conducendi ad bonum virtutis.*

" Secundum est, *Iure diuino, & Ecclesiastico*
" *de facto coercitam esse, & limitatam potesta-*
" *tem ciuilem præcipiendi in Principe, ac dimi-*
" *nutum, atque restrictum ius faciendi multa*
" *in ipsismet subditis aliter quàm ipsis ex iure*
" *naturæ vel gentium merè, ac purè contingit,*
" *adeoq́; in vtrisq́; pro bono virtutis adhuc ma-*
" *gis posse coerceri, atq́; limitari iura, quæ habent*
" *in res temporales.*

Tertium corollarium est, *Posse virtute*
iuris

iuris positiui, vel diuini ita promoueri fi- „
nem virtutis, procurari, & conseruari, vt „
Principi obsistenti quoad temporalia infera- „
tur inde damnum, seu nocumentum tem- „
porale.

23   In his tribus corollarijs, quod ad
rem ipsam attinet, me tecum, si te rectè ex-
plicaueris, consentientem reperies. Cum
enim res temporales in ordine ad bonum
spirituale, siue animarum salutem, spirituali summi Pontificis, qui supremus animarum Pastor à Christo constitutus est, auctoritati, siue imperio subijciantur, vt sæpiùs in mea Apologia declaraui, consequens est, potestatem Principis Christiani
in temporalibus eatenus restrictam, & limi-
tatã esse, quatenus spiritualis boni necessitas id exigere dignoscitur; & propterea, si
temporalis administratio bonum spirituale
impediat, tenetur Princeps temporalis etiã
cum detrimento temporalis boni modum
illum administrandi immutare, vt paulo
fusiùs q ad primam Card. Bellarmini rati-   q Nu. 68. &
onem respondens annotaui. Quocirca de   seq.
istis corollarijs, quod ad eorum substantiam spectat, nulla prorsus inter nos discre-
pantia existit, sed quod ad modum, quo

ea explicare contendis, attinet, aliqua habeo, quæ iure reprehendam.

24   Et primò quidem, quando affirmas, spiritualem Ecclesiæ potestatem sese
extendere ad temporalia, eaque pro bono
virtutis præcipere posse, non satis explica-
tè loqueris. Non enim declaras, vtrum pro
bono virtutis conseruando duntaxat, an
etiam pro amplificando quælibet virtutum
opera à summo Pontifice præcipi possint.
Nonne Euangelica consilia præclarissima
virtutum opera sunt, & vt media quædam
ad bonum virtutis conseruandum, tametsi
non simpliciter necessaria, valde tamen
conducibilia à Christo proponuntur, atq;
consuluntur? Sunt enim, vt rectè ait Petrus
Canisius, [r] *incitamenta, & subsidia quædam*
commoda admodùm, quæ infirmis aduersus
mundi, carnisque illecebras arma præbeant,
quæ bonorum conatus in cursum veræ pietatis
ad meliora prouehant, quæ spiritum ad præ-
standa religionis, diuiniq́ cultus officia expe-
ditiorem reddant.

25   Visne igitur posse Pontificem Principibus, alijsve præcipere, vt virginitatem
seruent, vt vendant omnia, & pauperibus
erogent, vt tum bonis suis, tum voluntati
propriæ

[r] Cap. 6. de
cõsilijs Euang.

propriæ renuncient, aut similia virtutum opera pro bono fidei, & religionis exerceant? Nisi enim istud asseuerare velis, quorsum ita generatim asseris, [f] *si omissio obser-* [f] Nu. 12. tui li-
uantiæ erga Principem in rebus temporalibus, belli.
& consequenter quæcunque similis actio, *ex vna parte non sit mala ab intrinseco, & ex altera humano iudicio æstimante sit medium necessarium, vel conducens* [t] *ad virtutem,* [t] Nota illud
quæ finis est & scopus spiritualis potestatis in conducens.
Pontifice, tunc certū est, & de fide illam omissionem esse præceptibilem? Quorsum ita vniuersim doces, posse [u] *Papā, vt Papam præcipere* [u] Nu. 14. tui
quodlibet ciuile, & ex cōsequenti quodlibet libelli.
spirituale, vtpote magis directè potestati spirituali subiectum, *si in eo ratio virtutis, & pietatis inueniatur?* Quorsū alibi [x] *certa fide* [x] Nu. 20. tui
contestatum esse ais, *temporalia Principum,* libelli.
subditorumq́, obedientiam subijcienda spirituali summi Pontificis auctoritati pro bono virtutis, beatitudinis, & maioris [y] *Dei* [y] Nota illud
gloriæ? pro bono maio-
ris gloriæ Dei.
26 Sed vbi, obsecro, hanc nouam Theologiam didicisti, posse summum Pontificem quodlibet pietatis opus, & quemcunque virtutis actum imperare? Sanctus Thomas, [z] cum quo cæteri omnes Theo- [z] 1.2.q.96.ar.
logi

a Caret. Medina, Vasques, & alij ibidem. Salas de legibus, disp. 9 sect. 3.

logi [a] concordant, docet quidem, leges humanas singularum virtutum actus aliquos, at non omnes præcipere posse; sed singula pietatis opera, & quamlibet actionem, in qua ratio virtutis inuenitur, quæ bono spirituali conseruando solùm *conducit*, neque apud S. Thomam, neque vllum alium Theologum scriptum reperies. Si Widdringtono talia dicta ex ore excidissét, scio quâ acriter in illum inuehereris, qui, vt aliquam eum carpendi ansam arripias, ea, quæ nunquam illi in cogitationem venerunt, falsissimè, & non sine dolo manifesto illi obiectas.

27 Nam præterquam quòd, quàm impudenter primum illud fundamentum mihi imposueris, tibi clarissimè patefeci, atque non minori te impudentia secundû quoque fundamentum mihi obiecisse inferiùs demonstrabo, intolerabilis sanè est audacia tua, qua me in tertio tuo corollario calumniari non erubescis. Postquam enim peruulgatum illud B. Ambrosij, qui Theodosium coegit, illíque, vt ex Theodoreto refers, præcepit, vt legem illam politicam conderet, exemplum adduxeras ad probandum, res temporales summi
                                    Pontificis

Pontificis imperio ſubiectas eſſe, ita ſub-
iungis, [b] *Neque iuuat, quod reſpondet Wid-*   b Nu. 14. tui
dringtonus, illud præcepit, vel coegit, apud libelli.
Theodoretum idem valere, quod perſuaſit. „
Quis enim hoc pacto non poſſit omnia teſtimo- „
nia eludere? Sed familiare eſt huic vbique „
venari ambigua, vel æquiuocationes, vt preſ- „
ſus argumento ſenſum, quem ipſe vult, ar- „
ripiens, aliquò in ſinu triumphaturus e- „
uadat.

28 Verùm hanc tu reſponſionem conſcientia tua procul dubio reclamante Widdringtono obtrudis, neque vllatenus dubi-
to, quin tumetipſe hæc tua dicta memoria
recolens, niſi frontis planè perfrictæ ſis,
non exiguo rubore ſuffundaris. Scis enim
optimè, & ſcripta mea apertè clamant, c c Nu. 376.
me perſpicuis verbis fateri, B. Ambroſium meæ Apolo-
Theodoſio *præcepiſſe* quidem, vt legem il- giæ.
lam politicam, quam tu refers, ſanciret, ſed
inde nihil aliud colligi poſſe commonſtra-
ui, quàm quòd Princeps ſpiritualis ex vi
ſuæ poteſtatis ſpiritualis poſſit Principi
temporali in rebus temporalibus propter
bonum ſpirituale *imperare,* ac *pœnis ſpiritu-*
alibus, vt iuſſa ſua adimpleat, *coercere.*

29   Neque *familiare eſt Widdringtono,*

vt tu falsò criminaris, *vbique venari æquiuocationes, & ambigua, vt vim argumenti
declinet:* quin potiùs ipse, vt omnem tollat amphibologiam, & difficultatis nodum
disrumpat, in distinctionibus, quæ æqui-
uocationum nebulas dispellunt, adhiben-
dis nimis frequens à nonnullis reputatur.
Verùm non familiare, sed naturale tibi est
in hoc tuo libello, qui totus ex fraude, &
malitia compositus est, non ambigua solùm, sed etiam planè falsa, atque fictitia
aucupari, vt ita saltem apud imperitos te
Widdringtonum magna tua cum laude,
scilicet, profligasse videaris, cum tamen ne
vmbram quidem illius te insequutum esse
viri docti clarè persentiant.

30   Superest etiam aliud, quod tu in
tertio corollario nimis licenter, ac imprudenter effutire præsumis, quodque à viris
prudentibus grauiori censura, quàm tu
fortasse credis, dignum reputabitur. Ita e-
nim scribis: [d]

   Si Princeps iniquus, vtpote Atheus, vel
‹‹ *hæreticus, malo animo affectus iuberet Sacer-*
‹‹ *dotibus ad prædicandum Euangelium à Pon-*
‹‹ *tifice missis, è regno suo discedere, desinere ex-*
‹‹ *igere aliquid à plebe vt stipendium iure diuino*
                                    debitum

debitum altari, quod ius Apostolus Paulus dixit se habere sumendi temporalia pro seruitio
spirituali, non conuocare concionem sub pœna
capitis, atque sub eadem mulcta præciperet subditis non illos fouere, vel audire, tunc tam Clericis, quàm subditis licitum esset vi iuris naturæ consistere in armis ad vitam contra tyrannidem defendendam, neque arma ad imperatum Principis illos sua cohorte aggressuri,
& occisuri deponere tenerentur.

31   Quòd verò hæc defensio sui sit licita,
patet ex communi iure naturæ, quo datur vnicuique ius defendendi vitam contra iniustum
inuasorem. Quæ quidem defensio communi
iure naturæ cadit sub præcepto, quando id commodè, & sine maiori damno fieri potest. Sumus enim vitæ custodes, non domini, quandoque rationem reddituri huius custodiæ Deo
auctori vitæ, & necis. Hæc tamen sui defensio
in causa fidei non ita strictè obligat, quin interdum possit omitti, non solùm sine culpa, verùm & cum laude martyrij, vt intelligamus
legem naturæ superueniente fidei consilio non
semper obligare. Affirmare verò huiusmodi
Clericos, & subditos non posse in hoc casu armis defendere ius suum naturæ, & diuinum,
sed debere potius iure politico obijcere se nudis
mucronibus

Vasquez. 1.2.
tract. de leg.

" mucronibus confodiendos, est Turcicum, Mus-
" couiticum, barbarum, horrendum, & recens
" quorundam politicorum post hæresim abiectis-
" simæ adulationis idololatria.

" 32 Neque in hoc casu Clerici cum alijs
" externis, & subditis detrectantes obedire
" Principi in temporalibus, Dei ordinationi resi-
" stunt, quod B. Paulus omnino dissuadet. Nam
" Princeps iniquo animo affectus erga veram
" religionem, & ad procurandam suam impie-
" tatem legem condens, vel vim adhibens, dispo-
" nendo de temporalibus dupliciter delinquit,
" primò abutens rebus temporalibus, quæ, cùm
" naturæ constitutione inseruire deberent virtu-
" tibus, ad vitia ab ipso destinantur. Deinde non
" agit vt Rex, hoc est, non exercet actum pote-
" statis illius Regiæ, quam à Deo habuit, aut Re-
" publica, eò quòd quæ à Deo sunt, ordinata
" sunt, neque directa vllo modo ad destructio-
" nem, vt docet Apostolus; sed agit vt Tyrannus
" ex potestate, quam iniquè sibi vendicauit, ac
" Dæmon inspirauit.

" 33 Quod verò ex sacris literis quidam
" politici inferunt de potestate Regis iure diuino
" apud Iudæos, vel Caluino teste, profanum, im-
" mo blasphemum, asserentes Saulem accepisse à
" Deo potestatem Regio iure peccandi, finem politicum

n. 2.

liticum deſtruendi per tyrannidem, & impie- „
tatem : re enim vera Rex non habet plus pote- „
ſtatis, aut in alio ſenſu, quàm primitùs conceſ- „
ſit reſpublica. Idcirco quando Eccleſia, vel ſub- „
diti in cauſa virtutis reſiſtunt Principi, non re- „
ſiſtunt in rebus temporalibus, vt res temporal- „
les ſunt, ſed vt ſunt media vſurpata à Principe „
ad promouenda vitia, maximè infidelitatem: „
neque reſiſtunt Principi, vt Principi, ſed ope- „
ranti ex poteſtate illegitima, quæ reuera nulla „
eſt, quandoquidem à Deo minimè-ordinata. „
Maneat igitur probatum, in caſu prædicto „
poſſe Clericos, & ſubditos armis defendere ius „
ſuum ſanguinis, & religionis, quo iure diuino, „
& naturæ ſe læſum iri Princeps reputabit. „
Hæc tu ſatis inconſideratè.

34   Sed proh Deum immortalem, in
quæ miſera nos tempora incidimus ? qualia ſeditionum flabella ætas hæc noſtra
mundo procreauit ? An fieri poteſt, vt aliquis ſani iudicij homo inueniatur, qui ſua-
met ſponte à nemine prouocatus, hac præſertim tempeſtate, hacque in regione de-
gens, talia ſeditionum incitamenta debla-
terare non vereatur ? Si tumetipſe Princeps
atheus eſſes, aut per ignorantiam propoſitiones hæreticas ardenti zelo tutareris, credo

do equidem, ac firmiter teneo, te eiusmodi
spiritus turbulentos, quantumcunque veram Christi religionem se alioquin profi-
teri conclamitarent, nequaquam in regno
tuo commorari libenti animo permissurū
esse. Ligna arida, vt in prouerbio est, suf-
flatione non egent, vt admotum ignem
concipiant ; equi indomiti fræno, non cal-
caribus indigent : Pópulo effrænato, atque ad rebelliones præcipiti non laxandæ
habenæ, sed comprimendæ sunt. Et nihilominùs tu sub ditione, ac potestate Principis tui naturalis, & contrariam tibi religionem profitentis vitam agens, audacter,
& imprudenter nimiùm, *Sacerdotes*, inquis, *si iussu Principis è suo regno sub pœna
capitis exire compellantur, possunt vnà cum
populo, quin etiam quando commodè possunt,
tenentur, in sui defensionem arma corripere.*
O scitè scilicet, & consideratè dictum!

35   Possunt, vt tu ais, immò, quando
commodè possunt, tenentur in sui defensionem arma corripere, ergo & aggressores
occidere, si aliter se tueri nequeant, licitum
quoque illis, & quando commodè fieri
potest, eos etiam teneri procul dubio non
denegabis. Et si in aliquo oppido, domo,
                                        locove

locove munito inclusi sint, vt aduersariorum impetus diu effugere non valeant, vtrum in hoc casu inimicos, antequam eos actu aggrediantur, interimere, ac præuenire liceat, & iuxta doctrinam tuam teneantur, vt se defendant, quàm dubiè Theologi ^e in hoc casu loquantur, tu, qui Theologiæ Doctor es, satis exploratum habes; adeo vt quàm facilem populus inconstans, ignarus, & furibundus ansam arripere possit varias ex hac tua doctrina conclusiones perniciosissimas deducendi, & cædibus, ac sanguine omnia funestandi, nemo profectò ignorare queat.

36 Sed doleo sanè imprudentiam tuam, & vtinam scriptis dogmata eiusmodi neque tu, neque alius quispiam Catholicus vnquam tradidisset. Vereor enim plurimùm, & plures viri prudentes etiam dubitant, te, tuíque similes, bono forsitan zelo, sed certè non secundum scientiam, istiiusmodi seditionum semina in vulgus spargentes, eáque effrenato populo persuadere nitentes, grauius scandalum ac detrimentum causæ Catholicæ attulisse, quàm vnquam totis vestris laboribus resarcire valeatis. Existimabam equidem in principio
periculosam

e 2.2 q.64. ar. 7. Bannes, Aragon, Salon ibid. Sot. lib. 5. de iust. q. 1. art. 8. Valent. tom. 3. disp. 5. q. 8. punc. 4. dub. 1. Sa in aphorismis Lutetiæ editis 1601. verbo homicidium, nu. 9. Sayrus l. 7. Thesauri cap. 10. dub. 5. Lessius. de Iust. lib. 2. c. 9. dub. 8. & alij.

periculofam hanc tuam dicendi libertatem
filentio præterire, cum ad præfentem , de
qua agitur, controuerfiam de Principibus
auctoritate Papali deponendis intelligendam parum vtilis effe videatur ; fed re meliùs confiderata te infcitiæ tuæ, pariter ac
imprudentiæ paucis commonefacere fa-
tius effe iudicaui, tum, ne mea taciturnitas
tacitum faltem tuis dictis affenfum præbere videretur, tum, vt tu errorem tuum re-
cognofcens, eum, fi aliqua falutis tuæ,
communifque Catholicorum caufæ tibi
cura eft, quàm citiffimè retractares.

37   Verùm vt meliùs intelligas, quàm
debile fit hoc tuum argumentum ex communi illo iuris naturæ principio, & ab omnibus recepto, à te autem minùs rectè in-
tellecto petitum, quod tamen tu *euidentif-*
fimam demonftrationem effe arbitraris, hoc
tibi inprimis libentiffimè concedo, poffe
quemlibet iure naturæ ab iniufta cuiuf-
cunque aggreffione fefe defendere, & vim
vi repellere cuilibet eodem iure licet. Nihilominus hæc fui defenfio, & violentiæ
repulfio cum moderamine inculpatæ tu-
telæ effe debet, vt omnes Theologi f vna
voce profitentur. Neque eundem fe defendendi

fendendi modum priuato contra Magiftratum publicum, atque contra alterum
priuatum idem ius naturæ, aut gentium
concedit. Si enim vir priuatus in vitam,
aut bona alterius inique graffetur, poteft,
qui opprimitur, fe, fuaque bona inculpatè
tueri, atque iniuftam violentiam etiam
cum aggrefforis nece, vt probabilior Theologorum fert opinio, fi aliter bona fua defendere nequeat, licitè propulfare. At contra Magiftratum publicum, qui innocentes
vexat, opprimit, priuatque iure fuo, non
eadem fe armis defendendi licentiam idem
ius naturæ, aut gentium permittit, fed recto, ac legitimo ordine feruato proceden-
dum eft, ne in republica grauiora mala fe-
quantur, & per tumultus, ac feditiones
communis ciuium tranquillitas inique
perturbetur.

38 Porro eundem planè ordinem in
foro ciuili inter Principem, & fubditos te-
nendum effe cenfeo, quem in Ecclefiaftico
inter fummum Pontificem, & vniuerfos
Ecclefiæ filios feruandum effe docet Ioannes Azorius g Societatis Iefu Theologus, g Tom.1.
cuius tamen doctrinam in ijs omnibus, Inftit.l.5. cap.
quæ ibi affirmat, confirmare non audeo. Si 14.q.6.
enim

enim inferior Magistratus vim inferat, res tota ad supremum Principem deferenda est, qui de remedio opportuno quantocyùs prouideat. Si Princeps ipse non minori violentia innocentes opprimat, cum nullum in temporalibus præter Deum Superiorem recognoscat, à nullo, nisi à Deo, quod ad pœnas temporales attinet, iudicari potest. Sed monendus in primis est, & orandus ne id faciat; ei sunt proponendæ rationes, & causæ, quibus moueri queat, ne iustitiæ, aut religionis leges peruertat, atque per eius consiliarios, Regníque Proceres rogandus est, vt paci, & tranquillitati subditorum benignè prospiciat. Et demum, si hæc non sufficiant, ad supremum Ecclesiæ Pastorem recurrendum est, vt ipse gladium spiritualem exerat, atque Censuris Ecclesiasticis, si opus fuerit, ne iniquo iudicio innocentes opprimat, Principem compellat.

39   *Et cum obijcitur, iuris naturalis esse, vt vim vi repellamus, leg. vt vim ff. de Iust. ergo subditi ius habent vim illatam à Principe propulsandi,* respondet Azorius: *Verum est, vim vi repelli iure posse, sed locum id solum habet, cum Iudex, vel alius quicunque Superior*

rior priuata àuctoritate extra iudicium vim affert, non autem cum publico Iudicis officio functus procedit. Nam, vt rectè Glossa annotauit, in leg. vt vim, ff. de Iust. Iniquè vim illatam ab homine priuato possumus iure depellere, non autem illatam ab eo, cuius imperio subiecti sumus; quod probat ex leg. iniuriarum, ff. de iniurijs. Tunc enim cum Iudex publica auctoritate agit, si vexet, opprimat, & condemnet innocentem, peccat quidem, sed aduersus eum secundum leges, & iura ordine seruato legitimo agendum est, videlicet appellandum est ad Superiorem, recusandus est, contra eum aliquid excipiendum: his enim, & alijs modis innocens se tueri iure potest apud Superiorem Iudicem.

40 *Quid, inquies, si supremus Iudex damnet innocentem? Respondeo, Innocentis esse pœnam patienti, & æquo animo sustinere, non Iudici manus, arma, & vim inferre.* Hactenus Azorius. Quæ quidem doctrina tum Christi Domini exemplo, tum Scripturæ sacræ testimonio, tum Ecclesiæ primitiuæ praxi, tum ipsi rationi naturali est quam maximè consentanea, adeò vt tu à summa temeritate excusari non possis, qui ex generalibus principijs à te non rectè in-

D   tellectis

tellectis tam pestiferas conclusiones deducere non verearis, illisque, qui contra te sentiunt, tot horrenda Turcismi, Barbarismi, hæreseos, ac pestiferæ adulationis nomina seditiosè admodum, inscitè, parumque Christianè imponere non erubescas.

41   In eo autem quod asseris, *non solum posse, sed teneri etiam quemlibet iure naturæ, quando commodè potest, vim sibi illatam armis propulsare, cum custodes vitæ nostræ, non domini simus,* singularem Abulésis [h] opinionem nulla solida ratione roboratam, communi Theologorum sententiæ firmissimis argumentis stabilitæ immeritò anteponis. Nam, vt plura Scripturæ sacræ, sanctorumque Patrum testimonia missa faciam, satis liquet, præcipuum fortitudinis actum esse damna ab aduersarijs illata patienter, & absque resistentia sustinere, & maiorem charitatem vix quispiam habere potest, quàm si vitam propriam, nisi bono communi magis necessaria sit, (vt est vita Principum, Magistratuum, & aliorum qui Reipublicæ valde vtiles existunt) pro inimicis, & aggressoribus profundere sit paratus.

42   Custodes quidem, non domini sumus

mus vitæ nostræ, & proinde ita eam custo-
dire iubemur, vt mortem nobismetipsis vel
proprijs, vel alienis manibus consciscere
prohibeamur. Neque ab aliquo Deus vitæ,
& necis Dominus rationem exiget, quòd
vita se priuari ab iniquo Magistratu animo
tranquillo, & absque renitentia permittat;
sed qui iniustè in alterius necem, vel auxilio, vel consilio suo conspirat, is Deo in tre-
mendo iudicij die rationem exactissimam
de tanto scelere est redditurus; & propterea
magis tibi præcauendum est, quid in die
illo nouissimo Supremo omnium Iudici
sis responsurus, qui doctrinam hanc pesti-
feram, quæ apertam ad rebelliones, & Regicidia viã munit, nulla necessitate coactus
tradere non pertimescis.

43   In hoc autem ingenij mei tardita-
tem facilè agnosco, quòd mirabilem illam
tuam Theologiam non satis intelligam,
nempe *legē naturæ superueniente fidei consilio
non semper obligare*, vt inde commonstres,
defensionē sui in causa fidei non ita strictè
obligare, quin interdum non solùm sine
culpa, verùm & cum laude martyrij omitti
possit. Scio equidem lu nen fidei rationi
naturali minimè aduersari, & præceptum

minus maiori superueniente nequaquam
obligare probè intelligo, sed quòd lex fidei
ius naturale aboleat, & multo minùs quòd
consiliũ fidei legẽ naturę abroget, ego sanè
hanc tuã subtilitatẽ penetrare non possum.

44 Neque vllius prorsus momenti est
illud alterum, quod affirmas, *Principem in-*
iusta imperantẽ nõ agere ex potestate legitima,
neque vt Rex est, Deiq̃ minister, sed vt Tyran-
nus, & ex potestate quam sibi illicitè vsurpat;
hoc enim solùm arguit, nõ esse illi in rebus
illicitis, quas præcipit, obtemperãdum; sed
quòd per vim, & arma sit illi resistendum,
aut quòd in rebus licitis, quas præcipit, in
quibus vt Rex, Deíque minister agit, non
sit illi obediendum, nullatenus probat.

45 Friuolum verò, & planè ridiculum
est postremum illud, quod asseris, nimirum, *quosdam politicos affirmare Saulem ac-*
cepisse à Deo potestatem regio iure peccandi, &
finem politicum per tyrannidem, & impieta-
tem destruendi. Reges enim illis verbis,
[k] *Hoc erit ius Regis,* peccandi quidem impunitatem, (id est, si peccent, à subditis puniri non posse) à Deo accepisse, viri eruditi [l] sanctorum Patrum, quos in mea A-
pologia [m] recensui, dictis adhærentes asseuerant,

k 1. Reg. 8
l Alex. Alenf.
Constantin.
Harmenop.
Adam Blacu-
od. Ninianus
Winzet.
Greg. Tholo-
sanus. Barclai-
us, & alij.
m A nu. 5.

uerant,neque tu facilè contrarium euinces;
sed potestatem,seu licentiam peccandi Deum præfatis verbis Regibus tradidisse, nemo Catholicorum, quem legi, vnquam
affirmauit. Verùm tu inter peccandi licentiam, ac impunitatem nullum discrimen
percipere videris, atque ideo non mirum,
si solito tuo more non rectè intelligens
quæ legis, Auctorum verba, sensumque
peruertas, atque varios tibi aduersarios in
aëre effingens, quos politicorum nomine
traducere delectaris, exitiales Atheismi,
Turcismi, Barbarismi, hæreseos, blasphe-
miæ, & similium criminum plagas illis animosè infligas, vt ita insignem, *scilicet*, ex
victoria triumphum in perpetuam tamen
tui nominis ignominiam te deportasse meritò glorieris.

46 Mitto quàm futiles,ac ineptas pro-
bationes ad primum fundamentum impugnandum adducas, vt,quòd *haberi pro*
Ethnico & publicano, ire ad prædicandum
Euangelium, accipere aquam ad baptizandū,
eleëmosynas dare,& accipere,& similia, *sint*
res temporales, quòd *Theologi cum S. Au-*
gustino doceant,Clericos iure diuino à Seculari
potestate exemptos esse: & alia huiusmodi, in
D 3 quibus

quibus examinandis diutiùs immorari fu-
peruacaneum effe duco, cum hoc folum
illis omnibus demonftrare contendas, res
temporales in ordine ad bonum fpirituale
fummi Pontificis *directioni*, fiue *imperio*
fubiectas effe: fed quòd Papa de rebus té-
poralibus, *difponendi* poteftatem habeat, de
quo lis tota inter nos exiftit, tu rationibus,
quas congeris, nequaquam concludis, neque de hac *difponendi* auctoritate in tota
hac prima tui difcurfus parte, nifi femel
duntaxat mentionem vllam facis, quando
nimirum ad calcem tuarum probationum
accedens ita peroras.[n]

n Nu. 14. tui li-
belli ad finē.

47 *Certum eft itaque, & de fide, poffe*
" *Ecclefiam fic lege fua difponere de temporali-*
" *bus, vt inde iniquus Princeps, maximè A-*
" *theus, vel hæreticus fe læfum exiftimet, ac iu-*
" *dicet; quod euidentiſſimè apparet in emanci-*
" *patione feruorum pro honore, & bono fidei.*
" *Licet enim Ecclefia requirat præuium confen-*
" *fum dominorum, tamen vi ordinis facri fuf-*
" *cepti emancipantur, can. Si feruus, difl. 54; &*
" *fi Dominus nollet manumittere, eft tamen in*
" *poteftate Ecclefiæ pro bono publico, præfertim*
" *fpirituali, feruum libertate donare, vt colligi-*
" *tur ex verbis D. Pauli ad Philemonem.*

48

48 Veruntamen, si per *disponere* nihil aliud intelligas, quàm *imperare*, *vt aliquis de suis bonis disponat*, nolo tecum de hac re contendere: Constat enim ex supradictis res temporales in ordine ad bonum spirituale *dispositioni*, siue *imperio* summi Pontificis ex mente mea subiectas esse, neque argumenta tua superiùs allata aliud concludunt. Sin autem velis, *certum esse*, & *de fide*, quòd summus Pontifex ex vi suæ potestatis spiritualis ita de rebus temporalibus *disponere* queat, vt Principes seculares, aliosue priuatos dominio rerum temporalium priuare possit, longissimè à scopo aberras. Neque enim adhuc demonstrasti, aut vnquam, vt opinor, *certis rationibus* comprobare poteris, talem *disponendi*, seu *dominio rerum temporalium priuandi* potestatem summo Pontifici ex Christi institutione concessam esse.

49 Illa autem tua *euidentia*, qua ex seruorum emancipatione illud te deducere arbitraris, non sanè *euidentia*, sed vix leuissima coniectura est. Nam canon ille, *Si seruus*, quem recitas, non summi Pontificis, sed Iustiniani Imperatoris decretum est: quod tu quidem illico deprehendisses, si

D 4   aut

aut gloſſam, aut notas in margine, & in ſine
decreti appoſitas vel oſcitanter perlegiſſes.

50   Neque ex verbis D. Pauli ad Philemonem rectè colligis, *eſſe in poteſtate Ec-*
cleſiæ pro bono publico , præſertim ſpirituali,
ſeruum libertate donare, tametſi dominus ma-
numittere nollet. Nam hoc ſolum ex iſto
loco iuxta communem Doctorum expoſi-
tionem deduci poteſt , ſpirituales Eccleſiæ
Paſtores pro bono fidei, ac religionis, res
temporales præcipere * poſſe. Neque tu
hunc textum ſuperiùs paulo latiùs expen-
dens, ex eo aliud expiſcari côtendis , quàm
vel ſeruos per baptiſmum à ſeruitute reipſa
liberari, quod tamen communi Theólogo-
rum ſententiæ aduerſatur; neque Apoſtolũ
iſtud declaraſſe vlla ſolida ratione comprobari poteſt, vel penes Eccleſiã eſſe poteſtatem rem temporalem , qualis eſt emanci-
patio, pro bono ſpirituali imperandi, quod
me nunquam inficiatum eſſe ſatis , ſuper-
que in ſuperioribus demonſtraui. Qua autem de cauſa illud, *præſertim pro bono ſpiri-*
tuali, adiunxeris, non ſatis percipio, niſi forſan inſinuare velis, poſſe ſummum Pontificem non ſolum pro ſpirituali, verumeti-
am pro temporali bono regimini Principum

* Nu. 10. tui
libelli.

pum temporali sese immiscere.

51   Ex his igitur iam satis tibi, vt opinor, perspectum esse potest, si vel parumper ad rem intelligendam animum tuum intendas, dimidiatam hanc libelli tui partem, quam aduersus me conscriptam esse amico tuo persuadere velles, nihil prorsus contra meam doctrinam militare, neque quidquam concludere, quod ad praesentem, de qua agitur, difficultatem, de potestate Papali Principes deponendi, & de rebus temporalibus disponendi, enodandam pertineat. Iam ad alterum fundamentum, seu potiùs figmentum tuum examinandum transeamus.

52   *Alterum*, inquis, o *fundamentum,* o Nu.3.tui libelli. *cui innixus Widdringtonus, Ecclesiæ potestatem ad Principes, qui hostes sunt Ecclesiæ, deponendos impugnat, in hoc positum videtur, quòd reputet secum Iuramentum fidelitatis Principi præstitum esse indispensabile, & non obedire in ciuilibus esse vsque adeò in subdito intrinsecè malum, vt ex nullo honesto fine, aut euentu, vllóue in terris imperio possit virtute, ac rectitudine moris insigniri. Atque hinc elicit, non posse puniri Principem damno temporali, quantumuis hæreticum, vel atheum, nisi*

" *niſi à ſolo Deo, neque proinde poſſe Pontificem*
" *illi adimere imperium in iuratos ſubditos, vel*
" *hoſce abſoluere à vinculo Iuramenti ſuſcepti*
" *ab ipſis.*

53 Veruntamen, ſicut in priori fundamento te turpiter allucinatum eſſe, & ob falſi crimen non leuem tuæ famæ iacturam feciſſe clariſſimè demonſtraui, ita quoque in hoc ſecundo longiſſimè erras, atque amicum tuum, qui perexiguum eo nomine tibi gratiam debet, in errorem trahere pertentas. Neque enim te, aut alium quemuis quantulacunque eruditione præditum, qui mea ſcripta attentè conſiderauerit, latere poteſt, me iſto, quod tu refers, fundamento nequaquam fulciri, dum probare enitor, non eſſe à Card. Bellarmino ſufficienter *demonſtratum*, ſummo Pontifici vllā prorſus ex lege Chriſti competere poteſtatem Principes ſeculares in ordine ad bonum ſpirituale deponendi. Non etenim ex eo, *quod Iuramentum fidelitatis Principi præſtitum ſit indiſpenſabile,* aut *non obedire in ciuilibus ſit intrinſecè malum,* aut *quòd Princeps pœna temporali à ſolo Deo puniri poſſit,* ego colligo, vt tu ſomnias, non poſſe ſummum Pontificem illi imperium adimere,
aut

aut fubditos à vinculo fidelitatis abfoluere.
Noui optimè, tuque ipfe, fi meam Apologiam dormitans non perlegeris, vel inuitus
confitebere, has duas quæftiones grauiffi-
mas de fupremis Principibus per fpiritualem fummi Pontificis auctoritatem, & per
temporalem reipublicæ ciuilis poteftatem
ob aliquam caufam, vel crimen Principatu
priuandis, effe planè difparatas, neque v-
nam ab altera dependentem, fed diuerfis
omnino fundamentis nixas effe.

54   Nolui ego in mea pro Iure Principum Apologia has duas quæftiones, quarum vna Theologica, altera merè philofo-
phica eft, fimul commifcere, fed hoc folum
veritatis exquirendæ gratia oftendere mihi
animus erat, non effe vfque adeò *de fide cer-*
tam, vt Card.Bellarminus immeritò exifti-
mat, Chriftum Dominum talem deponendi Principes poteftatem fummo Pontifici conceffiffe, quin contrarium à viris
Catholicis, recteque de fide fentientibus
abfq; graui culpa defendi queat. Pofterio-
ris controuerfiæ philofophicæ, An fcilicet
refpublica ciuilis vllam in Principem fuum
fupremum auctoritatem habeat, difcepta-
tionem de induftria fubterfugi, ne aut ad-
uerfario

uersario aliquam præberem ansam quæstiones istas difficillimas confundendi, atque
ab vna in alteram pro libito transmigrandi;
aut vllam lectoris in mente perturbatione
gignerem, dum varijs difficultatibus ad
rem, de qua agitur, non pertinentibus im-
plicatus, illam, de qua lis tota existit, controuersiam negligeret, atque ad peregrinas,
& de quibus disputatio non instituitur,
quæstiones examinandas se totum appli-
caret.

55   Atque, vt tibi, cuiuisve alteri euidenter appareat, quàm insidiosè, pariter ac
iniuriosè in hoc etiam secundo fundamento, quod mihi affingis, me tractaueris, atq;
ob falsi etiam culpam in summum existi-
mationis tuæ discrimen temetipsum adduxeris, duo duntaxat loca ex mea Apologia referre libet, quæ tuam inexcusabilem
malitiam manifestam reddent.

56   Primus est nu. 211. vbi sic aio: *Respõ-*
demus igitur Card. Bellarminum in eo potis-
simùm elaborare, vt probet, Principem infi-
delem, vel hæreticum, si alios pertrahat ad
hæresim, vel infidelitatem, posse à populo sibi
subiecto Principatu priuari; præsens autem
controuersia, quáq; in hac quæstione à Card.
                                      Bellarmino

Bellarmino instituitur, non est, An, &, ob quas causas possint Reges à republica temporali deponi, sed solùm. An summus Pontifex habeat auctoritatem iure diuino priuandi Principes suis dominijs. Nam siue respublica temporalis possit suum Principem ob aliquam causam, vel crimen deponere, siue non possit, (quæ quæstio potius ad philosophum moralem, quàm ad Theologum spectat, & aliquid circa eam inconsideratè asseuerare facilem præbere potest tumultibus, rebellionibus, & Regicidijs occasionem, &c.) attamen hinc nullum efficax peti potest argumentum ad probandum summum Pontificem vllam prorsus iure diuino habere potestatē etiam in ordine ad bonum spirituale Principes temporales è suis dominijs exterminandi. Nam dato, sed non concesso, illicitum esse Christianis tolerare Regem hæreticum, vel infidelem, si ille conetur pertrahere subditos ad suam hæresim, vel infidelitatem, quomodo tamen hinc rectè deduci potest summum Pontificem habere auctoritatem Principes deponendi?

57   Alter locus est nu. 410. vbi hæc habeo verba. *Atque hinc patet, factum istud Zachariæ Papæ consulentis, & populi deponentis Regem Francorum, nihil omnino faue-*

re

re supremo Pontificis dominio in temporalibus, & authoritate Papali Principes instituendi, vel destituendi, sed potius populum subiectum aliquam super Principem suum authoritatem habere, confirmare videtur. Quæ quæstio, An scilicet penes rempublicam sit potestas Principem suum legitimum ob aliquam causam, vel crimen è Regni solio deijciendi, cum periculosa admodum sit, & nisi rectè explicetur, facilè præcipiti populo ad rebelliones, atque Regi. idia ansam præbere possit, neque præsenti controuersiæ de potestate Pontificis temporali dirimendæ multùm conducat, ab ea vlteriùs discutienda supersedendum esse duxi.

58 Dic igitur iam sodes, an non te pudeat tam impudenter asseruisse, Widdringtonum ad sententiam Card. Bellarmini de potestate Papali Principes deponendi impugnandam, huic inniti fundamento, quòd Iuramentum fidelicatis Principi præstitum sit indispensabile, aut quòd Princeps damno temporali non nisi à solo Deo puniri possit? Qui fieri potest, vt ipse illud pro fundamento sumat, quod cum structura, quam conficit, nullam habere connexionem affirmat? Ædificium à fundamento pendere debet, atque ab eo sustentari,

ftentari, eo proftrato, totum quod illi innititur, ftatim corruere necefle eft. At Widdringtonus dat quidem Card. Bellarmino
difputationis gratia, licèt non cócedat, poffe rempublicam temporalem fuum Principem fupremum in aliquo cafu maximi
ponderis Principatu exuere; & confequen-
ter dat etiam, Iuramentum fidelitatis Principi præftitum efle difpenfabile, & pofle interdum Principem temporalem à republica temporali, ac proinde non à folo Deo
pœnis temporalibus caftigari. Et nihilominus conftanter negat, pofle idcircò euidenter *demonftrari*, penes rempublicam fpiritualem, fiue fupremum illius Principem
efle poteftatem Principem temporalem ob
aliquam caufam, vel crimen pœna temporali coercendi; feu illi eius Principatum
temporalem adimendi.

59   Et huius difcriminis rationem fæpiùs inculcat, quia nimirum Reipublicæ
fpirituali arma fpiritualia, non temporalia,
ficut reipublicæ temporali arma temporalia aptiffimè conueniunt. *Multo*, inquit,
maior eft ratio, quare refpublica temporalis ad
illatam fibi ab alia Republica temporali iniu-
riam propellendam poffit Principem eius de-
ponere

ponere, immò & occidere, si aliter ius suum tueri non possit, quia Reipublicæ temporalis arma sunt temporalia, & proptereà nihil mirum, si vi & armis possit, ac interdum debeat, iniuriam sibi illatam propulsare, etiam vsq́ ad depositionē, & occisionem ipsius Principis, si aliter se defendere nequeat: At verò reipublicæ Ecclesiasticæ arma sunt spiritualia, & propterea non armis temporalibus, qualia sunt depositio, & occisio Principum, sed spiritualibus tantùm armis illi certandum est.

60   Itaque, tametsi ego eorum sententiam *neque erroris, neque falsitatis, apertè conuinci posse* existimem, qui docent Principes temporales, cum nullum Superiorem præter Deum in rebus temporalibus recognoscant, à solo Deo, & consequenter neque à Pontifice, neque à republica pœnis temporalibus coerceri posse ; attamen nolui ego, vt vidisti, opinionem meam in hac controuersia Theologica de temporali Pontificis in Principes potestate fundamento illo philosophico stabilire. Alia ego in mea Apologia fundamenta apposui, quę, si mente syncera agere tibi animus fuisset, euertere debuisses, & non noua quædā ex tuo cerebro confingere, quę impugnares.

nares. In quibus tamen impugnandis, præterquam quòd te frustra defatigas, tum imperitum te, tum imprudentem demonstras. Imperitiam tuam paulo inferius detegam, imprudentia nimis apertè se prodit. Quis etenim vel vulgari prudentia præditus tam inconsideratè, hoc præsertim tempore, hocque in loco, (vbi plurimi nostræ religionis aduersarij barbaris, proh dolor, & plane irreligiosis quorundam Catholicorum coniurationibus commoti religionem Catholicam à proditione vix discernunt,) ad potestatem Papalem Principes supremos deponendi sustentandam tam periculosa, nulla necessitate coactus, sibi deligeret fundamenta, (vt, quòd *Sa-* ,, *cerdotes vnà cum populo teneantur in armis* ,, *consistere aduersus Principem illis sub pœna* ,, *capitis iniusta imperantem,* quòd *Princeps* ,, *hæreticus, aut Atheus, si alios ad hæresim,* ,, *aut infidelitatem inducat, statim ante omnem* ,, *sententiam Iudicis declaratoriam omni pote-* ,, *state, ac dignitate excidat;* quòd *tempora-* ,, *lia Principum, & obedientia subditorum* ,, *summi Pontificis dispositioni pro maiori Dei* ,, *gloria subijciantur*) quæ tum effrænato po- ,, pulo apertam ad rebelliones, & Regicidia

E viam

viam muniant, tum ad controuersiam, de
qua agitur, dirimendam, aut parum, aut nihil prorsus conducant.

62 Si tam ardenti desiderio aduersus
supremam in temporalibus Principum potestatem dimicandi desiderio exaestuas, vt
eos cum Philopatro populorum castigati-
onibus etiam ante sententiam summi Pontificis declaratoriam subijcere non refor-
mides, non erat, quod me, qui tali cer-
tamen ob causas antedictas ex instituto de-
clinaui, ad pugnam prouocares. Facile tibi
erat aduersarium reperire, cum quo con-
certares, doctissimum nempe, pariter ac
elegantem Guilielmi Barclaij contra Mo-
narchomachos librum. Illi, si istiusmodi
pugna te delectat, bellum indicas, & si
poteris, ad terram vsque prosternas. Sed
credo equidem, & certo mihi persuadeo,
tibi, cum Athleta tam strenuo, tamque
experto, congrediendi & artem, & arma,
viresque deesse. Non esse te admodum in
hoc certandi genere exercitatum, scripta
haec tua Theologica, sed viro Theologo v-
tique indigna, quibus meam Apologiam
te profligasse putas, atque in putidissimum
haereseos, ac Ethnicismi abyssum eam iecisse

iecisse opinaris, nimis luculentum testimonium perhibent.

63   Ex his igitur, quæ de tuo libello aduersùm me conscripto, ita generatim annotaui, iam tandem, vt opinor, persentiscis; quàm futilis sit iste tuus discursus, qui in confutandis non meæ doctrinæ fundamentis, sed fictitijs tui cerebri inuentis totus insumitur. Supereft duntaxat, vt speciatim quoque tibi ostendam, quàm imperitè, simul ac seditiosè secundum istud fundamentum à te mihi falsò impositum impugnare contendas. Vt autem solidè, ac more Scholastico agere videaris, tria inprimis præludia, tanquam inconcussa tui discursus fundaméta præmittis, ex quibus deinde insolubile, *scilicet*, tuo solo iudicio argumentum in forma syllogistica concludere arbitraris.

64   *Tria*, inquis, *q quantum ad hoc secundum membrum distinguenda sunt. Primò consideranda qualitas, & conditio subditi, cui incumbit officium obediendi, quæ quidem non est, vt obediat despoticè, hoc est, iure mancipij, sed ciuiliter, vt admonet Aristoteles, veluti ciuem, & liberum decet. Secundò in considerationem venit ipsa obedientia,*

q Nu. 15. tui libelli.

E 2   *quan-*

" quantum ad eius partes, obiecta, & finem.
" Partes obedientiæ ciuilis sunt duæ, vtpote
" actum aliquem externum exercere vi legis
" præcipientis, & quosdam actus externos omit-
" tere vi legis prohibentis. Obiecta huius obe-
" dientiæ sunt res temporales, vtpote dominia,
" pecuniæ, possessiones, corpora, eaque omnia
" externa sensu perceptibilia, quæ inseruire pos-
" sunt bono Reipublicæ. Finis huius obedientiæ
" cernitur in emolumentis huius mundi iustè
" acquisitis, & possessis, ac bonis moribus
" vsui applicatis ad communem pacem, & tran-
" quillitatem.

"   65   Sciendum tamen est, obedientiam
" in ciuilibus genere suo bonam posse ex circum-
" stantijs, maximè ex malo euentu euadere ma-
" lam, & scandalosam. Vnde fit etiam opera
" virtutum, aut vsum rei legitimum deprauari,
" & esse illicita, & scandalosa vi secuturi inde
" scandali, nempe inde alijs, eorum concurrente
" infirmitate, data causa damni, & ruinæ spi-
" ritualis. Atque hinc Apostolus Paulus affir-
" mat, se non manducaturum carnes in æter-
" num, si eo frater esset scandalum passurus.
" Constituendus est itaque præ oculis casus, in
" quo ciuilis obedientia est scandalosa pruden-
" tum iudicio, & reipsa, vtpote certa destructio
                                                                    finis

finis ciuilis & spiritualis per vitia, hæreses, „
aut infidelitatem: veluti si Princeps obedienti-„
am subditorum adhiberet vti medium exter-„
minandi eos, hæresibus polluendi, & priuandi „
sacris medijs necessarijs ad salutem animarum „
ipsorum.

66   Tertio loco Rex ipse intuendus ha-„
bens à Deo etiam immediatè potestatem im-„
perandi, prohibendi, puniendi, præmiandi, ac „
leges condendi; atque quantum ad ista Dei in „
se maximam similitudinē in terris exhibens. „
Duo tamen sunt, quæ huc spectant: primū, Re-„
gem non accepisse à Deo, vel à Republica pote-„
statem aliquam imperandi contra finem polici-„
cum, multo minùs contra finem Euangelij, & „
Ecclesiæ, eo quòd iuxta sententiam Apostoli „
Deus nemini concessit potestatem ad destruen-„
dum bonum. Alterum, quamuis ad Principem „
ciuilem non attinet virtute præcepti affirmati-„
ui per suas leges procurare bonum spirituale, „
eo quòd non sit Pastor in Ecclesia, sed ouis; iure „
naturali tamen, & diuino ad negatiuum tene-„
tur, hoc est, nunquam leges condere in tempo-„
ralibus, aut præcipere obedientiam ciuilem, „
quæ causa sint scandali, & damni in spiritu-„
alibus; quod si aliquando cum scandalo, & „
damno spirituali præstiterit, imperando non „
E 3   operatur „

" *operatur vt potestatem habens à Deo, aut Re-*
" *publica, quia non est ipsi licentia concessa ad*
" *peccandum, vel destruendum. Talis potestas*
" *condendi leges, & iubendi obedientiam ci-*
" *uilem est duntaxat nomine tenus potestas,*
" *reipsa vana, & nulla, eo quòd nulla sit po-*
" *testas nisi à Deo. Instituo itaque hoc argu-*
" *mentum, &c.*

67   Hæc tu, vt obedientiam ciuilem
iure diuino Principibus secularibus in rebus licitis exhibendam scandalosam esse
probes, nimis scandalosè præfaris. Sed
collige te parumper bone vir, ac tecum,
quæ tam temerè scriptitasti, considerate
recogita. Nisi enim prudentis consilij planè expers extitisses, tu Regum omnium
salutem, siue Religionem Catholicam,
siue hæresim, aut infidelitatem profiteantur, in tanta discrimina conijcere exhor-
ruisses.

Atque, vt à secundo tuo præludio initi-
um sumam, (nam primum tibi lubens concedo) ais, *obedientiam ciuilem ex genere sui*
bonam ratione mali euentus, & scandali ex
mala Principis intentione inde secuturi reddi
malam, & scandalosam, vt hinc concludas,
posse summum Pontificem subditis inhi-
bere,

bere, ne obedientiam ciuilem Principibus
hæreticis exhibeant, & consequenter posse
talibus Principibus imperium in subditos
adimere, & subditos ab obedientia ciuili
aliàs iure naturali debita liberare.

68 Igitur iuxta hanc tuam doctrinam
obiicere Principi hæretico in rebus alioquin licitis, si subditos ad hæresim pertrahere conatur, ideo malum est atque illicitum, non quia per præceptum aliquod positum Pontificis, aut Reipublicæ prohibetur, sed quoniam ante omnem Pontificis, aut Reipublicæ prohibitionem talis o-
bedientia ciuilis est omnino scandalosa, &
proinde ipso naturali iure, subditis inter-
dicta; adeo vt tu cum Philopatro sentire videaris, neque Pontificem, neque Rempublicam vllum Principem hæreticum, si
alios à fide Catholica auocare voluerit, verè deponere, seu imperandi potestatem illi
adimere, sed talem Principem ante omné
Pontificis, aut Reipublicæ declarationem
esse ipsa lege naturali, ratione scandali ex o-
bedientia præstanda sequuturi, omni imperandi potestate priuatum.

69 Attende iam, & tremens animad-
uerte, in quanta pericula tam Reges, quàm

E 4   subditos

ꝉ Nu. 30.&seq.

* Nam, vt recte ait Aragona 2.2.q.64. ar.3. illi qui solùm sunt Tyranni in modo regendi, habent verum ius ad regnum, ergo non sunt illo priuandi, quoadusque à Superiore condemnentur. Si autem non habuerint Superiorem, inuocandus est Deus, qui est adiutor in opportunitatibus, quíque propter peccata populi permittit sæpe sæpiùs tyrannos regnare.

ſ S. Thom. in 2. sent. d.44.q. 2. ar. 2. Caiet. 2.2.q. 64. ar 3. Bannes, Aragon. Salon.

subditos præcipitare non contremiscis. Princeps hæreticus, aut infidelis, si subditos ad suam hæresim, aut infidelitatem pertrahere conatur, (præterquam quòd, ex tua doctrina superius tradita, *Sacerdotes vna cum populo in sui defensionem arma aduersus eum corripere teneantur,*) est eo ipso, vt tu iam ais, imperandi potestate priuatus; ergo iam Princeps esse desijt, & Tyrannus euasit, non solùm eiusmodi, qui Regnum iniquè, & tyrannicè gubernat, sed qui omni imperandi potestate exutus, regnandi munus in summam veri hæredis iniuriam illegitimè vsurpat. Constat autem apud omnes Theologos, teneri populum, si vires illis suppetant, huiusmodi Tyrannum de Regni solio quantocyùs dimouere, *& si eum è throno pellendi vires desint, an illum interficiendi libera cuiuis licentia concedatur, quid præclari Theologi ſ de hac re sentiant, tu, qui Theologiæ Doctor es, vix ignorare potes.

70 Nunc autem, vtrum Principes Catholicos, qui subditos ad veram religionem toto conatu pertrahere nituntur, tu-

ibidem. Sylu. verbo tyran. Tol. lib. 5. cap. 6. Sa in Aphorism. Coloniæ editis 1610. verbo tyrannus. nu. 2. Lessius lib. 2. cap. 6. dub. 4. & alij.

tiori

tiori in loco colloces, videamus.

Nosti optimè, & neminem latere potest, Iudæos, hæreticos, paganos, non tam prauo voluntatis affectu motos, quàm cœco intellectus errore persuasos in religione, quam colunt, plærunq; permanere, quam veram esse eum sibi certò persuadeant, potiùs vitam deperdent, quàm ab ea diuelli vllatenus permittent. Istos igitur iuxta hæc noua tuæ Theologiæ principia credere necesse est, obedientiam ciuilem Principibus Catholicis præstandam malam esse, & scandalosam, quamdiu tota cura, cogitationeque in religionem Catholicam, quam infideles, atque hæretici falsam, & Antichristianam esse opinantur, exaltandam incumbunt. Ex quo consequitur, vt illi hos Principes Catholicos omni imperandi in rebus ciuilibus potestate excidisse existimare debeant, quin & arma aduersus eos corripere, illosque in rebus etiam licitis non obedire teneantur, si obedientiam ciuilem vti medium ad veram Christi religionem dilatandam, & hæreses extirpandas adhibere apud se firmiter statuant, atque proponant. Quo fit, vt Principes Catholici aduersus hæreticorum, aliorumq́;
infidelium

infidelium sibi subditorum impetitiones, quamdiu in sua hæresi, aut infidelitate perfistunt, nulla prorsus via ex tuis principijs securi reddi queant, cum nullus, si tuis paradoxis credere velimus, vel Iudæus, vel hæreticus, vel infidelis esse possit, quin simul Principi suo Catholico, qui religionem Catholicam exaltare studet, proditor necessariò existat.

71 Quanta autem pericula priuatis subditis hæc tua doctrina facessit, nimis apertum est. Cum enim obedientiam ciuilem scandalosam esse velis, & proinde iure naturali subditis prohibitam, dummodò Princeps malè affectus ea ad veram religionem euertendam abuti intendat, tenentur subditi non solùm, si commodè possint, arma capessere, verùm etiam potius mortem eligere, quàm tali Principi etiam iusta imperanti obedire. Nam, *grauissimè* ixt paulo inferiùs* ais, *stante hoc scandalo subditi peccarent contra fidem, religionem, charitatem, obedientes in temporalibus.* Atque ita non solùm Principes, & subditos in laqueos inextricabiles inijcis, verùm etiam insulsè admodùm in ius vocare non erubescis Sanctorum illorum innocentiam;

qui

*Nu. 16. tui l. prope finem.

qui sub immanissimis Christianæ religionis persequutoribus, quíque toto conatu eam euertere satagebant, degentes, eorum tamen imperium in rebus alioquin licitis nullatenus detrectabant, vt multis sanctorum Patrum testimonijs fusiùs in mea Apologia commonstraui: Vides itaque in quantas angustias tum Principes, tum subditos, tum maximè temetipsum (qui quonam iure iuxta hanc tuam doctrinam te Principi nostro Serenissimo, & contrariam tibi religionem profitenti fidelissimè subditum inferiùs appelles, tum et ipse videris) hac tua nimia dicendi licentia nimis imprudenter adducere non reformidas.

Nu. 284. & seq.

†In postremis fermè tui libelli verbis.

72   Iam,   quàm inscitè notissimis Theologiæ principijs, ad perniciosa hæc tua dogmata stabilienda abusus fueris, animum diligenter attende.

Atque inprimis apud omnes *Theologos, & iurisperitos pro regula generali receptissimum est, finem legis, aut præcepti, sub lege aut præcepto non cadere. Et ne æquiuocationes, & ambigua me venari crimineris, meminisse te oportet, duplicem finem, quod ad presens institutum spectat,

in

*Finis, vt omnes dicunt, non cadit sub præcepto, quod et iam de fine proprio illius oritur omnes intelligunt. Sales disp. 9. sec. 1. ad 3. nu. 16.

in qualibet lege distinguendum esse, vnum intrinsecum, ac substantialem, quippe ad substantiam ipsius legis, vel præcepti pertinentem, estque totum illud, quod lex præcipere, aut prohibere intendit, quicquid verba legis exteriùs sonare videantur. Et de hoc fine nos in presenti non loquimur. Certum enim est ^ueum, qui contra talem finem agit, tametsi verba legis ad amussim obseruet, legis tamen præuaricatorem esse, vt patet ex leg. Non dubium, Cod: de legibus. *Non dubium est*, inquit, *in legem committere, qui verba legis complectens contra legis nititur voluntatem.* Et ex leg. contra ff. de legibus, *Fraudem facit legi quis aluis verbis legis mentem eius circumuenit*; vt verbi gratia, præcipit lex, ^x ne filij spurij, qui ex coitu secundum leges damnabili procreantur, in paterna hæreditate succedant, si pater relinquat amico bona sua sub conditione, vt ea det filio, legis mentem circumuenit, & transgressor legis censendus est.

73   Sunt alij fines legum quasi extrinseci, & rei, quam lex præcipere intendit magis accidentarij, partim communes omnibus, vt quòd lex communi bono prospicere

u Sot.l.1.de
Iust.q.6.ar.8
Medina.1.2.q.
92.ar.2.Sayrus
in claue Regia
i.3.c.9.nu.38.
Salas disp.11.
sec.5.

x Auth. quibus modis filij efficiantur legitimi §.finali.

cere debeat, & vt homines virtutes amplecti, & vitia detestari faciat; quælibet enim
lex materiam, quam præcipit, in aliqua
specie virtutis constituere intendit: partim
singularum proprij, vt lex ieiunij carnem
rebellem edomare, eiusque effrænatos impetus reprimere intendit. Et qui contra
hos secundi generis fines operatur, dummodo legis substantiam non violet, sed rem
ipsam, quæ præcipitur, adimpleat, is contra
legem committere minimè reputatur. I-
deo si *quis eo modo ieiunet, vt carnis impetus*
non solum non reprimat, y *sed etiam excitet,*
legem ieiunij nequaquam transgreditur.

y Salas disp.
11.sec.5.

74   Neque necesse est, vt ex amore
boni publici, quod lex humana præcipuè
intendit, legem quis obseruet, aut actiones
virtutum lege præceptas ex affectu virtutis
exerceat. Vnde qui rem iniustè ablatam
non ex affectu iustitiæ, sed ob alium finem
prauum restituit, præceptum de non deti-
nendo alieno adimplet, & rem quidem iustam operatur, licet neque iustè, neque
laudatè, vt docet Aristoteles, z agere cen-
seatur. Constat enim a *opere ex malo fine, aut*
mala circumstantia aliàs malo, in quo sub-
stantia eius, quod præcipitur, saluetur, præcep-
tis

z 2.Ethic.c.4.
a S. Tho.1.2.
q.100.ar.9.
Medina ibid.
Vasquez disp.
92.c.2. Valent
disp.7.q.2.
puncto 2. Sa-
las disp.3.sect.
1.ad.3.

tis affirmatiuis satisfieri posse.

75   Si autem finem ipsius legis, seu
præcepti, sub præcepto non cadere indubitatum est, multò profectò certiùs esse
debet,intentionem legislatoris ; finémque
siue bonum, siue malum, quèm apud se
proponit, cum ad legis, seu præcepti substantiam omnino impertinens existat, ad
legis iustitiam, vel firmandam, vel infir-
mandam nihil prorsus conducere. Nam
tametsi Princeps sua lege rem iustam, bo-
nóque publico accommodatam præcipiat, non tamen boni publici, aut ho-
nestatis intuitu, sed vt proprijs cupiditatibus turpiter deseruiat, an idcirco audes tu asserere, legem illam ob malam
Principis intentionem reddi iniustam, &
nequaquam à subditis obseruandam esse?

76   Audi quid de hac re scribat doctis-
simus Vasquez communem Doctorum
b 1.2.q.151.
c. 3.nu.13.
omnium [b] opinionem sequutus; *Finis,*inquit, *mouens legislatorem,non nocet constitu-*
tioni,vel legi, quando alioquin id, quod ipsa
præcipit, commune est, & communi bono
consentaneum. Pro iustitia enim legis non de-
bemus respicere animum legislatoris; sed ma-
teriam,quam præcipit;quia subditi non debent
                                    sequi

sequi animum (neque enim animus per talem legem proponitur,) sed sequi debent id, quod praecipitur. De aliorum quoque inferioris ordinis Superiorum praeceptis res aeque explorata est, vt constat in famulis faeneratorum, meretricum, & similium, qui obsequia domestica dominis praestare debent, tametsi sciant, ea sibi à dominis ob turpem finem imperata esse.

77. Vides itaque ad iustitiam legis, siue praecepti nihil prorsus referre, qua intentione Princeps aliquid praecipiat, dummodò res, quae praecipitur, alioquin bona sit, & nulla deformitate vitietur: & propterea cum obedientia ciuilis in rebus alioquin honestis non solùm bona, sed lege etiam naturali praecepta sit, non potest pro sola Principis voluntate, qui ea ad malum finem abuti intendit, deprauari. Est igitur planè ficticius casus ille tuus, in quo *ciuslem obedientiam* fingis esse *scandalosam prudentum iudicio, & reipsa; vtpote certam destructionem finis ciuilis per vitia, hæreses, aut infidelitatem; veluti si Princeps obedientiam subditorum adhiberet vti medium exterminandi eos, hæresibusq; polluendi.* Prauus enim Principis animus, qui malè affectus legem

gem ob vitiosum finem condit, illius obligationem nequaquam tollit, si res, quæ præcipitur alioquin bona sit, & communi bono consentanea; & peruersa eius intentio sibimetipsi scandalum quidem, ac ruinam spiritualem affert, sed subdito, qui syncerè & non ob talem finem vitiosum obtemperat, nullatenus obesse potest.

78   Neque scandalosa potest esse aut reipsa, aut prudentum iudicio obedientia subditi, qui legi iustæ ex legis naturalis præscripto obtemperat, quin potiùs non obedire Principi iusta imperanti esset maximè scandalosum, & legi tum diuinæ, tum naturali dissentaneum. Quòd si tu scandali naturam rectè expendisses, quæ solùm in dicto, aut facto minùs recto consistit, quæque in operibus iure naturali præceptis reperiri non potest, ᶜ nequaquam ita temerè, indoctè, seditiosè, ac scandalosè asseruisses, obedientiã ciuilem, quam in rebus licitis ius naturæ subditis præscribit, ex mala Principis intentione scandalosam reddi.

e S.Thom. 2. 2.q.43. ar.7. & alij omnes agentes de scandalo.

79   Atque hinc perspicuum est, quàm insufficiens sit ratio illa tua ex fine desumpta, quam inferiùs ᵈ adducis ad probandum, obedientiam ciuilem, & leges Principum

d Nu.18. tui libelli circa finem.

Principum ex mala Principum intentione malas, & scandalosas reddi, & consequenter summi Pontificis auctoritati subiectas esse. Ita enim arguis: *Obedientia ciuilis, &* » *leges Principum in casu ruinæ, & scandali,* » *non sant res temporales nisi materialiter, mo-* » *raliter enim ex fine, & euentu sunt res spiri-* » *tuales, ergo si fide constat, spiritualia subiecta* » *Pontificis auctoritati, etiam & temporalia mo-* » *do explicato. Antecedens probatur: Vnaquæ-* » *que res talis est, qualis eiusdem finis, vt habet* » *regula Iuris, sed actus temporales, & ciuiles* » *subditorum, atque Principum, vt sunt non-* » *nunquam conductiui ad bonum virtutis, ita* » *nonnunquam auocatiui ab eodem bono, ergo* » *speciem sumunt à virtutibus, & vitijs, &* » *qualitatem spiritualem ab illis desumunt.* »

80 Hæc tua ratio potissimùm innititùr Topico illi axiomati, quod idem planè est eũ ista *Maxima*, vt Dialectici loquuntur, quã S. Thom. ex Boethio * recenset; *Cuius finis bonus est, ipsum quoque bonũ est, & cuius finis malus est, ipsum quoq; malũ est.* Veruntamen, nũ, obsecro, ignoras, regulas generales vt plurimùm multas pati exceptiones, & axiomata Topica, vt vera sint, nonnullas limitationes plærunque requirere. *Vnaquæ-*

c L.2.4.18. ar.
4.
* in Topicis.
pag. 110.

F   *que*

que res, inquis, *talis est, qualis eiusdem finis;* ergo qui furatur, vt det eleëmosynam, & qui peierat,vt innocentem à morte liberet, qui fines boni sunt, opera bona exercent, cum tamen manifesta sint diuina eloquia, f quæ docent,*non esse facienda mala,vt inde bona proueneniant* : quod licet satis sit ad regulam illam generalem, & rationem tuam, quæ in illa fundatur,euertendam,vt tamen omnis tollatur ambiguitas, regulam illam paulo clariùs explicabo.

f Rom.3.

81   Scias itaque primò, in qualibet actione morali duplicem finem considerari posse, vnum proprium, seu proximum ipsius actionis, quíque habet rationem obiecti ; & alterum remotum, qui ex voluntate operantis actioni adiungitur : vt cum quis occidit propter furtum, finis proximus, qui est obiectum,est homicidium;remotus autem, qui ex voluntate operantis adiungitur, est furtum . Itaque regulam illam generalem, vt in vniuersum vera sit, intelligunt Theologi * de fine proprio ipsius operis, & non de fine adiecto ex intentione operantis; ita vt actio,quæ huiusmodi habeat finem bonum, sit semper ex se, seu ex obiecto suo bona, tametsi aliunde, nempe

*In 1.2.q. 18. ar.4.vbi Medina & Valquez.

nempe ex circumstantia, & ex malo fine
operantis mala reddi possit: vt qui ieiunat
ob inanem gloriam, opus quidem bonum,
quantum est ex genere suo, seu ex obiecto,
& fine proprio ipsius operis exercet, tametsi illud, ratione mali finis adiuncti, sit simpliciter, & in indiuiduo vitiosum. Si autem
de fine operantis loqui velimus, certissi-
mum est, actionem illam, quæ ex obiecto,
seu proprio fine operis mala est, ratione
honesti finis ab operante adiuncti non effici bonam, vt patet in exemplo allato de fu-
rando ad dandam eleemosynam, cum *bo-*
num, vt docet S. Dionysius, g *ex integra*
causa consurgat, malum autem ex quocung.
defectu oriatur.

82 Scias secundo, finem operationis,
cum sit id, cuius gratia operamur, duplicem respectum necessariò includere, vnum
ad ipsam operationem, alterum ad ope-
rantem : & proinde non potest finis esse
causa, aut circumstantia alicuius actionis,
nisi prout habitudinem dicit ad agentem,
qui talem suæ actionis finem præstituit.
Quo fit, vt idem opus indiuiduum, qua
tenus à diuersis hominibus procedit, possit
propter diuersos fines operantium simul

g 4. cap. de diu
nom. cuius sen-
tentia in hac
parte at Vasq.
1. 2. disp. 70,
cap. 2.) omni-
bus Theologis
probata est.

bonum

bonum, & malum esse: vt eadem eleëmo-
syna, si ab hero ad inanem gloriam pauperi
tribuatur, mala erit, si autem à famulo ex
affectu obedientiæ pauperi porrigatur, erit
procul dubio actio bona, & meritò com-
mendanda. Similiter, si ancilla iussu do-
minæ sternat lectum, vt obsequium debitum illi exhibeat, opus laudabile efficit,
tametsi sciat dominam illud ob malum finem præcepisse, & sua obedientia tanquam medio ad delinquendum abusuram
esse.

83   *Finis etenim*, vt rectè ait Vasquez,
ex quo vnus operatur, non est circumstantia
operis, prout ab alio procedit. Circumstantiæ
enim actionum respectu eiusdem operantis de-
sumi debent, & ità bonitati operis, prout pro-
cedit, ab vno operante, non nocet malus finis,
ex quo alius idem opus operatur. Ex his argumenti tui imbecillitas euidenter apparet.
Obedientia enim ciuilis in rebus alioquin
licitis, tametsi à Principe ob malum finem
imperetur, & ita ex intentione ipsius mala
sit, & ad malum conducat, non tamen
propterea mala est, vt à subdito obtempe-
rante procedit, qui talem finem non apponit, sed abstrahens ab omni fine malo iustū
sui

h 1.2.disp.70.
cap.4.

fui Principis imperium exequi intendit.
Atque hæc de fecundo tuo præludio dicta
fufficiant.

84 Quod ad tertium attinet, in quo
afferis primo, *Regem non accepiſſe à Deo po-*
teſtatem imperandi contra finem politicum,
Euangelicum, & naturæ, verum quidem eſt,
fi verba, eo modo quo fonant, rectè intel-
ligantur. Lex enim iuſta, quæ fola Principis imperio fubijcitur, iuri naturali, aut diuino repugnare minimè poteſt, & propterea nullam poteſtatem rem iniuſtam imperandi lex naturalis, aut diuina Principi
concedit. Sin autem velis, legem, quæ
rem alioquin iuſtam præcipit, ex fola Principis intentione reddi iniuſtam, fi ipſe nimirum ea contra finem politicum, aut E-
uangelicum malè vti intendat, concordi
Theologorum omnium fententiæ, nulli
folidæ rationi innixus immeritò refragaris.

85 Quod autem fecundo loco ais, *ad*
Principem ciuilem non attinere virtute præ-
cepti affirmatiui per ſuas leges procurare bo-
num ſpirituale, eo quòd non ſit Paſtor in Ec-
cleſia, ſed ouis, hoc neque verè, neque cum
vniuerſali Chriſtianorum Principũ praxi,
neque cum Sanctorum Patrum, ac Con-

ciliorum

ciliorum doctrina, neque cum Scripturæ
sacræ testimonio consentaneè à te prola-
tum est. Fateor Principes Christianos non
esse spirituales Ecclesiæ Pastores, sed oues
supremo Ecclesiæ Pastori in spiritualibus
subiectas, sed simul etiã eos esse à Christo
Domino Ecclesiæ sanctæ Nutritios, &
Protectores constitutos, nemo Catholicorum inficiari potest. Ad eos quidem non
pertinet bonum spirituale per media spiritualia, quæ Pastoribus spiritualibus solùm
conueniunt, promouere; sed Ecclesiam
protegere, hæreses extirpare, atque vitia
per leges ciuiles, pœnasque temporales
cohibere illis ex officio incumbere adeò
manifestum est, vt tu illud absque summa
temeritate ne quid grauius dicam, perne-
gare non possis.

86 His igitur circa tua præludia obserua-
tis, nunc, quàm præclarũ, *scilicet*, instituas
argumentum, paucis examinemus. *Spectat*,
inquis, [i] *ad summum Pontificem, vt Ponti-*
" *fex est, sicut præscribere virtutum actus, ita*
" *prohibere peccata, & scandala, quæ potest; sed*
" *in casu nostro ciuilis obedientia, seu obedientia*
" *in temporalibus, interdùm vitiosa est, scanda-*
" *losa est, ergo prohiberi potest, & interdici à*
summo

i Nu. 16. tui
libelli.

summo Pontifice.

87 Veruntamen minorem tuam propositionem falsissimam esse iam suprà ostédimus. Constat enim obedientiam ciuilem, quæ in rebus licitis Principibus secularibus iure diuino, & naturali exhibenda est, ex ruina spirituali, aut malo euentu, quem Princeps intendit, verè scandalosam effici non posse; siquidem res illa, quæ sub legis naturalis præcepto cadit, nulla vera dati scandali occasio esse potest. [k] Et si ad vitandum scandalum, in rebus, quæ nobis solùm consuluntur, non semper iuri nostro cedere tenemur, vt plærique Theologi [l] affirmant, atque ad illud confirmandum adducunt exemplum mulieris, cui licitum est decenter se ornare, & domo honesta de causa exire, tametsi sciat ab aliquo lasciuè concupiscendam, quanto magis actiones, quas ius naturæ faciendas præscribat, qualis est obedire Principi iusta imperanti ob scandalum prætermittere minimè obligamur?

88 Probationem maioris tuæ propositionis, quam tibi gratis concedo, repentina admiratio interrumpit. *Animum*, inquis, [m] *cogitãtem de probatione maioris subit admiratio,*

F 4

k S. Thom. 2. 2. q. 43. ar. 7. Caiet ibidem & alij omnes tractantes de scandalo. l Nauarrus in sum c. 23. nu. 18. Silu. verbo ornatus q 4. Caiet. 2.2. q. 169. ar. 2. ad 5. dub. Azor. tom. 2. lib. 2. cap. 18, q. 11. & alij.

m eodem. nu. 16.

cc admiratio, dum mecum repeto, quonam spiri-
cc tu à quibusdã inuehitur hodierna die in sum-
cc mum Pontificem, quòd sibi vendicet auctori-
cc tatem dispensandi cum Principum subditis
cc quantum ad ipsorum obedientiam ciuilem iu-
cc ramento promissam, cum hac ipsa auctoritas
cc nihil aliud sit quàm potestas exterminandi vi-
cc tia, proscribendi scandala, seruandi Ecclesiam,
cc propagandi virtutes, liberandi hominum infi-
cc nita millia ab aterna damnatione, ac in cælum
cc transferendi.

n 1.Metaph.
cap.2.

89   Admiratio, vt docet Aristoteles,
n ex ignorantia procedit, cum scilicet, quis
effectum aliquem manifestum intuetur, illius tamen causam ignorat. Et quoniam
quod vni ignotum est, alteri cognitum esse
potest, idcirco quod vni mirum est, alius
neutiquam admiratur : sicut Eclipsim
Solis miratur rusticus, de quo tamen Astro-
logus nulla admiratione afficitur. Multi inter Catholicos, ex ijsque viri pij, ac eruditi inficiantur, penes summum Pontificem esse auctoritatem dispensandi cum
Principum subditis, quantum ad ipsorum
obedientiam ciuilem iuramento promissam. Et ego quoque hanc eorum opinionem tanquam veritati Catholica minimè repugnantem

pugnantem in mea Apologia contra Card.
Bellarminum defendendam fuscepi: tu autem obstupescis, quo spiritu isti ad talem
potestatem pernegandam ferantur, cum
sit tuo iudicio ipsissima *potestas propagandi*
virtutes, Ecclesiam seruandi, proscribendi
scandala, & hæreses exterminandi. Et ego
etiam non satis admiror, atque in hoc ignorantiam meam lubens agnosco, quinam
spiritus te, qui Doctor es, & alios Theologiam docere profiteris, inuasit, vt aut videre non valeas, aut fateri non velis, eos, qui
talem auctoritatem *esse rem de fide certam,*
aut vt dogma fidei amplectendam perne-
gant, septiformis cœlestis spiritus afflatu,
nempe *spiritu sapientiæ, & intellectus, spiritu*
consilij, & fortitudinis, spiritu scientiæ, &
pietatis, & spiritu timoris Domini impulsos
esse.

90 Quod sanè clarissimè tibi constare
potuisset, si meam Apologiam oculo vi-
gilanti, atque syncero spiritu perlegisses.
Sacra enim eloquia diuino afflata spiritu
admonent, sublimioribus potestatibus ita
subditos nos esse oportere, vt vtramque,
tam temporalem, quàm spiritualem debi-
to honore prosequamur, neque *sapientiæ,*
scientiæ

scientiæ,intellectus,rectique consilij, quæ dona sunt Spiritus sancti, modum excedentes, immoderato *pietatis* zelo ita vnam efferamus, vt alteram per summam iniuriam deprimamus,sed vnicuiq;, quod suum est, ob *Dei timorem,& pietatis* zelum, alacriter, & *animosè* tribuentes, *Cæsari reddamus,quæ sunt Cæsaris,& quæ sunt Dei, Deo*.

91   Illud autem, quod affirmas,hanc Pontificis auctoritaté absoluendi subditos à vinculo fidelitatis,nihil aliud esse,quàm *potestatem propagandi virtutes*, *vitia exterminandi*, &c.est res ipsa,quę in cótrouersia versatur,& proinde dum ipsam quæstioné pro medio tuæ argumentationis assumis, in vitium illud delaberis, qnod à Dialecticis petitio principij nuncupatur. Fateor equidem Summo Pontifici competere potestatem vitia extirpandi, virtutes propagandi, Ecclesiam protegendi, & homines ad regnum cœlorum,qui est vltimus finis noster,perducendi; sed spiritualem, non temporalem, & ad certa tantùm media,atque à Christo definita coarctatam. Quòd autem depositio, aut occisio Principum sit medium à Christo institutum, & spirituali potestati communicatum ad vitia extirpanda

panda, & virtutes propagandas, non esse
adhuc à Card. Bellarmino *sufficienter de-*
monstratum, toties ego in mea Apologia
inculcaui, vt nisi semper in circulo circum-
ferri te delectaret, nequaquam pro concesso illud arriperes, in quo totius difficultatis
cardinem verti est exploratum.

92   Dispensare cum subditis, seu eos
absoluere à vinculo fidelitatis, nullam prohibitionem, nullúmve præceptum concludit, & proptereà ex eo quòd *Pontificis*
munus sit virtutes præcipere, & vitia prohi-
bere, quæ est maior tua propositio, & ab
omnibus concessa, non rectè concludis,
Pontificem fidelitatis vinculum relaxare posse.
Non potest Pontifex subditis præcipere,
ne Principi suo legitimo in rebus licitis o-
bediant, nisi priùs à vinculo subiectionis
liberentur; neque à debita obedientia ab-
solui possunt subditi, nisi Princeps imperio exuatur, cum, vt optimè docet Card.
Bellarminus, ⁰ *negare Principi obedientiam,*   ⁰In tractat.
dũ Princeps est, iuri diuino apertè aduersetur.   contra Bar-
Huc igitur totas ingenij tui vires intendere   claium cap.
oportet, vt demonstres, penes Pastorem   21.pag.202.
spiritualem esse auctoritatem Principes
temporales suis Principatibus abdicandi.
                    Nisi

Nisi enim istud firmiter probaueris, nihil proficies, sed incassum laborabis, & dum recto tramite ad meam pro Iure Principum Apologiam impugnandam contendere opinaris, inanes te gyros agere, & spiritu volubili in cicuitu ambulare tandem deprehendes.

93 Sed maiori tua propositione prætermissa minorem sic confirmas : P *Minor probatur euidentia, quando Princeps suis fauoribus præficit hæreticos alijs, priuatq́ pios omni loco, & auctoritate in Republica, quando præcipit subditis dare pecunias suas Turcis, seipsos interficere, &c.*

p Eodem nu. x6.

94 Attamen num forsan obliuiscaris te antea locutum esse de obedientia in rebus alioquin licitis, & de præcepto, quod non ex materia quæ præcipitur, sed ex mala Principis intentione, maloque euentu inde sequuturo redditur vitiosum, hîc autem de actionibus ex suo genere illicitis sermonem instituis? Si *Princeps suis fauoribus præficeret hæreticos alijs, priuaretq́ pios omni loco, & auctoritate in republica, si mandaret subditis dare pecunias suas Turcis, vel eas proijcere in mare, faces ædibus subdere, seipsos interficere* (sunt enim hæc omnia exempla

empla à te suppofita) peccaret quidem
Princeps huiuſmodi res iniuſtas præcipi-
ens, & inter Principes (bonos nimirum)
vt tu ex S. Gregorio refers, habendus non
eſſet, neque ſubditi in eiuſmodi illicitis illi
parere tenerentur.

95   Sed quid tum poſtea? Viſne idcirco hinc concludere, ergo ſubditi in nulla
re licita tali Principi obedire tenerentur? vt
ſi furta, adulteria, homicidia, aliáque ſce-
lera caſtigari præciperet, ſi ſuo mandato
milites ad hoſtes reipublicæ debellandos
conuocaret, ſi moderata vectigalia pro ſe,
ſuáque familia ſuſtentanda à ſubditis exi-
geret, an audes tu aſſerere in iſtis, ac ſimi-
libus, quæ à quouis Principe, tametſi Chri-
ſtianos perſequente, iure regni imperantur,
obtemperandum non eſſe? Caue quid dixeris, eſt enim Chriſtiano homine indigna
hæc noua Theologia, & Sanctorum Patrum doctrinæ apertiſſimè aduerſaria. *Si
bonum eſt*, inquit, *S. Hieronymus*, ¶ *quod* q Ad Tit. 3.
præcipit Imperator, iubentis obſequere volun-
tati; ſi verò malum eſt, & contra Deum ſapit,
reſponde illi de Actibus Apoſtolorum, Oportet
obedire Deo magis, quàm hominibus. An non
Iulianus, ait S. Auguſtinus, ʳ *extitit infidelis* r In Pſal. 124,
                                    Imperator?

Imperator? Nonne extitit Apostata, iniquus, idololatra? Milites Christiani seruiebant Imperatori infideli. Quando volebat, vt idola colerent, vt thurificarent, preponebant illi Deum: quando autem dicebat, producite aciem, ite cont a illam gentem, statim obtemperabant. Distinguebant Dominum æternum à Domino temporali, & tamen subditi erãt propter Dominum æternum etiam Domino temporali.

96   Verùm tu rursus ad pristinum illud tuum vnde digressus es, argumentum de obedientia in rebus alioquin licitis ex mala Principis intentione scandalosa effecta inculcandum regrederis, quod licet in maximo apud te pretio habeatur, nihil tamen penitus valere iam suprà ˢ clarissimè patefeci.

ſ A nu. 67.

t eodem. nu. 16. tui lib.

Similiter, inquis, ᵗ *si subditi viderent manifestè Principem ex affectu hæretico, vel Turcico præscribere ipsis obedientiam aliàs legitimam, & ciuilem, ita tamen, vt ipsis euidenter constet, talem obedientiam esse scandalosam, & paulatim introducturum hæresim, vel Turcismum ad ruinam spiritualem suam, filiorum, & nepotum, ac totius posteritatis in perpetuum, iure tenentur euitare hoc scandalum*

scandalum omittendo obedientiam ciuilem, „
tum quia ad hoc obligat charitas, vetans etiā „
bonum facere, si inde malum proueniat; tum „
quia Princeps nullam habet potestatem man- „
dandi obedientiam ciuilem pro fine impio, & „
destructione corporali, ac spirituali tot mil- „
lium, propterea à nulla auctoritate processit „
tale imperium, atque grauissimè stante hoc „
scandalo subditi peccarent contra fidem, reli- „
gionem, charitatem, obedientes in tempora- „
libus.

97   Sed hoc tuum exemplum nullam
prorſus ſimilitudinem habet cum præce-
dentibus. Illa enim exempla, quæ ſupe-
rius adduxiſti, de obedientia mala ex parte obiecti, & materiæ, quæ præcipitur, a-
pertè loquuntur: hîc autem veterem tuam
cantilenam inſuſurras de obedientia, quæ
ex obiecto quidem bona eſt, & ſolùm ex
malo fine præcipientis redditur ſcandaloſa.
Et propterea huic argumento abundè iam
ſuprà ¹¹ ſatisfactum eſt. Mala enim Princi-   v A ou.67.
pis intentio obedientiā ſubditi aliàs legitimam vitiare non poteſt, neque ipſa obedientia in rebus alioquin licitis, cum virtus ſit
eximia iure diuino, ac naturali præcepta,
hæreſim, vel Turciſmum introducere, aut
verum

verum scandalum procreare vllatenus valet, vt tumetipse ˣ inferius immemor forsan eorum, quæ hîc scriptitasti, apertè
confiteris. *Quando*, inquis, *actio bona po-*
sita est in præcepto, magnaq́, incommoda se-
querentur, si eius officium omitteretur, illa
actio non est vitanda propter illa incommoda.
Constat autem iuris naturalis, ac diuini
præceptum esse, vt omnis anima sublimioribus potestatibus in rebus licitis obedientiam præstet, eiusque omissio communem
reipublicæ tranquillitatem quàm maximè
perturbaret. Ex quo apparet, quàm debile
sit hoc tuum argumentum, cum ex tuismet
etiam dictis tam facilè euertatur.

ˣ Nu. 21. cui l.

   98   Ad illud verò, quod ais, *Princi-*
pem nullam habere potestatem mandandi obe-
dientiam ciuilem pro fine impia, paulo antè
ʸ responsum est. Concedimus enim peccare quidem Principem, si malo fine præcipiat, & subditum similiter, si malo fine
obediat, cum praua hominis intentio ac-
ctum quemcunque virtutis, qui ob malum
finem ab eo elicitur, vitiosum reddat. Veruntamen negamus malam Principis intentionem legis, quæ aliàs iusta est, obligationem tollere, aut obedientiam subditi,
                                              qui

ʸ Nu. 84

qui ob malum finem non obtemperat, de-
prauare.

99   Vana igitur, & planè friuola est
tua conclusio, qua infers : *Cum ergo vi-* »
deat summus Pontifex obedientiam in ciuili- »
bus esse malam, scandalosam, neque ad eam »
praestandam teneri subditos, sed potiùs obli- »
gari ad non exhibendam talem obedientiam »
iure naturae, & diuino, poterit hoc publicè »
declarare, ac praecipere, vt seruetur à sub- »
ditis hac in re ius diuinum, & naturale. »

100   Potest quidem summus Pontifex quamcunque obedientiam, quae verè
mala, ac scandalosa est, subditis interdicere, qualis est obedire Principi iniusta imperanti, sed omnem obedientiam ciuilem,
etiam in rebus licitis, quae cuiuis Principi siue fideli, siue infideli, quamdiu Princeps manet, tametsi mala intentione praecipiat, iure diuino, & naturali exhibenda
est, posse summum Pontificem prohibere, est planè falsum, seditiosum, scandalosum, atque pestiferi erroris, vt ne quid
grauius dicam, meritò condemnandum.

101   Ex his quoque satis perspicuum
est, quàm vana etiam sit Responsio tua ad
quandam obiectionem, quam inferiùs ᶻ de   ᶻ Nu. 21. tui
libella.

G   hac

hac obedientia scandalosa satis præposterè
alijs obiectionibus interseris.

" *Verùm*, inquis, *obijciunt politici, licet obe-*
" *dientia à subdito exhibenda Principi in rebus*
" *temporalibus sit interdum scandalosa, & con-*
" *tra finem Euangelij, animarumq̃, salutem,*
" *non tamen infertur indè omitti posse à subdi-*
" *to illam obedientiam virtute mandati Ecclesi-*
" *astici . Nam obedire Pontifici malè viuenti,*
" *& detrimentum Ecclesiæ grande malo exem-*
" *plo adferenti est scandalosum, & nociuum*
" *Ecclesiæ, nihilominus est tali Pontifici obedi-*
" *endum in spiritualibus, ergo scandalosa lex,*
" *aut factum Principis non sunt idonea causa,*
" *ob quam à Pontifice deponatur.*

" 102   *Respondeo, in diuersis diuersam esse*
" *rationem ipsa fide Christiana determinatam.*
" *Nam morem non gerere malo Pontifici in*
" *spiritualibus, stante, & permanente imperio*
" *Pontificis, est intrinsecè malum, & contraria*
" *obedientia est prorsus in præcepto. Atque quan-*
" *do actio bona posita est in præcepto, magná-*
" *que incommoda sequerentur, si eius officium*
" *omitteretur, illa actio non est vitanda prop-*
" *ter illa incommoda : Idcirco obedire sedenti*
" *in Cathedra Moysis, licet inde sequatur e-*
" *uentus nociuus, & scandalum ex malis mo-*
ribus

ribus sedentis, & præcipientis, non est viti- »
osum, sed potiùs vi legis sacræ præceptum. »

103   *Nam in tribus fides Christiana nos* »
certos facit. Primum, huiusmodi Pontificem »
non posse errare docendo hæresim, vel man- »
dando aliquid contra bonos mores, si vt Pon- »
tifex, & ex Cathedra præscribat. Alterum, »
non permissurum Deum Ecclesiam destructum »
iri prauis moribus Pontificis. Tertium, alio »
modo immediatè summum Pontificem acce- »
pisse à Deo auctoritatem, alio verò Principem. »
Quantum ad prius, mandatum Principis po- »
test esse scandalosum, & errore violatum. »
Quantum ad alterum, potest Rex totam suam »
ditionem per ciuilem obedientiam, vti medi- »
um, abducere à vera fide. Quantum ad postre- »
mum, Rex est filius Ecclesiæ, eiusque bona »
temporalia, vt instrumenta virtutis, subdun- »
tur Ecclesiæ, habetq́ in terris Superiorem non »
in re temporali, vt temporalis est, sed in re »
temporali reductiuè, & finaliter modo supra »
explicato, iam facta spirituali. »

104   Sed quis non videt, hæc discrimina à te allata obiectioni propositæ nequa-
quàm satisfacere? *Morem nõ gerere,* inquis, »
malo Pontifici in spiritualibus est intrinsecè »
malum, & contraria obedientia est prorsus »

G 2   *in*

" in præcepto, & propterea non est omittenda
" propter incommoda, & scandala sequutura,
" Idcirco obedire sedenti in Cathedra Moysis
" (in Cathedra Petri aptius dixisses) licet inde
" sequatur euentus nociuus, & scandalum ex
" malis moribus sedentis, & præcipientis, non
" est vitiosum, sed potius vi legis naturæ præ-
" ceptum.

Similiter dico ego, morem non gerere
malo Principi in temporalibus, si res, quam
præcipit, sit alioquin bona, est intrinsecè
malum, & contraria obedientia est prorsus
in præcepto, & propterea non est omittenda propter vlla incommoda, aut scandala
sequutura. Idcirco obedire Principi Dei
vicem in terris gerenti, licet inde sequatur
euentus nociuus, & scandalum ex malis
moribus Principis præcipientis, non est vitiosum, sed potius vi legis naturæ præceptum. Quî igitur fieri potest, vt tibi
verè persuadeas, te huic obiectioni à te-
metipso excogitatæ responsum solidum
adhibuisse?

105   At, inquis, in tribus fides Christiana nos certos facit; primum, huiusmodi Pontificem non posse errare docendo hæresim, val
mandando aliquid contra bonos mores, si vt
Pontifex,

Pontifex, & ex Cathedra praescribat: at man-datum Principis potest esse scandalosum, & errore violatum. Sed inprimis, an forsan celeberrimam illam Parisiensem Academiam, quam tota Christianitas vt omnium primariam semper venerata est, tu iam hæreseos condemnare velis, atque à fidelium cætu, & Catholicorum consortio segregare audeas ob doctrinam suam de fallibili summi Pontificis iudicio, tum in rebus fidei determinandis, tum in præceptis morû decernendis, si absq; Concilio generali definiat, quam iam per totos ducentos annos totis viribus propugnauit?

106   Deinde, tametsi in decretis fidei, morumque præceptis, quæ toti Ecclesiæ præscribuntur, summus Pontifex errare non posset, *in præceptis tamen, & iudicijs particularibus non esse absurdum Pontificem errare,* Card. Bellarminus [a] disertis verbis fatetur. Sicut igitur ex eo, quòd aliquod particulare Pontificis præceptum malum sit, & scandalosum, non rectè infertur, in cæteris eius præceptis, quæ bona sunt, & honesta, non esse illi obtemperandum; ita etiam ex eo, quòd aliqua Principis præcepta particularia mala sint, & scan-

dalosa,

[a] lib. 4. de Rô. Pont. c. 5.

dalosa, non probè colligitur, non esse
illi in alijs rebus licitis, quas præcipit, obediendum.

107 *Alterum*, inquis, *est, non permis-*
surum Deum Ecclesiam destructum iri prauis
moribus Pontificis, at Rex potest totam suam
ditionem per ciuilem obedientiam, vti medi-
um abducere à vera fide. Sed, præterquam
quòd Deus neque permittet Ecclesiam
vniuersam malis Principum moribus destructum iri, vt in mea Apologia * ex doctrina Card. Bell. luculenter ostendi, constat obedientiam ciuilem in rebus licitis,
cum iure naturali præcepta sit, non posse
ex tua etiam doctrina iam tradita, esse reuera medium ad homines à fide Christi ab-
ducendos : non enim actio bona quæ posita est in præcepto, vt superiùs ᵇ dixi, &
tumetipse hîc fateris, vlla dati scandali vera
causa esse potest.

* Nu.185 &
seq.

b Nu.87.

108 *Tertium est*, inquis, *alio modo*
summum Pontificem accepisse a Deo auctori-
tatem, alio verò Principem, &c. Fateor e-
quidem alio modo summum Pontificem
accepisse à Deo auctoritatem, alio modo
Principem; nam potestas Pontificia est su-
pernaturalis, & à solo Deo, vt Auctore
gratiæ

gratiæ, immediatè procedit : at potestas
Regia est naturalis, & vel à solo Deo, vt
Auctore naturæ immediatè efficitur, vt
inferiùs ᶜ explicabimus, vel etiam à Re- ᶜ 155. & seq.
publica suam auctoritatem in Principem
transferente immediatè diriuatur. Veruntamen, cum ex lege diuina, & naturali
omnis anima sublimioribus potestatibus
subdita esse debeat, sicut intrinsecè malum
est, non obedire Pontifici, quamdiu Pontifex est, in rebus illis quæ ab ipso legitimè
imperantur, ita etiam non parere Principi,
quamdiu Princeps manet, in rebus illis,
quas iure Regio præcipere potest, est intrinsecè malum, & lege tum diuina, tum
naturali interdictum.

Quomodò autem res temporales subiectæ sint summi Pontificis auctoritati satis
dilucidè in superioribus declaraui, atque e-
tiam statim paulo clariùs explicabo.

109   Itaque hoc tuo primo argumento funditus euerso, quod deductum esse
asseris ab obligatione in subdito, quam
habet ad parendum iuri naturali, & diuino,
atque ex defectu potestatis in Principe,
videamus nunc, quàm firmum sit alterum
tuum argumentum, quod directe peti-
G 4   tum

tū esse ais ex ipsa auctoritate sūmi Pōtificis.

Nemini, inquis, ^d *obscurum respectu boni*

d Nu. 17. tui
lib.

spiritualis, quod prouenire poterit Reipublicæ
" *Christianæ, valde conuenientem esse hanc in*
" *Ecclesia potestatem in temporalibus, adeoque*
" *obedientia ciuili ordinanda. Hinc enim firma-*
" *ri potest fides, religio, ac reliquæ virtutes in re-*
" *publica, simulą́, Princeps videns eam obstare*
" *susceptæ ab ipsomet impietati continebit se, &*
" *ad meliorem mentem redibit.*

" 110   *Atque cum di서tè, & eleganter*
" *duas hasce potestates, spiritualem nempe in*
" *Ecclesia, & temporalem in Republica compa-*
" *ret B. Greg. Nazianzenus animæ, & corpori,*
" *sicut pro bono hominis anima obtinet imperiū*
" *in corpus, (non quidem vti illud occidat, vt*
" *cauillatur hac in re Widdringtonus, hoc enim*
" *esset contra finem ipsius animæ, & contra na-*
" *turalę desiderium, quod habet manendi cum*
" *corpore, potiùs cupientis, vt docet Apostolus,*
" ^e *superuestiri naturæ instinctu accessu gloriæ,*

e 2.Cor. 5.

" *quam spoliari ictu mortis) naturæ iure corpori*
" *imperare vult actus corporeos, & illos cohi-*
" *bere, ipsúmque corpus, teste Aristotele, ani-*
" *mæ obedientiam præstat, non ciuiliter, sed de-*
" *spoticè, hoc est, ad nutum, & ex certo, directoą́,*
" *sui pondere: inde effici apparet, ciuiliu subiecta*

esse

esse Ecclesiæ,non vt Ecclesia eo iure abusa pec- ,,
cet, seipsamq; impediat vel destruat, veluti si ,,
anima suum corpus occideret,sed pro bono vir- ,,
tutis,hominum salute, sempiternáque Dei glo ,,
ria de illis disponat. ,,

III   Expectabam equidem vt argumentum conuincens, ac *demonstratiuum*
proferres, & tu rationem tantùm congru-
entem adducere profiteris. Ratio congrua
persuasionem aliquam leuem, incertam,ac
probabilem multoties in mente relinquit,
sed assensum firmum, certum,ac indubitatum procreare nullatenus valet. Quòd si
meam Apologiam diligentiùs consideras-
ses, latere te non poterat,me duntaxat sententiam Card. Bellarmini, qui contrariam quorundam Catholicorum *hæreseos*
nota aspergere non veretur, & suam certis-
simis rationibus *demonstrare* opinatur,con-
futandam suscepisse, atque in eo potissimùm elaborasse, vt eius rationibus *proba-*
biliter saltem responderem, atque adeo
commonstrarem, auctores illos,qui talem
deponendi Principes potestatem summo
Pontifici ex lege Christi competere negant, non ita grauem, rigidamque censuram demereri, vt indigni sint, qui aut in
Catholico-

Catholicorum cætu numerentur, aut ad
Ecclesiastica Sacramenta admittantur. Et
propterea, tametsi ego meo instituto satis-
fecerim, si argumentis à Card. Bellarmino
allatis, *probabile* duntaxat responsum adhi-
buerim; qui tamen meam pro iure Principum Apologiam rationibus tantùm *con-*
gruis, ac *probabilibus* euincere arbitratur,
tum ipse longissimè errat, tum lectorem
facillimè in errorē inducet; nam vel auctoritates irrefragabiles, vel rationes inexpug-
nabiles eum proferre necesse est, qui suam
sententiam, vt *rem de fide certam demonstra-*
re, & contrariam, vt *hæreticam*, quæque à
nullo verè Catholico defendi queat, refellere attentabit.

112 Conueniens est, vt ais, hæc potestas Ecclesiæ in temporalibus, vt scilicet
Ecclesia indirectè, seu pro bono virtutis,
rerum omnium temporalium habeat do-
minatum; pari etiam modo Canonistæ
conuenientem esse aiunt potestatem Ecclesiæ in temporalibus directè, vt videlicet
Ecclesia non solùm indirectè, seu in ordine
ad bonum spirituale, vt tu cum Bellarmino
sentis, verùm etiam directè, & absolutè rerum omnium temporalium dominio po-
tiatur

tiatur. Atque hanc eàndem similitudinem animæ, & corporis, quam tu pro potestate indirecta comprobanda producis, illi ad potestatem directè in temporalibus confirmandam cum maiori forsan probabilitatis specie adducunt.

113   Cæterùm, an forsan tu, qui Magister es in Theologia, ignoras, Deum meliora, atque ideo conuenientiora (nam bonitas in conuenientia consistit) efficerę posse, quàm fecit? Et nihilominùs omnia, quæ à Deo facta sint, valde bona, & conuenientia esse, Sacræ literæ attestantur. Quamuis igitur ex eo, quòd res aliqua à Deo facta sit, rectè concludatur bonam,& conuenientem esse, non tamen econuerso, ex eo, quòd res aliqua bona, & conueniens sit,illico colligitur à Deo factam esse; cum multa bona, & conuenientia, quæ Deus nondum fecit, posse eum efficere S. Thomas f vnà cum alijs Theologis asseueret.Si Deus, exempli causa, aliquod remedium efficax pro infantibus, qui ex vtero matris viui exire non possunt,ad peccatum originale, quod contraxerunt,expiandum in ecclesia reliquisset, conueniens vtique fuisse non pernegabis ; non tamen hinc,vt opinor

f 1.part.q.25. art.6.& alij Theologi ib.

opinor, audes rectò concludere, quamuis
¶ In 3. part.q. 68.ar.2. Caietanus piè id credat, sed an secundùm
scientiam aliorum sit iudicium, Christum
de facto talem suæ Ecclesiæ pro eiusmodi
infantium salute potestatem concessisse.
Quapropter, tametsi ego tibi gratis con-
cederem, hanc Ecclesiæ potestatem, si talis
esset, de rebus temporalibus pro bono spirituali disponendi valdè conuenientem
esse, non tamen subinde colligere poteris
Christum reipsa talem suæ Ecclesiæ auctoritatem communicasse.

114 Verùm enimuero si posito ordine, quem Deus de facto in hac rerum vni-
uersitate instituit, si positis limitibus, quos
tam spirituali quàm temporali potestati
præfixit, aliquis assereret, neque coercio-
nem temporalem potestati spirituali con-
gruere, neque pœnas spirituales potestati
temporali conuenire, tu neque ex similitudine animæ, & corporis, neque alia ratione
efficaci illud improbare posses.

115 Conueniens quidem est, quod tu
ais, vt in Ecclesia sit potestas firmandi fidem, religionem, cæterasque virtutes, &
quoslibet Christianos in suo officio conti-
nendi, sed per media coercitiua certa, & per
legem

legem Christi definita : attamen non est
conueniens, vt potestas spiritualis extra
proprios fines sibi à Christo constitutos
excurrat, & potestatis politicæ, quarum
actus, & officia Christus Dominus distin-
xit, temporalem iurisdictionem vsurpet.
Conueniens etiam est, vt Principes Christiani, qui Ecclesiæ sanctæ Protectores à
Christo constituti sunt, auctoritatem habeant sidem propagandi, hæreses exterminandi, vitia castigandi, sed per pœnas temporales, quæ potestatis politicæ conditioni sunt cósentaneæ; verùm non esse admodùm conueniens procul dubio affirmabis,
vt potestas ciuilis coercionis Ecclesiasticæ
iura inuadat, cum præsertim, vt rectè dixit
Petrus Damianus [h], *inter Regnum, & Sa-*   h In epist. ad
cerdotium propria cuiusque distinguantur of-   Episc.Firmi-
ficia, vt & Rex armis vtatur seculi, & Sa-   num.
cerdos accingatur gladio spirituali.

116   Vna etiam ratio congrua, quare
verisimile non sit, tam amplam Principes
deponendi, & armis materialibus vtendi
potestatem à Christo Domino summo
Pontifici, qua Pontifex est, concessam
esse, ex doctrina Iacobi Almaini [i] deduci   i De potest.
potest, quia, vt inquit, *esset occasio, quòdra-*   Ecclef. & Lai-
                                        tione   ca,q.1.cap.9.

tione talis potestatis Papa efferretur in maxi-
mam superbiam, & illa plenitudo potestatu
esset multùm damnosa subiectis, ideo illa eti-
am esset nociua Papæ, & subiectis, & sic non
est verisimile, quòd Christus ei talem contule-
rit potestatem.

117 Plura quoque alia ego in mea A-
pologia *k* inconuenientia adduxi, sicut etiam hanc tuam.similitudinem spiritus, &
carnis, quam ex Gregorio Nazianzeno refers, non esse conuenientem, sed potestati
spirituali,& temporali quàm dissimillimam
clarissimè comprobaui, atque rationem
dissimilitudinis hisce verbis expressi. *l Quia*
caro se habet vt materia, spiritus vt forma,&
propterea vnum quid essentiale, vnamq, per-
sonam constituunt, & hæs est causa, quare ca-
ro sit propter spiritum, illique per se subijcia-
tur, sicut materia ex sua natura est propter for-
mam, à qua perficitur: at verò potestas politica
non se habet vt materia respectu Ecclesiastica,
neque vna per se aliam respicit, vt suprà do-
cuit Card. Bellarminus, & consequenter ne-
que per se subordinantur, aut vnum corpus
conficiunt,&c.

118 Sed tu hæc omnia, & plura alia,
quæ ego,in quibus hæc similitudo apta sit,
&

k Nu. 43.&
seq.

l Nu.140

& inepta, fusiùs declaraui, fraudulenter
dissimulas, & hanc ipsam similitudinem
iterum ita dolosè insusurras, ac si ego in ea
confutanda iocosè potiùs cauillari, quàm
argumento Card. Bellarmini ex ea dedu-
&o seriò satisfacere velle ab omnibus iudi-
carer, cum tamen clarum sit, me illi simi-
litudini tam perspicuè respondisse, vt nisi
tu veritatem potiùs occultare, quàm soli-
dis argumentis eam seriò inuestigare ex-
optares, illam denuo ita nudè inculcare
plurimùm erubesceres .

119   Fateor itaque B. Gregorium Na-
zianzenum disertè, ac eleganter has duas
potestates, spiritualem nempe in Ecclesia,
& temporalem in republica, animæ, & corpori comparasse. Veruntamen, vt in mea
Apologia [m] annotaui, huius similitudinis   m Nu.139.
analogia in nobilitate, ac dignitate potissi-   & seq.
mùm, & non in subiectionis, ac subordi-
nationis æqualitate consistit. Sicut enim
spiritus carnem dignitate præcellit, & huic
tanquam subdito in omnibus operationibus corporeis, quæ voluntatis imperio subduntur, imperare potest, ita spiritualis potestas temporalem, tum nobilitate antece-
dit, tum in rebus spiritualibus, seu quæ ad
                              spiritualia

spiritualia reuocantur,in quibus duntaxat superior exiſtit , huic præcipiendi facultatem habet.Sed in ſubiectionis modo quàm maximam diſſimilitudinem reperiri nemo inficias ibit.

120 Et primò tumetipſe notabilem differentiam inſinuas, dum ex Ariſtotele affirmas, corpus ſpiritui odedientiam præſtare non ciuiliter , ſed deſpoticè , hoc eſt, ad nutum, & ex certo, directoque ſui pondere; quod quàm verè à te dictum ſit, ſi generaliter loqui intendas,non eſt præſentis inſtituti examinare : nam idem Ariſtotoles ibidem expreſſè etiam docet, quòd ratio præeſt appetitui iraſcibili , & concupiſcibili,non principatu deſpotico, qui eſt domini ad ſeruum,ſed principatu politico, aut regali , qui eſt ad liberos, qui non totaliter ſubduntur imperio . Sed familiare tibi eſt in tenebris ambulare , vt nec fortaſſe tumetipſe ſcias, quò vadas , neque Lector quid velis, quóve tendas,facilè inuenire queat.

121 At eſto, quòd caro ſpiritui in aliquibus operationibus ad nutum obediat, non tamen idcirco , vt opinor, admittes, temporalem poteſtatem eodem modo ſpirituali

rituali subiectam esse; & propterea non
esse in omnibus similitudinem istam conuenientem, te Iudice, manifestum est.
Radix autem huius discriminis ex ea differentia potissimùm consurgit, quam ego
paulo superiùs ° assignaui, quæque rati- ° Nu.117.
onem tuam ex hac similitudine desump-
tam funditus euertit. Quia enim anima,
& corpus vnum compositum substantiale
constituunt, inde fit, vt in homine vna
tantùm suprema domina reperiatur, nimirum voluntas, cuius imperio cæteræ omnes potétiæ in illis operationibus, quæ sunt
in libera hominis potestate, subijciuntur.
At verò potestas politica, & Ecclesiastica
nec sunt partes vnius corporis politici, nec
vna alteri per se subijcitur, neque in Republica Christiana, vt statum politicum
Christianorum, & Ecclesiasticum comprehendit, vnus tantùm supremus Dominus
reperitur, cuius solius imperio supremo
vniuersi fideles in negotijs omnibus tam
secularibus, quàm Ecclesiasticis obedire
tenentur, nisi forsan cum Canonistis opinari velis, summum Pontificem in rebus
tam temporalibus, quàm spiritualibus supremum totius mundi Monarcham à
H   Christo

Chrifto Domino conftitutum effe, quod quidem hæc fimilitudo animæ, & corporis, fi in omnibus idonea effet, apertiffimè confirmaret. Sed non in omnibus conuenientem effe, ego iam fatis apertè,& antea in mea Apologia paulo luculentiùs cõmonftraui.

122   Atque, nifi in ea maximam diffimilitudinem ineffe fatearis, non poteris denegare, quin ficut anima corpori fuo naturali caput abfcindendi poteftatem non habet, ita neque poteftas Ecclefiaftica corporis politici fupremũ caput, nempe Principem loco mouere queat. Et propterea, dum tu rationem affignas, quare anima fuum corpus occidere licitè non poffit, illud ipfum cõrroboras, quod ego ex profeffo comprobare decreueram, nempe fimilitudinem hanc in omnibus conuenientem non effe. Et ego etiam fæpiùs rationem affignaui, quam tu aftutè taces,quarè poteftas fpiritualis Principem temporalem deponere licitè non poffit, quia nimirum fpiritualis poteftatis naturæ, ac conditioni non eft confentaneum, vt ciuilis iurifdictionis proprias functiones ipfa per feipfam exerceat.

123

123 Id quod optimè hac tua similitudine illustrari potest. Sicut enim voluntas, quæ in homine Principatum tenet, corpori præcipere potest, vt actiones quascunque corporeas, quæ eius imperio subsunt, eliciat, non tamen proprias ipsius corporis operationes ipsa, nisi organo corporeo mediante, per seipsam producere potest; ita potestas spiritualis quæcunque temporalia pro bono spirituali conseruando Reipublicæ ciuili imperare potest; penes Rempublicam tamen spiritualem non est potestás de rebus temporalibus per seipsam disponendi, seu proprias Reipublicæ temporalis functiones, nisi brachij Secularis auxilio interueniente, exercendi.

124 Vides igitur quàm parum similis sit hæc tua similitudo, & quàm incommodè etiam illam ad tuum propositum accommodes. *Anima,* inquis, *pro bono hominis habet imperium in corpus, & natura iure corpori imperare vult actus corporeos, & illos cohibere; ergo similiter ciuilia subiecta sunt Ecclesiæ, vt pro bono virtutis, hominum salute, sempiternaq́ Dei gloria, de illis disponat.*

125 Perbellum profectò argumentum,

perinde ac si ita colligeres; Deus est in coe-
lo, ergo baculus est in angulo. Nemo profectò, nisi cuius causa planè desperata esset,
talem ex disparatis ratiocinationem con-
ficeret. Potest, inquis, imperare temporalia, ergo potest de temporalibus disponere. Similiter potest Iudex Ecclesiasticus
imperare, vt hæretici comburantur, igitur
ipse per seipsum hæreticos comburere potest. Num fortasse non recorderis, me
sæpiùs in mea Apologia, quam tu confu-
tandam suscepisti, inter imperare, & disponere, longissimum discrimen ex instituto constituisse? Sed meliùs forsan tuæ causæ consultum fore existimasti, si illud de
industria reticeres, vt ita faciliùs lectori
fraudem tuam non aduertenti fucum face-
res, illumque tuis fallacijs vnà tecum in errorem pertraheres.

126   Ex his igitur satis constat, quàm
vana, fallax & captiosa sit illa argumentatio, qua inferiùs, postquam huc, atque il-
luc frustra, & sine ordine cursitasti, tandem astutè magis, quàm argutè, sed dolo
tibi periculoso ita discurris.

p Nu. 20. tui
lib. circa me-
dium.   P *Certa fide definitum est, esse in Ecclesia*
potestatem, quæ disponere poterit de rebus qui-
busdam

buſdam temporalibus pertinentibus ad Prin- „
cipem, atque ad obedientiam ſubditorum, „
ergo eadem fide conteſtatum, temporalia Prin- „
cipum, ſubditorumque obedientiam, ſubij- „
cienda ſpirituali ſummi Pontificis auctoritati „
pro bono virtutis, & beatitudinis, & maioris „
Dei gloriæ. „

Antecedentem tuam propoſitionem iã
ſæpiùs negauimus, eſt enim ipſamet quæ-
ſtio, de qua inter nos controuerſamur. An
fortaſſè æquum eſſe iudices, vt rem ipſam,
de qua litigamus, tibi gratis, & abſque probatione ſufficienti tibi concedam?

127   Verùm tu pluribus argumentis
futilibus antecedens confirmas, quæ omnia
hoc ſolùm commonſtrant, poſſe ſummum
Pontificem, ſi bonum ſpirituale id requirat, temporalia imperare : vt exempli cauſa, quòd *poßit Pontifex mittere Prædicato-*
res in prouincias infidelium, & illis præcipere,
vt ibi maneant, etiã Principe renitente, & ci-
uibus imperare, vt eos hoſpitio excipiãt, alant,
foueãt, ac neceſſaria ſubminiſtrẽt; quòd *poßit*
homines ſceleratos excõmunicare, & alijs præ-
cipere ne cum illis cõmunicent, eoſve benignè
ſalutent : quòd *poßit Principibus præcipe-*
re, ne à Clericis tributa exigant, aut eorum

H 3   *perſonas*

personas indecenter tractent, quòd *possit praecipere vxori fideli, vt à marito infideli discedat, si absque fidei dispendio cum illo habitare nequeat*, & similia huius farinæ argumenta hîc, & superiùs infarcis, quæ solùm oftendunt, penes Pontificem effe poteftatem pro fpirituali hominum falute temporalia imperandi, fed de poteftate difponendi nihil planè concludunt.

128   Abi igitur cum tuis *de fide certis, manifeftis, definitis, exploratis, conteftatis,*toties vfque ad naufeam repetitis, & cum pudore, ac tremore attende, quàm periculofum confequens deducere contendas.

" *Ergo eadem,*inquis,*fide conteftatum,temporalia Principum, fubditorumque obedientiam, fubijcienda fpirituali fummi Pontificis auctoritati pro bono virtutis, & beatitudinis, & maioris Dei gloriæ.* Idem planè confequens fæpius in fuperioribus q inculcafti. *Sicut anima,*inquis, *pro bono hominis imperium obtinet in corpus, & naturæ iure corpori imperare vult actus corporeos,ita temporalia fubiecta funt Ecclefiæ,vt pro bono virtutis, hominum falute, fempiternaque Dei gloria de illis difponat.* Et paulo inferiùs, *quod*

q Nu.17.tui lib.

ᵗquòd ſi,inquis,*vel vnum tēporale ſubijciatur*   r Nu.18 tui
ſummo Pontifici pro bono virtutis,etiam &   lib.in fine.
reliqua.

129   Sed dic mihi, obſecro, quî fieri
poteſt,vt tu hanc tuam peſtiferam concluſionem audiens, non ſolùm præ pudore
non erubeſcas, verùm etiam præ horrore
nɔn contremiſcas? *Res*, inquis, *tempora-*
*les Principum,*id eſt,*vita, dominia, poſſeſſio-*
nes, atque obedientia ſubditorum, ſubijcienda
ſunt ſummi Pontiſicis auctoritati, & diſpoſi-
tioni pro maiori gloria Dei. An eſt poſſibile,
vt aliquis, qui nomen Theologi ſibi ven-
dicat, talia, tamǵue exorbitantia paradoxa
ſcriptis committere audeat?

130   Scio equidem Card. Bellarminum expreſſis verbis affirmare, Principes
non ſolùm propter hæreſim, ſed etiam ob
aliqua enormia flagitia, & ſubobſcurè etiã
indicare, ᶠ ſi non eo modo Deo ſeruiant,   f lib.5.de Rõ.
quo ſecundùm ſtatùm ſuũ tenentur,poſſe   Pont.cap.7. in
per ſpiritualem ſummi Pontificis auctori-   5.ratione.
tatem ſuis dominijs priuari. Legi etiam
Emanuelem Sa Societatis Ieſu Theologũ
in ſuis Aphoriſmis nouiter Coloniæ*im-   * Apud Ioan.
preſſis, & auctoritate Magiſtri ſacri Palatij   Chrithium
emendatis,diſertè aſſerentem, *poſſe Princi-*   ſub ſigno Gal-
li.1610.

H 4   *pem,*

pem, si non faciat officium suum, per Rempub-
licam deponi. Audiui etiam quosdam de
spirituali potestate in temporalibus pro bono animarum, & ad maiorem Dei gloriam
clanculum mussitantes; sed quòd summus Pontifex de rebus temporalibus Principum pro maiori Dei gloria disponere
possit, & quòd temporalia Principum, id
est, vita, dominia, possessiones, & obediētia
ciuilis subditorum summi Pōtificis auctoritati, & dispositioni pro maiori Dei gloria subijciantur, à nemine, præterquam à
te solo tam temerè literis commendari vnquam audiui. Hoc enim summum Pontificem, non solùm supremum totius mundi in rebus temporalibus Monarcham efficit, verùm etiam eum posse pro libito Reges instituere, & destituere, & Regnum
temporale vni Principi auferre, & alteri
digniori conferre, de quo Rex noster Sere-
nissimus in sua Præmonitione meritò con-
queritur, apertissimè demonstrat.

131   Quis enim ignorat, Principem
illum, qui ad Euangelicæ perfectionis consilia exequenda paratus existit, magis Dei
gloriam prudentum omnium iudicio pro-
moturum esse, quàm qui sola Christi,
&

& Ecclesiæ præcepta adimplere proponit? Iste igitur iuxta hanc tuam doctrinam è regni solio depelli,& alter auctoritate summi Pontificis pro maiori Dei gloria exaltanda ad Regni thronum eleuari potest. Quapropter *hæc tua doctrina*, vt fusiùs in mea Apologia [t] declaraui, *de suprema summi Pontificis de temporalibus Principum disponendi potestate, sub terminis adeo vniuersalibus tradita, nempe pro bono virtutis, beatitudinis, & maioris Dei gloriæ, iustam videtur præbere ansam perturbandi pacem publicam, & innumeras suspiciones, atque terrores animis Principum incutiendi, cum præsertim summus Pontifex sit etiam ipse Princeps politicus, & homo humanis infirmitatibus subiectus, sicut cæteri, qui affectionibus iræ, inuidiæ, auaritiæ, atque dominandi, statusq́; sui temporalis amplificandi libidine non solùm concitari, verùm sub prætextu etiam boni spiritualis, & maioris Dei gloriæ amplificandæ superari nonnunquam possit.*

 132 Sed apage te cum huiusmodi paradoxis, & hac tua noua, inaudita, atque à te solo, quantum scio, literis commendata doctrina, quæque, eo modo, quo sonar, non solùm falsa, temeraria, seditiosa, &

scanda-

t Nu.52.& seq.

scandalosa, verùm etiam, vt tuis verbis vtar,
est recens (quorundam assentatorum) ab-
iectissimæ adulationis idololatria. Atque
ita tu, qui mihi nequaquam te lacessenti
fœdissimas hæreseωs, ac Ethnicismi notas,
falsò, & immeritò inurere voluisti, à temet-
ipso veri erroris, & meritam seditionis sus-
picionem non ita facilè dimouebis, vt il-
u Ecclesiastici lud Sapientis de ᵘ te rectè affirmari possit,
27.   *qui fouit foueam incidet in eam, & qui statuit*
lapidem proximo offendet in eo, & qui laque-
um alij ponit, peribit in illo.

133   Iam ad reliqua progrediamur.

Postquam itaque similitudinem illam
animæ, & corporis, potestati spirituali de
temporalibus disponendi ineptè satis apta-
sti, rursùm disquiris, quomodo temporalia
non sint subiecta summi Pontificis curæ, &
prouidentiæ ad hæc bona spiritualia tam
præclara, & conuenientia procuranda? At-
x Nu.18.tui l. que inprimis asseris, ˣ *Widdringtonum in*
  " *hoc multùm insistere, quòd res temporales non*
  " *sint subiecta spirituali summi Pontificis au-*
  " *ctoritati, eo quòd instrumenta, & media pote-*
  " *statis spiritualis debeant esse spiritualia, non*
  " *carnalia, vel temporalia. Verùm hoc apertè*
  " *fidei Christianæ repugnat. Nam penetrare*
                                    in

in regnum aliquod, ibi manere, assumere a- „
quam ad baptizandum, sunt res temporales; „
subditos fouere, & nutrire Pastores suos, illos „
adire, temporalia sunt, tamen præcipi possunt „
à summo Pontifice, quandoquidem licita iure „
diuino, subiectaq́; eius officio Pastorali, &c. „

134   Sed hæc ex supradictis facillimè
refelluntur. Constat enim Widdringto-
num, vt paulo anteà y vidimus, disertis   y Nu.127.
verbis affirmare, res temporales, si spiritualis boni necessitas id postulauerit, *spirituali*
summi Pontificis *auctoritati* siue *imperio*
subiacere. Neque tu omnibus tuis argumentis, atque exemplis, quæ congeris, aliud confirmas. Et propterea potest summus Pontifex ea omnia præcipere, vel prohibere, quæ lex Christi, aut naturæ iubet,
vel prohibet, qualia sunt ea omnia hîc à te
enumerata, quæ ad Euangelij prædicationem, & sacramentorum administrationem
necessariò requiruntur; veluti penetrare in
regnum aliquod ad prædicandum Euangelium, ibi manere, assumere aquam ad
baptizandum, deligere loca ad concionan-
dum, & ad sacramenta administranda, e-
eëmosynas à populo accipere, eosq́ue ad
conciones audiendas inuitare: quæ omnia
tu

tu inter temporalia recenses, cum tamen in
spiritualibus, aut saltem spiritualibus an-
nexis anumeranda sint.

135   In hoc solo insistit Widdringtonus, *non posse sufficienter demonstrari*, quòd
res temporales summi Pontificis dispositioni subiectæ sint, & quòd Ecclesia rerum
omnium temporalium pro bono spirituali
dominium habeat, & quòd medijs, seu
poenis temporalibus constringentibus ad
finem spiritualem consequendum vti possit. De hoc etenim duntaxat præsens quæstio instituitur, vt sæpiùs in mea Apologia
de industria obseruaui, quod tamé tu fraudulenter dissimulas, & *disponere* cum *imperare*, atque media *constringentia* cum *dirigentibus* satis insidiosè confundis.

z Nu.78.tui
lib.paulo ab
initio.

136   At, inquis, [z] *si licet summo Pontifici præcipere actum virtutis, constantémq̃ of-
« ficio temporali, qui non est contra obedientiam
« ciuilem, quare non potest prohibere obedien-
« tiam temporalem pro bono virtutis, cum vtro-
« biq̃ sit res temporalis, & idem finis ex virtute?
« ergo ciuilis obedientia non est ex hac parte in-
« dispensabilis, quòd posita in re temporali.*

137   Arguta mehercule argumentatio.
Potest, inquis, *summus Pontifex præcipere
actum*

actum virtutis, qui non est contra obedientiam
ciuilem, ergo potest prohibere obedientiam ci-
uilem pro bono virtutis : Ac si ita diceres,
Potest summus Pontifex præcipere actum
virtutis, ergo potest præcipere actum vitiosum pro bono virtutis. An ignoras obedientiam ciuilem in rebus licitis iure diuino
præceptam esse, & proinde non obedire in
rebus illis, quæ à Principe iure Principatus
præcipi possunt, peccatum esse, & iure diuino, ac naturali interdictum? Vtrùm autem summus Pontifex peccata præcipere
possit, cuiuis, vel mediocriter docto, iudicandum relinquo.

138 At forsan respondebis, te loqu-
tum esse de obedientia ciuili in vniuersum,
prout licitam, ac illicitam comprehendit.
Sed quis, obsecro, vnquam negauit, obedientiam ciuilem in rebus illicitis, quæ reuera non obedientia, sed diuinæ legis præua-
ricatio est, à sûmo Pontifice prohiberi posse? Quis vnquam affirmauit, obedientiam
ciuilem in rebus alioquin licitis idcirco esse
indispensabilem, quòd posita in re temporali, cum clarum sit res temporales nonnunquam summi Pontificis imperio subiectas esse?

139 Non

139   Non igitur obedientiam ciuilem in rebus licitis propterea esse indispensabilem asserimus, quoniam posita est in re temporali, vt tu comminisceris; sed quoniam non obedire Principi, quamdiu Princeps est, in ijs, quæ iure Regni præcipere potest, tum legi naturali, tum diuinæ, in quibus Papa dispensare non potest, apertissimè aduersatur.

Illud verò, quod antea à te sæpiùs repetitum denuo inculcas de obedientia ciuili alioquin licita, quam ais ex malo fine; quem Princeps intendit, posse reddi malam, & scandalosam, ac proinde summi Pontificis imperio subijciendam, *quia vnaquæq; res talis est, qualis eiusdem finis, &c.*

a Nu. 79. & seq.   satis luculenter à me superiùs a confutatum est.

b Eod. nu. 18. tu lib.   140   Pergis b deinde ad expostulandum cum Domino Blackwello, & cum suæ factionis hominibus (ita enim eos appellas) atque *miraris, quo animo ipsi tutum,*
«   *ac licitum in conscientia ducunt, cum Iura-*
«   *mentum fidelitatis susceperint, manere in An-*
«   *glia, accipere eleëmosynas à populo, & ad hoc*
«   *faciendum illos hortari, cum hæc directè sint*
«   *contra obedientiam in ciuilibus, ac in rebus*
tempo-

temporalibus, de quibus in vniuersum iura- "
mentum susceperunt. Et postea sciscitaris, *quo* "
iure B. Augustinus cum socijs suis venit in An- "
gliam ad prædicandum Euangelium, ibique "
mansit contra Principum leges. Ac tandem "
tumetipse respondens ita concludis:

141 *Nisi ergo notam hæreseωs incurrere velint, fateri debent, se in Anglia morari, & eleëmosynas accipere contra leges Regni, potestate ad id accepta à summo Pontifice, qui in istis temporalibus potestatem habet dispensandi pro necessario fine Ecclesiæ, & bono eiusdem spirituali. Quòd si in hoc temporali spectante ad obedientiam ciuilem cum illis dispensatum est à summo Pontifice, concessaq; potestas agendi contra obedientiam ciuilem, quare eandem facultatem illis non poterit largiri respectu aliorum temporalium in ordine ad eundem finem spiritualem? an in vno licitum agere contra obedientiam temporalem, & non in alijs omnibus eundem finem indifferenter respicientibus?*

142 Miraris quo animo D. Blackwellus, & alij, cum Iuramentum fidelitatis susceperint, maneant in Anglia, &c. Sed recole, si placet, quæ ego paulo superiùs [c] annotaui, & mirari desines. Nam fortasse etiam miraris

c Nu. 134.

miraris, quo iure Christus Dominus misit Apostolos in vniuersum orbem terrarum, dicens, d *Euntes in mundum vniuersum, prædicate Euangelium omni creaturæ, baptiZantes eos, & docentes seruare omnia, quæcunque mandaui vobis?* Igitur eodem iure, quo quis credit, religionem, quam profitetur, veram Christi religionem esse, etiam illud Euangelium, quod credit, & ad quod præ-dicandum legitimè missus est, populo annunciat, & Sacramenta à Christo instituta administrat, eaque omnia temporalia, quæ ad Euangelij prædicationem, ac Sacramentorum administrationem necessaria sunt, ipsa lege Christi licitè exercet.

143   Meritò profectò mirari posset aliquis, quo iure Sacerdotes, qui ad prædicandum more Christiano, & Apostolico, & non ad bellandum more gentili, & politico, à Christo mittuntur, teneantur ex tua doctrina, si commodè possint, aduersus Principes, qui eorum prædicationem admittere noluerint, arma in sui defensionem corripere, & tumultus in republica concitare, cum neq; in Sacris literis vllum prorsus præceptum, aut exemplum contineatur, vel Christi Domini, qui tanquam agnus

d Math. 28.
Marc. 16.

agnus innocens coram mactante vix os suum aperuit; vel Apostolorum, qui etiam tanquam oues in medio luporum ab eo ad prædicandum missi sunt, quosque ad persecutiones pro fide eius patienter tolerandas, & non ad vim illis à Magistratu illatam manu violenta propellendam sæpiùs hortatus est: neque in tota primitiuæ Ecclesiæ praxi vel vnicum, quod legi, alicuius è sanctis Patribus testimonium de fide Christi vi, & armis à Sacerdotibus plantanda inueniri queat. *Aspice*, inquit, S. ᶜAugustinus, *etiam tēpora noui Testamenti, quando iam ipsa mansuetudo charitatis non solùm in corde erat seruanda, verùm etiam in luce monstranda; quando Petri gladius in vaginam reuocatur à Christo, & ostenditur non debuisse de vagina eximi, nec pro Christo.*

e Tom.2 e-
pist.48. ad
Vincent.

144   Quod verò ais D. Blackwellum, & socios iuramentum suscepisse, *de præstanda obedientia in ciuilibus, ac temporalibus in vniuersam,* si nomine ciuilium, & temporalium in vniuersum intelligas, vt intelligere videris, vniuersa etiam temporalia, quæ legi Christianæ repugnant, fateor equidē me, ex quibus iuramenti verbis illud colli-

I   gere

gere possis, penitus ignorare.

145 Vana igitur est interrogatio illa tua, qua quæris, *cur in vno licitum est agere contra obedientiam ciuilem , & non in cæteris eundem finem indifferenter respicientibus?* Sicut enim contra omnem obedientiam ciuilem, quæ rem iniustam, & diuinæ legi contrariam præcipit, agendi Christus Dominus potestatem concessit, cùm Deo magis quàm hominibus obedire oporteat; ita contra nullam obedientiam ciuilē, quæ rem iustam, atque honestam imperat, tametsi Princeps mala intentione præcipiat, agendi licentiam vel lex Christi, vel naturę vnquam permittit, vt in superioribus fusiùs explicaui.

Iam reliquas tuas subtilitates audiamus.

f Nu. 19. tui lib.

146 *Porrò*, inquis, [f] *si quis diceret, ideo obligationem fidelitatis in subdito esse indispensabilem, eo quòd sit iuramento firmata, is nihil efficeret, quandoquidem fide constet, Ecclesiam dispensare posse in iuramentis, & votis. Vnde sic argumentor: Votum virtutis dissolui potest per Summum Pontificem, vtpote prohibentem materiam voti, scilicet actum externum, vel loco Dei restituentem votario verbum suum: ergo officium iuramenti homini*

ni promissum per Pontificem dissolui potest. „
Antecedens est de fide. Consequentia à ma- „
iori ad minus affirmatiuè. Et sanè multo ma- „
gis, & immediatiùs Deus Dominus est factus „
per votum promissi, quàm Princeps est Domi- „
nus officij ciuilis in subdito, vt constat;proinde „
quòd Princeps habeat potestatem immediatè a „
Deo, non infertur ciuilia haud spectare ad ius „
Pontificis. „

147   Sed hæc tua obiectio tum gratis
à te conficta est, tum etîam minùs solidè
confutata. Gratis quidem à te conficta,
quoniam nemo, quem ego legi, vnquam
affirmauit, ideo obligationem fidelitatis in
subdito esse indispensabilem, eo quòd sit
iuramento firmata, cum subditi, antequam
aliquod iusiurandum emittant, Principi
suo legitimo in rebus licitis, tum iure diuino, tum naturali obedire teneantur. Iuramentum enim subditi, sicut Principi regnandi ius primùm non tribuit, sed supponit, illudque duntaxat confirmat, ita neque
obligationem fidelitatis in subdito primùm efficit, sed solùm illius vinculum in-
solubilius reddit. Et proptereà, tametsi
summus Pontifex in vinculo Iuramenti re-
ligioso, quod ad naturalem fidelitatis obli-
I 2   gationem

gationem côfirmandam superadditur, dispensare posset(quod, vtrùm adeò certum sit,vt tu supponis, statim examinabimus) adhuc tamen remaneret prius illud naturale obedientiæ vinculum, quo subditi ante quodcunque iusiurandum ab illis susceptum (neque enim omnes subditi fidelitatem iurant) ad obediendum Principi suo legitimo ipsa lege naturali, & diuina, in qua Pontifex dispensare nequit obligantur.

148 Verùm, si propositionem illam, quâ obijcis, conuertisses, atque dixisses, ideo religiosum iuramenti vinculum de fidelitate Principi præstanda, esse indispensabile, quoniam obligationem fidelitatis naturalem, vtpotè iure naturæ Principi debitam, confirmat, maiori profectò cû probabilitate locutus fuisses. Constat enim præclarissimos Theologos, g in quibus numeratur S. * Thomas, existimare, dispensationem iuramenti non esse remissionem aliquam, quę ipsam iuramenti obligationem directè tollat, seu licentiam alicui concedat,vt non obstante iuramento, quod emisit, faciat contrarium ; sed esse interpretationem duntaxat, qua superior indirectè iuramenti obligatio-

g Bonau. in 4.
d.38.ar.2.q.3.
Palud.ibidem
q.4.ar.4.Caiet
2.2.q.88. ar.
12.Silu.verbo
Iuramentum
5.q.2. Armilla verbo votû,
nu.13.& alij
agentes de
dispensatione
voti,in qua
eadem est ratio quæ iuramenti.
*S Thom.2.
2.q.89. ar.9.

obligationem aufert, declarando rem ipsam, quæ iuramento firmata est, non esse vlterius debitam materiam iuramenti, & consequenter iuramentum circa talem materiam indebitam ad sui obseruationem nó ampliùs obligare.

149 *Dispensatio*, inquit S. Thomas, [h] *quæ sit in iuramento, non se extendit ad* h loco citato. *hoc, quòd aliquid contra iuramentum fiat. Hoc enim est impossibile, cum obseruatio iuramenti cadat sub præcepto diuino, quod est indispensabile; sed ad hoc se extendit obligatio iuramenti, vt id, quod sub iuramento cadebat, sub iuramento non cadat, quasi non existens debita materia iuramenti. Et quoniam materia iuramenti promissorij est aliquid futurum, quod variari potest, ita scilicet quòd in aliquo euentu potest esse illicitum, vel nociuum, & per consequens nó esse debita materia iuramenti, ideo dispensari potest in iuramento promissorio, quia talis dispensatio respicit materiã iuramenti, & non contrariatur præcepto diuino de iuramenti promissione.*

150 Quapropter iuxta hanc sententiam, (quam tametsi ego approbare non velim, eam tamé, cum tam illustrium Doctorum opinio sit, vt improbabilé improbare

I 3   non

non audeo,) non poteſt ſummus Pontifex
in ſacramento fidelitatis diſpenſare, niſi in
ipſa naturali fidelitatis obligatione,qua ſubditi ipſa lege naturali,& diuina,in qua Pontifex diſpenſare nequit, Principi, quamdiu
Princeps eſt, deuinciuntur, pariter etiam
diſpenſet. Et propterea non idcirco obligatio fidelitatis eſt indiſpenſabilis, quia iuramento firmatur, cum naturale fidelitatis
vinculum remanere poſſit, tametſi poſte-
rior iuramenti obligatio auferatur, iuxta
communem Iuriſperitorum regulam, *ſub-
lato acceſſorio nõ proinde principale aufertur*;
ſed potiùs econuerſo *probabiliter* colligi
poteſt, idcirco religioſam iuramenti obligationem naturali fidelitatis vinculo ſuper-
additam eſſe indiſpenſabilem, quia in ipſa naturali fidelitatis obligatione, quæ iure
naturali Principi debetur, ſummus Pontifex diſpenſare non poteſt.Quocirca,quan-
tumuis de fide certum ſit, vt tu ais, poſſe
Eccleſiam in iuramentis, & votis diſpenſare, non tamen de fide certum eſt penes Eccleſiam eſſe poteſtatem in quibuſcunque
iuramentis,vt ſtatim apparebit, neq; etiam
in omnibus votis, vt patet in voto ſolenni
religionis, diſpenſandi.

151 Ex dictis itaque apparet imbecillitas argumenti, quod fubijcis. Non enim *efficaciter* probat, poſſe ſummum Pontificem in ipſo religioſo iuramenti vinculo de fidelitate Principi præſtanda, & multo minùs in ipſa naturali fidelitatis obligatione diſpenſare. Neque enim inprimis certum eſt, votum magis obligare, quàm iuramentum, cum plures viri perdocti [k] contra S. Thomam * ſentiant, obligationem voti, licet ſanctior ſit, minorem tamen eſſe, quà iuramenti. Deinde, tametſi obligatio voti maior eſſet, quàm iuramenti, non tamen inde à maiori ad minùs rectè concludis.

Quòd ſi votum virtutis diſſolui poteſt per ſummum Pontificem, ergo officium iuramento homini promiſſum per Pontificem diſſolui poteſt.

152 *Votum enim, & iuramentum*, vt rectè ait Gregorius Sayrus [l]; à quo cæteri Theologi non diſſentiunt, *differunt primò ex parte diſpenſationis, quòd licet Papa diſpenſare poſſit in voto, quod maius eſt, non tamen inde inferre licet, poſſe diſpenſare in iuramento, quod minus eſt. Nam relaxare non poteſt iuramentum factum alteri de ſoluendo ei certam pecuniæ quantitatem, cum non habeat*

I 4   *facul-*

k Maior in 3. d. 39. q. 2. & in 4. d. 38. q. 4. Medina lib. 5. de continent. Sacerd. c. 22. & 23. Valentia tom. 3. diſp. 6 q. 7. punc. 4. * 2. 2. q. 89. ar 8.

l In Claue Regia lib. 5. cap. 8. nu. 4.

facultatem tollendi alteri, quod suum est, quod tamen relaxare potest alter, cui promissio illa facta est, cum sit suorum bonorum dominus. Sicut enim illa potest donare, ita etiam iuramentum sibi de illis exhibitum remittere potest. Econtra verò, quia votum fit Deo, cuius Papa Vicarius est, potest illud in aliquod aliud, quod sibi magis gratum est, commutare, in quo tamen voto priuatus homo dispensare nequit, cum Dei Vicarius non sit.

153   *Secundò differunt (* ait Sayrus *) ex parte dispensationis respectu materiæ, quòd in commutatione, dispensationeque votorum attendi debet id, quod Deo magis gratum* sit, (cum votum soli Deo fiat *) in iuramentis verò (* quæ & Deo, & homini fiunt *) relaxandis caueri debet, ne fiat iniuria tertiæ persona.* Et [m] infrà, *Ex quo,* inquit, *sequitur, non habere summum Pontificem eandem, neque æqualem potestatem dispensandi in iuramentis, quam habet in votis. Nam quia iuramenta nonnunquam fiunt in commodum tantùm hominis, vota autem semper fiunt Deo, cuius Vicarius est summus Pontifex, ideo in omni voto,* (ex causa nimirum rationabili *)non autem in omni iuramento dispensare potest.*

154

154 Vides igitur tum argumenti tui, quod tamen tu *de fide certum* esse credis, debilitatem, tum etiam causam, ob quam summus Pontifex possit in votis, quæ fiunt soli Deo, cuius Vicarius in spiritualibus constitutus est, non autem in iuramento obedientiæ temporalis Principi ex lege naturali exhibendæ dispensare, cum Princeps ipse temporalis, & non summus Pontifex in rebus temporalibus Dei vicem gerat, & in ijs nullum superiorem præter Deum recognoscat.

Illud verò, quod in calce tui argumenti subiungis, *proinde quòd Princeps habeat potestatem immediatè à Deo, non infertur ciuilia haud spectare ad ius Pontificis*, ad præsentem obiectionem est omnino impertinens, sed potiùs ad sequentem, quam statim subnectis, pertinere videtur.

155 *Verùm in hoc,*° inquis, *potissimùm insistunt contrariæ sententiæ assertores, ideo à Pontifice dissolui non posse vinculum ciuilis obedientiæ ex iuramento, quòd Princeps, cui talis obedientia debetur, habeat suum ius immediatè à Deo, & propterea nullus præter Deum poterit ei adimere ius in subditum, adeo vt sit intrinsecè malũ, non obedire subditum in*

° Nu. 28, tui l.
„
„
„
„
„
„
„
„

" *in ciuilibus suo Principi, vt est blasphemare,*
" *mentiri, vti in nullo planè casu sit licita, aut*
" *vllo fine bono honestabilis contraria omissio*
" *officij. Infirmum sanè est argumentum.*

156 Vt autem huius obiectionis infirmitatem ostendas, plura repetis de potestate summi Pontificis disponendi de temporalibus, quæ sæpissime in superioribus inculcasti, quæque ego etiam satis luculenter confutaui. Deinde P obiectione quadam, cui ego superiùs q satisfeci, præposterè intercalata, probare contendis, *potestatem Regiam non ita esse immediatè à Deo, quin ad eam simul cum Deo immediatè efficiendam respublica concurrat; at potestatem Papalam esse immediatè à Christo Domino, vt à sola causa efficente, & Cardinales solummodò Pontificis personam in electione designare.* Ex qua differentia inter potestates Regiæ, & Pontificiæ effectionem, putas r te manifestè concludere, *semper obediendum esse Pontifici in spiritualibus, cum deponi non possit ab Ecclesia, non verò perpetuò morem gerendum Regi etiam in temporalibus præcipienti.*

157 Sed falleris turpissimè, bone vir, & qui alijs hanc controuersiam grauissimam

p Nu.21.tui.l.
q Nu.101.

r Nu.23.tui lib.in fine.

mam de poteſtatis Regiæ origine explicare præetendis, tumetipſe illius ſenſum haud recte intelligere videris. Non etenim illi, qui aſſerunt Principes ſupremos à nulla humana poteſtate in temporalibus iudicari, ſuiſve dominijs priuari poſſe, & conſequenter non poſſe per Pontificem vinculum ciuilis obedientiæ inter Principem, & ſubditos, ipſo Principe renitente, diſſolui, aut multùm, aut parum, & proinde nec potiſſimùm in eo inſiſtunt, quòd Princeps, cui talis obedientia debetur, habeat ſuum ius immediatè à Deo, & propterea nullus præter Deum ius in ſubditum illi adimere poſſit. Norunt optimè, ſe ad debile omnino propugnaculum adhæſuros, ſi illud pro potiſſimo ſuæ opinionis fundamento eligerent, quod tum quidam ex ipſis nullatenus admittunt, tum aliqui etiam ex aduerſarijs gratis concedunt.

158   Sunt enim viri doctiſſimi, inter quos eſt ᶠ Victoria, & * Couarruuias, qui tametſi poteſtatem Papalem Reges, ac Principes deponendi vehementer propugnent, aiunt nihilominùs, quòd ſicut poteſtas Pontificia eſt de iure diuino, & immediatè à ſolo Deo, vt auctore legis Euangelicæ

ᶠ In relect. de poteſt. ciuili nu.8.
* De practicis quæſtion. cap.1.nu.6.

licæ efficienter procedit, licet applicatio illius ad hunc, vel illum, qui in Papam eligitur, pendeat à voluntate, & electione hominum: ita potestas ciuilis, & Regia est de
iure naturali, & immediatè à solo Deo, vt
auctore legis naturæ, efficenter dimanat,
tametsi applicatio illius ad hunc, vel illum,
qui in superiorem communitatis eligitur,
à libera concessione, & electione hominum dependeat.

159   Alij, inter quos est Guilielmus
Barclaius, t quantumuis doceant, Principes supremos neque per rempublicam, neque per Pontificem suis Principatibus priuari posse, non tamen concedunt, potestatem Regiam esse à solo Deo immediatè,
sed affirmant, eam primò à republica, quæ
totam suam potestatem in Regem trãstulit,
tanquam à causa efficiente profectam esse.
Pari etiam modo eruditissimi Scholæ Parisiensis Theologi, etiamsi censeant, posse
summum Pontificem ob crimina valde
scandalosa per auctoritatem Ecclesiæ Pon-
tificatu priuari, aiunt nihilominùs, potestatem Papalem non esse ab Ecclesia in Pontificem efficienter deriuatam, sed à solo
Deo immediatè illi concessam esse.

160   Igitur

t Lib. 3. con-
tra Monarcb.
cap. 4.

160   Igitur hæc tua obiectio, in qua
refellenda multa otiosè consumis, tum fru-
 strà à te excogitata est, tum etiam valde exiliter impugnata. Non enim contrariæ sententiæ assertores huic fundamento præcipuè innituntur, vt tu comminisceris, quòd
potestas Regia sit immediatè à solo Deo,
& non à republica, sed in hoc potissimùm
insistunt, quòd Principes supremi, siue potestatem suam à republica efficienter deriuatam in principio habuerunt, vt quidam
volunt, siue à republica titulum duntaxat
potestatis, sed ipsam potestatem à solo
Deo, vt legis naturalis auctore immediatè
acceperunt, vt alijs placet, quosque tu nullo
solido, ni fallor, argumento oppugnare poteris; postquam tamen legitimo titulo ad
Principatum euecti fuerint, non habent
neque potestatis suæ titulum à republica,
sed à solo Deo, præter quem nullum superiorem recognoscunt, deinceps dependentem.

161   Quis enim ignorat, plurima tum
naturalia, tum moralia, vt primùm efficiantur, ab aliquo dependere, quæ tamen, vt
postea conseruentur, ab eo nequaquam
pendent? Filij à parentibus esse, & viuere
primùm

primùm acceperunt, sed semel geniti, vt in vita conseruentur, immediata parentum efficientia nequaquam indigent. Non potest visus cœco restitui, nisi per potentiam Dei supernaturalem, & per specialem illius concursum, at postquam facultas videndi miraculosè restituta fuerit , solo generali Dei concursu absque vllo miraculo , aut speciali eius auxilio conseruari potest. Insuper, si Petrus certam pecuniæ quantitatem dono det Paulo, clarum est, totum ius, & dominium , quod in illam pecuniam Paulus habet, ex Petri dono primùm prouenisse, & nihilominus non minùs certum est, non esse in potestate Petri, postquam semel totum suum ius, & dominium in Paulum transtulerit, pecuniam datam sibi amplius vendicare.

162 Iam, quàm insufficienter hanc obiectionem à te confictam refellas, paulisper attende. Qui Regiam potestatem à solo Deo, vt auctore naturæ, efficiéter procedere opinantur, tametsi potestatis titulum à republica prouenire existiment, ita philosophantur:

Lex naturalis, siue recta ratio , lumenque naturæ dictat, vt in supremo cuiuslibet

bet

bet communitatis superiore, siue iste sit ipsa communitas, siue vnus aliquis à Deo, aut communitate in superiorem designatus, sufficiens sit potestas in singulas partes ad eas iuxta ipsius communitatis naturam, & conditionem pœnis, præmijs, legibusque gubernandum. Quapropter ex eo quòd homines ad integrandum vnum reipublicæ corpus conueniunt, ipso iure narurali, & non ex libero partium consensu oritur potestas totius reipublicæ in singulas illius partes ad eas regendum, ad leges illis ferendum, & ad transgressores pœnis debitis afficiendum. Itaque, cum Deus optimus Maximus auctor sit iuris naturalis, sanè huiusmodi potestas est immediatè à solo Deo, vt naturam instituente, tametsi hominum adunatio in vnam rempublicam conditio sit, sine qua ea potestas non resultaret. Et propterea respublica non habet suam potestatem auctoritate, seu concessione partium, ex quibus coalescit, in quorum arbitrio non est tantam, & non maiorem auctoritatem tribuere, sed sola auctoritate diuina, à Deóque immediatè tanquam ab auctore naturæ suam potestatem habet.

163   Atque hinc fit, vt licet suprema dominandi potestas in sola hominum communitate adunata à principio extiterit, non tamen ex necessaria naturæ lege in ea fuerit, quatenus communitas erat; sic enim suprema potestas ciuilis semper in communitate remaneret, neque secundùm se totam in Reges transferri posset, neque Rex totius communitatis adunatæ, sed singularum tantùm illius partium supremus Princeps esset; sed suprema hæc regendi auctoritas in ipsa communitate, non quatenus communitas erat, sed quatenus communitas per adunationem superior singularum partium effecta est, residebat. Adeo vt quicunque in supremum reipublicæ superiorem legitimè deputatur, siue is vnus sit, siue plures, tametsi deputationem illam, seu potestatis titulum ex libero hominum consensu accipiat, totam tamen dominandi potestatem Deus solus per legem naturæ illi communicet. Aiunt igitur isti Doctores, si respublica aliquem in Principem eligeret, ea conditione, vt tantam, & non maiorem, vt in his casibus, & non in illis habeat potestatem, regimen illud non fore simpliciter, & absolutè

lutè Monarchicum, fed Democraticum,
vel faltem ex vnius, & plurium regimine
mixtum,& tanto propiùs ad Monarchiæ
naturâ accedere, quanto Princeps poteſtatem magis abſolutam,minuſq; reſtrictam,
ac dependentem habet.

164   Ex his igitur ea, quæ in contrarium obijcis, facillimo negotio diluuntur.
Et primo, *Si Principes*, [u] *inquis, haberent*
ſuam auctoritatem à Deo immediatè, vt nihil
aliud iveluti cauſa ſecunda efficienter concur-
reret: cum ipſo Deo, tunc reuera Principis
auctoritas eſſet diuina, & ſupernaturalis,
quandoquidem nulla cauſa ſecunda valeret
attingere collationem eiuſdem: eſſet quoque
eius lex immutabilis, & indiſpenſabilis, vt
patet de iure diuino, quod in ſacris literis de-
claratur, quæ falſa omnino ſunt; eſt enim po-
teſtas Principis ciuilis, politica, humana, &
immediatè à iure gentium determinante, &
applicante generale ius naturæ ad quædam
particularia pro bono vniuſcuiuſque Reipub-
licæ.

u Nu. 20 tui lib.parum à principio.

165   Belliſſimum,*ſcilicet,*argumentum,
ac ſi ita argumentareris; Mundus hic cor-
poreus à ſolo Deo creatus eſt, ergo mundus eſt res diuina, & ſupernaturalis. Item,

K   poteſtas

poteſtas ciuilis in vniuerſùm conſiderata non deſcendendo in particulari ad Monarchiam, Ariſtocratiam, vel Democratiam, immediatè eſt à ſolo Deo, vt vera Card. Bellarmini, [x] aliorumque Theologorum [y] fert opinio, ergo poteſtas ciuilis eſt res diuina, & ſupernaturalis. Præterea, non poteſt cæco viſus reſtitui, neque ſurdo auditus, niſi miraculoſè, & per diuinam ſolam potentiam, ergo facultas videndi, & audiendi ſunt res diuinæ, & ſupernaturales. An non vides quàm fallaciter à creatione, & productione rei ad rem creatam, & productam argumenteris? Productio enim rei poteſt eſſe ſupernaturalis, vt patet in creatione mundi, alijſque Dei operibus, quæ quoad modum tantùm ea producendi, & non quoad ſubſtantiam ſunt res ſupernaturales, & nihilominùs res ipſa producta in rerum naturalium ordine collocari debet. Et propterea res illæ, quæ à ſolo Deo, vt Auctore naturæ immediatè fiunt, qualis eſt poteſtas ciuilis, (nam poteſtas Eccleſiaſtica à ſolo Deo, vt Auctore gratiæ immediatè dimanat) in rebus naturalibus annumerandæ ſunt.

166   Quomodò autem vel apparenter

ter hinc colligere poſſis, *poteſtatem Regiam,
ſi à ſolo Deo immediatè procedat, non ſolùm
eſſe diuinam, & ſupernaturalem, verùm etiam leges Principum eſſe indiſpenſabiles, &
immutabiles, ego profectò non ſatis intelligo.*
Diſpenſatio quidem propriè dicta, quæ in
directa legis relaxatione ſiue mutatione
præuia materiæ conſiſtit, eſt actus Iuriſdictionis, & ſuperioritatis, & propterea in
legibus ciuilibus à Principe latis, nô poteſt
niſi Princeps ipſe, aut eius ſuperior, quem
præter Deum neminem in ciuilibus agnoſcit, diſpenſare. Verùm quomodò leges
Principum, ſi à ſolo Deo poteſtatem acci-
piant, *immutabiles* eſſe probes, cum con-
ſtet leges latas à tota multitudine, cuius
poteſtas iuxta communem Theologorum
ſententiam ab ipſo etiam Card. Bellarmino receptam, eſt à ſolo Deo immediatè,
mutabiles eſſe, ego ſanè hanc tuam ſubti-
litatem penetrare non valeo.

167   Quinimò non ſolùm legem diuinam, ſi purè poſitiua eſt, mutari poſſe
nemo inficiatur, verùm etiam lex ipſa diuina naturalis, vt optimè cum S. Thoma
[z] docent Theologi, tametſi non poſſit ita   [z] 1.2. q. 94 ar.
mutari, *vt quoad communia, & prima eius*   5. ibiq; cæteri
                                               Theologi.

principia incipiat aliquid non esse legis naturalis, quod antea non erat; quoad præcepta tamen secundaria, quæ sunt veluti conclusiones ex primis illis principijs deductæ, lex naturalis ratione alicuius circumstantiæ variari potest.

168 Quam S. Thomæ doctrinam ita intelligunt Theologi doctissimi,[a] vt ipsa formalis ratio legis, & obligationis non varietur, sed solùm materia, in qua talis obligatio reperitur; hæc enim non semper eodem modo occurrit, cum præceptum naturale referri non debeat ad materiam absolutè, sed cum talibus circumstantijs consideratam; vt lex de non occidendo non respicit solùm occisionem hominis, sed cum hac circumstantia, vt fiat priuata auctoritate, nec in necessariam sui defensionem: sic autem ita obligat lex naturalis, vt mutari nequeat, immò nec dispensatione ipsius Dei vllo modo ei derogari possit; at verò ipsa lex naturalis, seu eius obligatio, cum in quadam conformitate, aut disconuenientia ad rectam rationem, seu ad naturam rationalem, vt rationalis est, solummodò consistat, sicut Deus pro voluntate sua non potest variare naturas rerum,

a Sotus lib. 2. de iust. q. 3. ar. 8. Medina t. 2. q. 100 ar 8. Vasquez 1. 2. disp. 179. cap. 2. & 3. Salas Tract. 14. disp. 5. lect. 9. nu. 66. & S. Thomas ita se explicat 1. 2. q. 100 ar. 8. ad 3.

rerum, ita neque etiam conuenientiam, aut disconuenientiam earum inter se, si res eodem modo permaneant, mutare potest.

169　Atque hinc apparet, quàm imperitè affirmes, *si nullus præter Deum possit Principi adimere ius suum in subditum, ita intrinsecè malum esse, subditum in ciuilibus suo Principi non obedire, sicut est blasphemare, & mentiri, quæ in nullo planè casu, nec ipsa dispensatione diuina licitè fieri possunt.* Nemo enim, qui Theologiam vel primoribus labris degustauit, adeo ignarus esse potest, vt nesciat, aliqua esse præcepta naturalia, [b] quorum máteria nullo modo ratione alicuius circumstantiæ ita variari potest, vt quæ antea erat contra præceptum postea non sit, quale est præceptum non mentiendi : mendacium enim absque alia circumstantia ita malum est, vt ex nullo fine, ex nulla causa, ex nulla circumstantia rectè fieri possit. Idem de blasphemia, periurio, Dei odio, alijsque id genus dicendum est.

170　Sunt autem alia præcepta, quæ talem habent materiam, & ex tot circumstantijs constantem, [c] vt ex varijs occasio-

b Vide Theologos proximè citatos.

c Vide Theologos proximè citatos.

nibus

nibus obligatio præcepti mutari, ac proinde cessare possit, vt contingit in præcepto non furandi; hoc enim ita intelligitur, vt nullus vsurpet rem alienam inuito vero domino. Cum autem Deus concedit licentiam, vt quis vsurpet rem alienam, iam ille non accipit sine consensu domini supremi, qui multò meliùs est dominus rei illius, illamque donare cuilibet potest, quàm ille, qui ea vtitur, ac proinde non furatur. Idem etiam sentiendum est de præceptis non occidendi, non fornicandi, atque etiam Principum secularium præceptis in rebus licitis, & quæ ab ipsis iure regni præcipi possunt, non obtemperandi: in quibus Deus non dispensat relaxando horum præceptorum, quæ iuris naturalis sunt, obligationem, sed mutando materiam, aut aliquam circumstantiam, quæ ad hoc, vt præceptum obliget, necessariò requiritur.

171   Cum itaque intrinsecè malum sit, non obedire Principi, quamdiu Princeps, est, in ijs rebus, quas iure Principatus præcipere potest, sicut intrinsecè malum est accedere ad mulierem non suam, quam tamen Deus, qui corporum supremus est Dominus, suam efficere valet, non potest
in

in hoc præcepto, de non obediēdo Principi legitimo, dispensari, nisi ipse auctoritate imperandi vel ex toto, vel in illo particulari casu exuatur. An autem possit Princeps supremus vel per Rempublicam, cuius ipse est superior, vel per summum Pontificem, quem in spiritualibus duntaxat superiorem recognoscit, regnandi potestate priuari, est ipsamet quæstio, quam modò agitamus, quamq́; tu, meo quidem iudicio, ita exiliter pertractas, vt rationes, quas affers, vix leuem probabilitatis apparentiam habeant, ad potestatem siue summi Pontificis, siue Reipublicæ ciuilis Principes deponendi comprobandam.

172   Nunc expendamus reliquas tuas rationes, quibus probare contendis, *Deum immediatè esse causam efficientem Regiæ potestatis, simul tamen cum Republica, & cum illa vt causa efficiente secunda, & completo principio collatiuo, & donatiuo eiusdem potestatis.*

Hoc, inquis, [d] *manifestum est ex duobus, primò ex varia limitatione potestatis in Principe in diuersis prouincijs, vbi Principes aliqui creantur electione, alij iure sanguinis; aliqui ex se habent potestatem condendi leges, alij*

d Nu.22.tui lib.

K 4   *vero*

« verò non, cuius moderationis, & diuersi-
« tatis non alia causa, quàm in Republica vti
« proximè efficiente causa Dei supremæ effi-
« cientiæ subiecta, & illam ad certum modum
« determinante.

173 Sed hæc ratio non multùm vrget.
Quòd enim aliqui Reges creentur electione, alij iure hæreditario, solùm arguit potestatis titulum, seu deputationem alicuius
personæ in Principem, sine qua potestas
Rempublicam regendi tali personæ non
conueniret, à Republica immediatè prouenire, sed quòd ipsa potestas gubernandi
à Republica tanquam causa efficiente procedat, nullatenus demonstrat. Sicut etiam
quòd summus Pontifex olim à Clero po-
puloque Romano, postea ab Imperatore,
aliquando à Concilio generali, & nunc à
Cardinalibus eligatur, solùm indicat Pontificiæ potestatis titulum, seu applicationé
potestatis ad certam personam ab Ecclesia
dependere, sed quòd ipsa potestas Pontificia sit ab Ecclesia immediatè, nequaquam
probat. Pari etiam modo, vt superiùs ᶜ diximus, adunatio hominum ad constituendum vnum communitatis corpus à consensu hominum dependet, sed potestas
Reipub-

ᶜ Nu. 162.

reipublicæ in singulas partes non pendet à
consensu hominum, sed ab ipsa lege naturali immediatè procedit, & adunatio est solùm conditio, sine qua talis potestas non
resultaret.

174   Quòd autem aliqui Reges ex se
habeant potestatem condendi leges, alij
verò non habeat, id non necessariò proue-
nit ex republica vti proxima causa efficiente potestatem Regiam, illamque ad certum modum determinante, vt tu affirmas,
sed ex libera Regum voluntate oriri potest, qui, vt quieti publicæ meliùs consule-
rent, & populum plærunque effrenatum,
& ad seditiones procliuem suauiùs, tran-
quilliùs, & securiùs gubernarent, nullas
leges nisi consentientibus Regni Ordinibus condere in principio sua sponte decre-
uerunt; quas tamen, si Principes absoluti
sunt, ex absoluta ipsorum auctoritate absque populi suffragijs pro bono reipublicæ,
cuius supremi in terris Domini constituti
sunt, sancire procul dubio possunt. Suauiùs
nihilominùs sine controuersia res agitur,
si cum approbatione, & applausu totius
reipublicæ, quam Regni Ordines repræ-
sentant, leges toti Regno præscribant.

175   Se-

f Nu.22. tui l. in fine.

175 *Secundò*, inquis, f *nobilissimi philosophi, vtpote Aristoteles, Cicero, & alij insignes Theologi, & Iurisconsulti, neque rem ipsam inficiatur Widdringtonus, definiunt, quando Princeps degenerat in tyrannidem, incidit in insaniam, esse in republica potestatem se, & sua defendendi, etiam Principem imperio abdicandi pro fine suo consequendo, bono nempe politico, neque Barclaius hoc vllo solido argumento improbauit. Quod si verum sit, inde euidens, rempublicam esse immediatam causam efficientem, donatiuam, & collatiuam iuris Regij. Hæc deniq; videtur mens*

g 1.Petr.2.

B. Petri g *Regem cum sua potestate appellantis humanam creaturam, id est, ab hominibus immediatè, efficienterq; constitutam.*

176 In quo sensu quidam Theologi, & nominatim Carerius, Aristotelem exponant, quando ait, communitatem bene ordinatam Regem punire posse, dixi in

h Nu.411.

mea Apologia, h nempe *Aristotelem locutum esse de Principe non absoluto, sed qui per electionem communitatis instituitur, & auctoritatem ab eà delegatam,* (quam proptereà ipsa communitas ad libitum reuocare potest) *accipit, quales sunt Principes Venetorum,* & Ianuensium.

177 Wid-

177 Widdringtonus autem, ficut non negauit, ita neque affirmauit, Reges ob tyrannidem, aut infaniam à republica deponi poffe. Noluit enim ipfe, nifi planè coactus, de hac controuerfia grauiffima, cum & periculofa admodum fit, & ad quæftionem præfentem de poteftate Papali Principes deponendi dirimendam parùm conducat, fuam fententiam expreffis verbis aperire. Satis tamen apertè ibidem infinuauit, & nunc paulo apertiùs, quoniam tu nimis inconfideratè has duas quæftiones confundens, cum ad fuam fententiam proferendam compellis, (fe in omnibus tum doctiorum cenfuræ, tum præfertim facrofanctæ Ecclefiæ Catholicæ Romanæ iudicio quàm humillimè fubijciens) cum omni fubmiffione affirmat, non fatis fibi hactenus conftare, quomodò *euidenter demonftrari* poterit, penes rempublicá temporalem effe auctoritatem Principes fuos fupremos, & abfolutos vel propter infaniam, vel ob manifeftam tyrannidem fuis Regnis abdicandi.

178 Quod enim eo loco expreffè affirmaui, idem nunc denuò repeto, atque confirmo, *multos viros doctiffimos exiftima-*

re

re, non esse causam legitimam Regem deponendi, quod regimini ineptus sit, & regnum administrare non valeat, sed coadiutorem duntaxat, seu Regni administratorem, qui Regis nomine, & auctoritate reipublicæ gubernaculum teneat, pro tempore tantùm, quo regimini ineptus est, constituendi; neque tu, vt opinor, horum Doctorum opinionem vlla firma, & efficaci ratione erroris aut falsitatis conuincere poteris.

179   Siautem Rex in tyrannidem degenerat, certum quidem est, eum grauissimè peccare, sed simul etiam demonstrari nó posse existimo (cum plures viri eruditi, quos ibidem retuli, contrariam sententiam amplectantur, quam ego ob tantorum virorum auctoritatem, quos à Catholicorum consortio, & sacrorum rituum participatione segregare non audeo, vt penitus improbabilem condemnare reformido) eum ab alio, quàm à suo superiore, quem præter Deum in temporalibus neminem recognoscit, iudicari, & pœna temporali coerceri posse.

180   Si enim Concilium generale Ecclesiam vniuersalem repræsentans, cum ex sententia Card. Bellarmini * non sit maius summo

summo Pontifice, ipsum ob nullum crimen, etiam hæreseos, iuxta eius doctrinam
* deponere queat, eo quòd maior à mino-   * ibidem.
ri iudicari non possit, non video qua ratione efficaci quispiam demonstrare valeat
Principem supremum, & absolutum, qui
non solùm singulis reipublicæ partibus,
sed tota etiam republica in vnum collecta
superior existit, posse per rempublicam ob
aliquam manifestam tyrannidem è Principatus sui possessione exturbari.

181   Verùm de istis quæstionibus al-
tissimis, quæ ad iura Principum, tam temporalium, quàm spiritualium spectant, in
quibus discutiendis, nisi viam planè rectam
teneamus, in maxima præcipitia nos ruere
necesse est; non videtur, meo iudicio, vel
tutum, vel conueniens, nisi maxima necessitas vrgeat, disputare. Neque ego, aut
istius quæstionis grauissimæ de potestate
Reipublicæ in suum Principem mentionem vllam fecissem, nisi tu hoc secundum
fundamentum mihi falsò obiectans, & im-
perite confutans, me ad tibi respondendū
valdè imprudenter coegisses; aut de potestate Papali Principes deponendi contra
Card. Bellarminum disputationem institu-
issem

iſſem,ſi ipſe cuiuis Catholico,quod proba-
bilius iudicaret, opinari integrum reliquiſ-
ſet, neque in nouis duntaxat ſuorum operum editionibus, nulla prorſus de nouo ratione permotus, contrariam quorundam
Catholicorum ſententiam fœdiſſima hæ-
reſe‿ slabe nimis rigidè aſperſiſſet.

182   Attamen,vt videas, quàm debile
ex datis tibi principijs argumentum concludas, demus tibi diſputationis gratia,
quod *euidenter demõſtrare* nequiueris, poſſe Reges ob inſaniam, vel tyrannidem per
rempublicam deponi ; non tamen hinc *ef-*
ficaciter deducere poteris , *euidens eſſe,rem-*
publicam eſſe immediatam cauſam efficien-
tem, donatiuã,& collatiuam iuris Regÿ.Qui
enim poteſtatem Regiam à iure naturali,
ſed poteſtatis titulũ à republica immediatè
prouenire defendunt,ſimili planè modo
tibi reſpondere poterunt , quo Theologi
Pariſienſes reſpondent, poſſe ſummum
Pontificem ob crimina quædam valde
ſcandaloſa per Eccleſiæ auctoritatem Pon-
tificatu priuari, & nihilominus non omnes
concedunt, Eccleſiam eſſe immediatam
cauſam efficientem, donatiuam, & collatiuam Pontificiæ poteſtatis.Similiter Victoria,

ria, & Couarruuias superiùs [k] relati existi- k Nu.158.
mant, posse Reges per Pontificem ob cri-
men hæresis, & forsan ob tyrannidem ciuilem per rempublicam regnandi auctoritate priuari, nolunt tamen propterea admittere, potestatem Regiam esse aut à
Pontifice, aut à republica ciuili in Principes immediatè, efficienterque deriuatam.

183 Illud verò, quod ex S. Petro adducis, nempe *Regem cum sua potestate ap-*
pellari humanam creaturam, id est, ab homi-
nibus immediatè, efficienterq́ constitutam,
potiùs concionatoris, quàm Theologi
conceptio est; illudque (*cum sua potestate*)
non sacræ paginæ contextus, sed vanum
tui cerebri commentum est. An non sub-
tiliterita argumentari te credis: *subiecti esto-*
te, inquit S. Petrus, *omni humanæ creaturæ*
propter Deum, siue Regi tanquam præcellenti,
&c. ergo *Rex cum sua potestate appellatur hu-*
mana creatura, id est, ab hominibus imme-
diatè, efficienterq́ constituta. Similiter enim
argumétari quis posset, *Omnis Pontifex,* inquit *Sanctus Paulus, *ex hominibus assump-* * Ad Hebr. 5.
tus, &c. igitur *Pontifex suam potestatem*
Pontificiam ab hominibus immediatè, effici-
enterq́

enterą̃ desumit. Quapropter sicut Pontifex *ex hominibus assumptus* esse dicitur, non quia homines potestatem illi tribuunt, sed quoniam personam Pontificis designant, quæ quidem designatio est conditio, sine qua Christus potestatem Pontifici non tribueret; ita Rex *humana creatura* nuncupatur, quia ex libero hominum consensu primùm Rex creatus est, & potestatis Regiæ titulum, seu designationem in Regem ab hominibus accepit, siue respublica ciuilis, siue Deus, vt Auctor legis naturalis ipsam potestatem Regiam illi immediatè contulerit.

184   Non igitur manifestum est, vt tu asseris, potestatis regiæ immediatã causam efficientem, donatiuam, & collatiuam esse originaliter rempublicam, quin potiùs contrarium ex tuis principijs manifestè colligitur. *Iurisdictio enim, vt ais, non datur vlà superiore; non est autem Ecclesia superior Pontifice, sicut vbi que membra capite eminentiora; inde concluditur, solam efficientem causam potestatis Pontificiæ esse Christum Dominum.* An non vides hanc tuam rationem totidem planè verbis potestati Regiæ accommodari posse? Nam respublica non est Rege

| Nu. 23. tui l.

Rege superior, sicut neque membra capite
eminentiora ; & proinde, cum iurisdictio
non detur nisi à superiore, rectè ex tua
doctrina concluditur, Rempublicam non
esse causam efficientem Regiæ potestatis.
Quòd si de Rege loquaris, antequam in
Regem designetur, quo pacto Respublica
est procul dubio Rege superior, idem quoque de Pótifice dicendum est, ipsum Pontificem, antequam in Pontificem depute-
tur, Ecclesia superiorem non esse, sed illi,
tanquam filium matri, in spiritualibus subiectum. Vides itaque quàm pulchram rationem tumetipse attuleris ad sententiam
tuam de immediata causa Regiæ potestatis
optimè refellendam.

185   Hac igitur tua indocta meæ A-
pologiæ confutatione in caput tuum re-
torta, iam tandem huius tui libelli conclu-
sionem audiamus. Ita ergo peroras.

   m *Atque hæc habes charissime, quæ pauculis*   m Nu.24.tui.
horis descripta de hac re tota iudicium meum   lib.
tibi aperirent; non enim historias, & res gestas
summorum Pontificum huc adferre volui, sed
ea solùm communia principia in medium ad-
ducere, quæ à nullo Catholico iure negari posse
videantur, atque inde in sententiam veritatis

quàm breuiſsimè veluti per capita, & ſtrictim diſſerere mihi fuit inſtitutum. Atque poſt paucula de iuramento fidelitatis per modū querimoniæ inſerta, ita libellum tuum concludis, *Vale chariſsime, & multum honorande, atque iſtis fruere ſicut apud te conſultū fuerit.*

186 Si tuus iſte libellus, quem ego plurimis horis tranſcribere vix potui, ſicut pauculis horis deſcriptum eſſe ais, ita pauculis quoque horis à te confectus fuerit, vtrùm tam immaturum animi tui fætum ita intempeſtiuè abigendo, & illum in publicum prodire, ſi ita amico tuo expedire videretur, permittendo, conſideratè, prudentérque egeris, viris prudentioribus iudicandum relinquo. *Hiſtorias, & res geſtas ſummorum Pontificum huc adferre noluiſti,* quibus tamen poteſtatem hanc ſpiritualem Principes ſuis dominijs priuandi potiſſimùm ſuſtentari nimis manifeſtum eſt. Nam ſi à Pontificum factis abſtrahere volueris, neque ſacrarum literarum auctoritas, neque ſanctorum Patrum teſtimonia, neque aliqua Eccleſiæ definitio, nec ipſa ratio naturalis vllum ſufficiens pro hac poteſtate argumentum tibi ſuppeditabunt, vt

cx

ex ijs , quæ in mea Apologia ad rationes
Card. Bellarmini respondi, satis euidenter
apparet; quæ impugnandi quoniam tu,
viribus tuis fortasse diffisus, spem omnem
perdideras, ad alia subsidia confugere con-
sultius esse iudicasti, *& ea solùm communia
principia in medium adducere* prætendis,
*quæ à nullo Catholico iure negari posse vide-
antur , atque inde in sententiam veritatis
quàm breuissimè per capita, & strictim differe-
re tibi fuit institutum.*

187   Qualia principia adduxeris, & an
talia sint, quæ à nullo Catholico iure negari possunt, iam satis , ni fallor, exploratum
habes. Nam, vt ex supradictis facilè constat, sunt ex illis quædam euidentissimè
falsa, scandalosa, & supremis Principibus
iniuriosa : Alia valde dubia, incerta, atque
solùm in hominum opinione posita : Cæ-
tera , si vera sint, ad controuersiam tamen,
quæ inter nos instituitur, de potestate Papali Principes abdicandi dirimendam, nihil prorsus conducunt. An autem ex principijs falsis, dubijs , aut tametsi veris, cum
quæstione tamen, quam probare instituis,
minimè connexis, conclusione *de fide certam* deducere valeas , ad notissimam Dia-
L 2   lecticorum

lecticorum regulam, quæ non maiorem
certitudinem conclusioni, quàm prҽmıſſıs
attribuit, temetipſum remitto.

188   Denique, vt exulceratam tuam
conscientiam patefacias, *Pupugit te*, [n] ais, *li-*
cet & id antea perſenſeras, quod ſapiùs incul-
cat Widdrıngtonus ex Trithemio aſſerente,
disputationem hanc de ſummi Pontıſıcis au-
ctoritate in temporalia non eſſe deſinita, certæ-
que veritatis, adhuc litem ad Iudicis tribunal
pendere. Si ſola Trithemij auctoritas te
pungit, (cùm tamen ego plures alios cum
Trithemio conſentientes, quibus pungi
meritiſſimè poteris, in mea Apologia attu-
lerim) quare illi nullam penitus reſponſionem adhibes? cur aculeum iſtum, quo te
pungi profitetis, menti tuæ, Lectoriſque
tui animo infixum adhuc relinquis? An
non te etiam pungit auctoritas Petri Pi-
thæi, *viri*, teſte Poſſeuino, [o] *verè eruditi,*
& antiquitatis ſeduli perquiſitoris, qui ait,
non poſſe ſummum Pontificem Regem Fran-
ciæ ſuo Regno priuare, aut alio quouis modo
diſponere, neque ſubditos ab obedientia, pro
temporalibus Regi debita, abſoluere? Quid di-
cis ad Cardinalem de Pelleue, cæteroſque
Franciæ Prҽlatos in generali Ordinum cō-
uentu

n Nu.25. tui
libelli.

o In Appara-
tu, verbo, Pe-
rus Pithæus.

uentu Parifij, congregatos, qui decretum illud Concilij Tridentini, in quo permiffio duelli Regibus interdicitur, recipere noluerunt, quia, vt inquiunt, *est contra auctoritatem Regis, qui non potest priuari suo dominio temporali, respectu cuius nullum omnino superiorem recognoscit?*

189   Quid-ais de Ioanne Parifienfi affirmante, *Excommunicationem, vel aliam similem pœnam spiritualem esse vltimam, quâ Iudex Ecclesiasticus inferre potest, qui tametsi habeat homines in Deum reducere, & à peccato retrahere, hoc tamen non habet nisi secundùm viam à Deo sibi datam, quæ est separando à Sacramentis, & participatione fidelium?* De Iacobo similiter Almaino afferente, *potestatem Ecclesiasticam non posse mortem, exilium, bonorum priuationem, &c. aut vllam talem pœnam ex institutione diuina infligere, immò nec incarcerare, vt plerisque Doctoribus placet, sed ad solam pœnam spiritualem extendi, vtputa Excommunicationem; reliquas autem pœnas, quibus vtitur, ex iure purè positiuo esse?*

190   Nonne teftimonium noftri Alexandri de Hales, teftis profécto irrefraga-

L 3   bilis

p Nam &
D Chris irre-
parabilis cog-
n m acce-
it, suamque
Theologiæ
summam (in
qua hæc ver-
ba habentur)
essi Innocen-
ti quarti con-
cessit, quam
antea Alex-
ander quar-
tus diplomate,
ex septuagin-
ta virorum
Ecclesiastico-
rum syngra-
pis compro-
bavit.
Possevinus in
Apparatu,
verbo, Alex-
ander Halen-
sis.

bilis, omníque exceptione maioris ? conscientiam tuam merito stimulat, qui docet,
*Regem esse quidem summo Pontifici subiectū,
sed quoad pœnam, seu vindictam spiritualem,
non corporalem, & materialem, qua vindicta,
si delinquat, non habet, qui eum puniat nisi
Deum?* Mitto Guilielmum Barclaium in
suis libris de Regno Parisijs cum priuilegio Regis Christianissimi impressis, Cardinalem Cusanum, Albericum, Sigeber-
tum, Nicolaum Papam, Ioannem Papam,
S. Augustinum, aliosque complures in
mea Apologia citatos, quorum ictus, cum
sola Trithemij auctoritas te pungat, quomodo declinare valeas, ego satis perspi-
cere non possum. Sunt enim omnes viri
Catholici, atque non tam singulari docti-
na, quàm probitate præditi; quorum animæ, cum iam per Dei misericordiam in
pace requiescant, an non continuis con-
scientiæ stimulis cruciari promereris, qui
eorum existimationi tam enormiter detrahere non reformidas, & ex communibus
tantùm principijs, ijsque, aut falsis, aut
dubijs, aut ad rem non pertinentibus, eos,
eorumque sequaces *hæreseos*, ac *Ethnicismi condemnare*, atque alijs, prout consul-
tius

tius iudicarent hanc tuam censuram euul-
gandi poteſtatem facere non perhorreſcis.

191 Poſtremò, vt finem tecum expo-
ſtulandi faciam, *tu te Regi noſtro ſereniſsimo
fideliſsimè ſubditum* appellas, ꝗ vide igitur vt ꝗ Ad finem
in poſterum opere compleas, quod verbo   tui libelli.
profeſſus es, Cæſari reddēs, quæ ſunt Cæ-
ſaris, & quæ ſūt Dei, Deo. Sicut enim *honor
Regis*, teſte Propheta ͬ, ita & Pontificis, *iudi-* r Pſal. 98.
cium diligit, & propterea, cum vtrique in
ſupremo ſubiectionis gradu ſubditus ſis,
ita te vtrumque venerari oportet, vt ex nimio erga vnum affectu, alteri, quod ſuum
eſt, nequaquam ſurripias. Sacerdos es, &
Theologiam profiteris, caue, ne deinceps
ob humanum aliquem reſpectum, auram-
ve popularem, aut conſcientia, aut ſcientia
tua abutaris, neque in charitatis legem tam
facilè committas, vt viros Catholicos, qui-
que pro fide Catholica tuenda duriſsima
quæque perferre, æquè ac tumetipſe, para-
tiſsimi ſunt, hæreſeωs, aut *Ethniciſmi* nimis
temerè condemnes.

192 Ego ſanè me Eccleſiæ Catholicæ
Romanæ filium, tametſi indigniſsimum,
eſſe profiteor, eiuſque iudicio memet in
omnibus quā humillimè ſubijcio, & quic-

L 4   quid

quid ipsa de fide credendum fidelibus proponit, libentissimè amplector: omnem hæresim, atque Ethnicismum, quam ipsa talem esse definit, quàm maximè detestor; non tamen omni illi doctrinæ, quam vel Card. Bellarminus, pace eius dixerim, vel alius quicunq; Doctor, cùm certa fidei nostræ regula à Deo constituti non sint, Catholicam esse, vocem Ecclesiæ esse, Conciliorũ sensum esse proclamant, si præsertim aliqui Doctores Catholici contrarium sentiant, indubitata fide assentior. Illos quidẽ vt par est, debita veneratione suspicio, ipsorumque auctoritati plurimùm attribuo; attamen, vt hanc meam ad tuas falsas criminationes responsiónem cum S. Augustino concludam, *Ego solis* ⨍ *eis Scripturarum libris, qui iam Canonici appellantur, didici hunc timorem, honorẽmque deferre, vt nullum eorum auctorem scribendo aliquid errasse firmissimè credam. Alios autem ita lego, vt quantalibet sanctitaté, doctrinaque præpolleant, non ideo verum putem, quia ipsi ita sentiunt, sed quia mihi vel per illos auctores canonicos, vel probabili ratione, quod à vero non abhorreat, persuadere potuerunt.*

⨍ Epist. 19. ad Hieron. tom. 2.

EX

EXEMPLAR LI-
TERARVM CVIVSDAM
DOCTORIS THEOLOGI, IN
quibus Rogeri Widdringtoni pro
Iure Principum Apologiam tanquam fidei Catholicæ apertè repugnantem,
atque Ethnicismum sapientem,
falsò, indoctè, & seditiosè
criminatur.

Charissime, & multùm honorande.

Ccepi non ita pridem à te
literas, in quibus à me ob-
nixè contendis, quidnam
sentiam de Rogeri Wid-
dringtoni Apologia, adeo-
que de re ipsa tota, ac controuersia tibi sig-
nificarem. Agnoscens summum illud ius
tui in me acquieui postulatis, haud ignarus
tamen nullam subesse causam, ob quam
iudicium meum magni æstimares, vel tua
multum referre, vti illud à me resciscas.
Quale autem sit, quoniam id à me poteris
tuo

tuo iure vendicare, iftis quàm breuiffimè, & quafi raptim per rerum capita difcurrente ftilo expreffum habeas. Fama accepi de hac ipfa quæftione præclarè fcripfiffe Illuftriffimum Cardinalem Bellarminum, & alium Ordinis Auguftiniani Religiofum, quórum opera videre nondum mihi licuit: quod verò in me erat, & in promptu hac de re animo complexum, exaratum nunc ad te mitto, noftræque amicitiæ dicatum volo.

2　Duo funt præcipua fundamenta, quibus innixus Widdringtonus impugnat Ecclefiæ poteftatem ad deponendos Principes, qui hoftes funt Ecclefiæ. Primum in hoc collocatur, quòd iudicet Ecclefię poteftatem ita effe merè fpiritualem, vt non alia obiecta feu media habeat ad confequendum, & protegendum fuum finem fpiritualem conftantem ex gratia Dei, & virtutum muneribus in hac vita, atque ex vera beatitudine in altera, nifi eadem analogia purè fpiritualia, vtpote verbi prædicationem, adminiftrationem facramentorum, Excommunicationem, atque cenfurarum diftrictiones. Ex quo concludit, non poffe fummum Pontificem aliter animaduertere

maduertere in Principem delinquentem
hæresi, vel apostasia, impedientemque finem dictum spiritualem Euangelij, nisi in
ipsum edicendo sententiam Excommunicationis, alteriusue censuræ, vel opera pietatis exercendo, vnde sperari possit diuini
numinis fauore reuocandum quandoque
ad saniorem mentem.

3   Alterum in hoc positum videtur,
quòd reputet secum Iuramentum fidelitatis Principi præstitum esse indispensabile,
& non obedire in ciuilibus esse vsque adeo
in subdito intrinsecè malum, vt ex nullo
honesto fine, aut euentu, vllove in terris
imperio possit virtute, ac rectitudine moris
insigniri. Atque hinc elicit non posse puniri Principem damno temporali quantumuis hæreticum, vel atheum, nisi à solo
Deo; neque proinde posse Pontificem illi
adimere imperium in iuratos subditos, vel
hosce absoluere à vinculo Iuramenti suscepti ab ipsis.

4   Hæc duo fundamenta, præterquàm
quòd *Ethnicismum mihi videntur sapere*,
atq; in lucem nostræ ætatis reuocare obsoleta veterum Imperatorum numina nulla
lege, aut iure coercenda, quantumuis insanire

nire,& in genus humanum illis furere libitum fuerit,Ecclesia interim adducta in euidentissimum periculum , & quasi obiecta in prædam malorum Principum auiditatibus, insuper *fidei Catholicæ veritati apertè repugnare* apud me exploratissimum,quod singillatim, ac seorsim istis ostendere aggrediar.

5 Potestas Ecclesiæ, siue summi Pontificis,sine dubio spiritualis est,& diuinitùs impertita, non naturæ, aut iuris gentium virtute aliqua propagata,quocirca absolutè, & simpliciter nominanda spiritualis, quandoquidem à Christo Domino per illam suam potestatem excellentiæ,quæ spiritualis, in summum Pontificem Petri successorem collata. Haud tamen ignoro istam potestatem Pontificiam ab aliquibus temporalem appellari ratione nomenclaturæ desumpta ab obiecto,quod interdum temporale.Verùm huiusmodi nuncupatio oritur ex denominatione quadam extrinseca desumpta ab obiecto,quod est interdum temporale, vt postea constabit. Cæterùm sicut ipsa potestas in se formaliter considerata, & vt est principium efficiens suorum actuum,ac munerum, est spiritualis,neque
aliter

aliter fertur in temporalia, nisi vt conducunt in finem spiritualem, idcirco iuxta
potiorem, & principaliorem considerationem istius potestatis dicenda omnino spiritualis, in temporalibus licet occupata. Atque hæc dicta sint, vt euitetur amphibolo-
gia, & æquiuocatio vocum, omnisque
controuersia, quæ de nomine moueatur.

6   Hæc tamen potestas non est ita spiritualis, quasi non sit occupanda circa temporalia, vt euidenter constat ex Scripturis.
Etenim Apostoli ex diuino iure accepêre
à Christo Domino potestatem eundi, &
intrandi in omnes terræ regiones, illis verbis expressam: *Euntes ergo, docete omnes gen-* Mat. 28.
tes, baptizantes eos in nomine Patris, & Filij, Marc. 16.
& Spiritus sancti. Atque hæc eadem po-
testas tanquam sementum spirituale adhuc
reperitur in Ecclesia, & in summo Pontifice, mittendi Sacerdotes, & verbi præco-
nes in exteras nationes ad prædicandum,
& baptizandum, & id de fide est prorsus
indubitatum. Vnde certum quoque posse hos ita missos intrare in regna quæuis, &
prouincias, ibi manere, seipsos alere, vestire,
aquam sibi comparare ad baptizandum vi
iuris diuini, etiamsi Principes eorum locorum

rum suis legibus , & edictis repugnarent.
Hinc etiam consequens,eodem iure posse,
ac debere subditos istorum locorum eosdem viros Apostolicos benignè accipere
in suas domos, fouere,alere,vestire suis ex-
pensis , vt modò in Anglia fit, licet Principes contrarium iuberent. Quòd si Principes ex solo affectu in Ethnicismum, Turcismum,aut hæresim, impugnarent innocentiam istorum eos occidendo contra sacramentum Clericatus , exturbando contra ius diuinum, & Ecclesiasticum, quo ibi
manent, aut prohibendo ne audiantur eorum conciones , ne excipiantur in subditorum ædes, aut ne illis aqua concedatur ad
baptizandum volentes baptizari;sicut eiusmodi Principum resistentia esset impia,
iniusta,ita leges inde latæ in rebus temporalibus non obligarent subditos, sed inno-
centia,& potestas istorum Euangelicorum
hominum iure Ecclesiastico delato in temporalia, ab ipsis, vel etiam exteris defendi
potest,ac interdum debet.

7   Versari porrò Ecclesiæ spiritualem
potestatem circa temporalia fide constat ex
ipsis priuilegijs exemptionum , quibus
gaudent Clerici.Nam huiusmodi exemp-
tio

tio conceditur vel iure diuino à Christo
Domino declarato, cùm Petro dixerit, *ergo* Mat.17.
liberi sunt filij, soluti nempe à pensitatione
vectigalis, atque in vniuersum à subiectio-
ne legis ciuilis coercitiua, vt præclarissimè
Theologi cum B. Augustino arbitrantur, Aug.l.qq.E-
vel iure Ecclesiastico propter bonum reli- uang.q.23.
gionis, spiritualis potestas, qua pollet Ecclesia, potest illos eximere, vt constat ex
Concilio Chalcedonensi, & Lateranensi. Chalced.Can.
Sicut ergo de fide est propter bonum, & 9.
honorem deferendum religioni, iure posse Lateran.3.
Ecclesiam Clericis priuilegia exemptio- ep.133. 147.
num attribuere, scilicet ne Clerici trahan-
tur ad fora secularia, neue puniantur à seculari Magistratu, ita eadem fide stabilitum
spiritualem Ecclesiæ potestatem se extendere ad temporalia, non etiam requisito
Principum temporalium consensu, immò
tametsi vi, & armis aduersarentur. Fit verò
exemptionis iure hominem, qui priùs tenebatur comparere coram Magistratu ciuili, iam non obligari, qui priùs in militiam
iure ciuili à Principe adscribi poterat, iam
non esse communi iure adscribendum:
quæ omnia temporalia sunt, ergo de fide
certum spiritualem Ecclesiæ potestatem
sibi

sibi subiectam habere rem temporalem
pro bono finis spiritualis. Quòd si quis au-
sus esset infirmare dicta Concilia, quæ huiusmodi priuilegia concessere in rebus
temporalibus, excessisse vim, & modum
potestatis spiritualis in Ecclesia, meritò habendus pro hæretico : veluti si diceret Ecclesiam in moribus errasse, ac Regum iuri
contra æquitatem detraxisse : tametsi verò
Principes in hæc ipsa priuilegia consense-
rint, nihilominus nulla facta mentione
Principum, Conciliorum Canones, & Patrum dicta ea absolutè præscribunt, ac iu-
bent, quod argumento est, sufficientem
esse de se Ecclesiam pro bono religionis
ad stabilienda ea priuilegia in temporalibus.

8   Porrò Saluator noster in certo casu
dedit etiam priuatis potestatem in famam
alterius, multo magis eandem suæ Ecclesiæ
summo Pastori concessisse existimandum.
Mat. 18. *Dic Ecclesiæ*, ait Christus, perinde ac si ita
loqueretur, si frater tuus tibi iniuriam aliquam intulerit, priuatamque admonitio-
nem contempserit, publicè eum accusa, &
traduc vt malefactorem. Habet itaque
Ecclesiæ potestas spiritualis sub se famam
delin-

delinquentis, quæ quidem fama est res té-
poralis, ergo de fide stabilitum spiritualem
Ecclesiæ potestatem peruadere ad rem
temporalem; Immo adiungit Christus, *si*
autem Ecclesiam non audierit, sit tibi tanquã
Ethnicus, & publicanus; ergo fide exploratum posse Pontificem statuere quis sit habendus pro ethnico, & publicano. Haberi
autem pro ethnico, & publicano est res
temporalis, vtpote pœna temporalis delin-
quentiũ. *Quod si oculus tuus dexter*, inquit
Christus, *scandalizat te, erue eum, & proijce*
abs te, & si pes tuus te scandalizat, amputa
illum; oculus autem, & pes, quæ homini
iure naturæ charissima, non solum signifi-
cant propensiones naturæ deprauatæ, vel
affectiones appetitus concupiscibilis, &
irascibilis, sed in vniuersum obiecta, & oc-
casiones nociuas respectu animæ alioquin
amabilia, vtpote patrem, matrem, sorores,
fratres, superiorem sollicitantes nos ad malum, qui in certis casibus vt oculus, & pes
eruendi, amputandi: ergo est in summo
Pontifice spiritualis potestas eruendi spiri-
tualiter hosce oculos, & amputandi pedes,
qui homines ducunt in vitia, hoc est, sepa-
randi aliquos à suis amicis, & superioribus

M   quan-

quantum ad domesticum conuictum, a-
deoque ciuile commercium, si id fuerit a-
nimæ bono necessarium, quod quidem
genus disciplinæ amputatione, & effossio-
ne constans, rerum temporalium naturis
continetur. Atque verbis Euangelittæ Io-
annis hoc ipsum videtur expressum, dum
istos adloquitur commorantes cum malis,
& hostibus fidei, *Exite de illa populus meus,*
scilicet de Babylone, quod sine dubio intelligitur de secessione corporali, separati-
oneque ciuili:potest ergo spiritualis summi
Pōtificis potestas precipere aliquibus hunc
discessum, &. digressum à Superiore quocunque hæretico, vbi ipsorum animæ ex
ciuili necessitudine periclitantur, quod nihil est aliud, quàm rem temporalem imperare. Hoc ipsum probant quoque verba
Apostolica, quibus denuntiatur, hæreticos, & notoriè malos deuitandos, haud
admittendos in domum, non esse cum illis
cibum sumendum, neque salutationis voce, vtpote Aue, compellandos. Cum itaq;
hæc prohibita, nempe admissio in domū,
salutatio dicendo Aue, abdicatio cōsortij,
repudium mensæ,sint res temporales, atq;
ad ipsum Pōtificē pertineat declarare, quis
fit

Apoc. 18.

Tit. 3. 2. Ioh.
1. Cor. 5.

ſit hæreticus, quis nototiè malus, ac proinde deuitandus, quis non admittendus in
domum, quis non ſalutandus verbo Aue,
vel honorandus., cum quo non ſit veſcen-
dum; ſide clarum eſt, poteſtati eiuſdem
Pontificis ſpirituali res temporales ſubijci
pro bono fidei, & religionis.

9   Literæ quoque Apoſtolicæ quædā
alia particularia deſignant, ex quibus euidens eſt iuxta fidem, ſpiritualem Pontificis
poteſtatem ſeſe extendere poſſe ad temporalia. Dicit Apoſtolus: *Nemo militans Deo* 2.Tim. 2.
implicat ſe negotijs ſecularibus, vnde elicitur
ſenſus ab Eccleſia, poſſe ſummum Pontificem temporalia quædam præſcribere, &
alia prohibere reſpectu Cleri addicti ſacris
rebus ex voto, & vitæ genere, vtpote quando prohibet, ne Clerici exerceant merca-
turas, aut quæſtum conſectentur ex certis
vitæ negotijs, ne ſeſe miſceant in cauſis
pertinentibus ad ſanguinem, ne artem me-
dicam aut chirurgicam profiteantur, ne
militiam in ſe ſuſcipiant, ne veſtes induant
vulgares, aut alias quàm à ſacris Canonibus conſtitutas, ne appellationem faciant
ad tribunalia ciuilia; atque teſte B. Cypri-
ano, in Eccleſia primitiua Concilij Aphri-

M 2   cani

cani canone erat Sacerdotibus interdictum
suscipere in se curam pupillorum, adeoque
ex testamento deligentes Sacerdotes ad
hoc munus puniuntur legis iussu carituri
suffragijs, quæ mortuis ad altare impendi
solent, dicentibus Concilij illius Aphrica-
ni Patribus, indignum esse illum, pro quo
oretur ad Altare, qui Sacerdotem auocare
voluit à sacris occupationibus, & Altari
debitis officijs. Hinc ergo ex fide manifestum spiritualem summi Pontificis potestatem complecti in se vti proportionatam
materiam res temporales. Nam quid aliud
sunt genus vestium, vitæ qualitates, tutorum designationes, auocationes à turbis, &
rebus mundi, quàm temporalia subiecta
tam foro Ecclesiæ, quàm foro ciuili, ex diuerso tamen fine, & instituto? Vlterius
ostendit B. Paulus iure diuino esse in Ecclesia Dei potestatem dispensandi in voto,
ac promissione vxoria, atque dirimendi ex
parte eius aliquid, quod alioquin, & ante certum euentum iure naturæ, & ciuili,
obligationem in conscientia obtinebat, vtpote quando ex sententia summi Pontificis coniunx, quæ absque fidei dispendio
habitare non poterat cum marito infideli,
                                    soluitur

soluitur à sua promissione matrimoniali,
quantum ad thorum, & cohabitationem
domesticam, & libera manet ad disceden-
dum ; qui quidem discessus, & negatio
thori, & cohabitationis, sunt res temporales, ergo fide patet spiritualem Papæ potestatem idoneam sibi habere rem temporalem, immò iure naturæ aliàs debitam, vti
materiam & obiectum, quam etiam interdum dissoluat, & in qua dispenset pro bono fidei, & religionis.

10   Idem Apostolus causam agens O- **Philem. 1.**
nesimi apud eius dominum Philemonem,
qui licet aliquando erat inutilis, immo
fortassis nociuus, & iniurius Philemoni,
susceptum tamen in ipsius patrocinium de-
clarabat immunem ab illis, quæ alioquin
ipse Philemon poterat infligere, & omnino liberatus à seruitute, qua ante baptis-
mum tenebatur. Dicit enim Apostolus
Paulus potestatem spiritualem acceptam à
Christo se obtinere, qua iubeat Philemonem excipere reducem Onesimum non vt
seruum, sed pro seruo charissimum fratrē,
& immunem esse iam ab omni satisfactio-
ne, cui ex culpa quandoque obnoxius. *Si*
autem aliquid tibi nocuit, aut debet, hoc

M 3   *mihi*

mihi imputa. Poteſtatē hanc in ſe agnoſcit Apoſtolus circa téporalia ſpectātia ad Oneſimum, nō vt temporalia, neq; in ordine ad temporalē finem, ſed pro bono fidei, & religionis. *Propter quod multā fiduciam habens in Chriſto Ieſu imperandi tibi quod ad rem pertinet, propter charitatē magis obſecro;* ſignificans ſe nolle vti auctoritate ſua Apoſtolica, quam innuit, ſed potius obſecratione, charitati Philemonis multùm tribuens. Atque ad ſignificādas haſce duas poteſtates, vnam qua in ſpiritualibus vt Princeps imperare poſſet, alteram qua frater charitate præualiturus dicit: *ſine conſilio autem tuo nihil volui facere.* Eſt itaque poteſtas in ſummo Pontifice circa ſeruitutem, & debita pro bono fidei, & religionis; adeoque fide ipſa exploratum ſpiritualem Pontificis poteſtatem reſpicere vti ſibi ſubiectam rem temporalem. Atque ex ipſo iure Eccleſiaſtico idem Apoſtolus aſſerit ſe habere poteſtatem in temporalia, nempe exigendi mercedem temporalem ad vitam ſuſtentandam pro miniſterio ſuo ſpirituali ad altare, *Sed non vſi ſumus,* inquit, *hac poteſtate.*

11 Denique hoc ipſum liquet euiden-

ter

ter ex varijs conſtitutionibus Eccleſiæ circa temporalia : vtpote quando certæ cauſæ, ac lites eximuntur iure canonico tribunali ciuili, & transferuntur cognoſcendæ, & dijudicandæ ad forum iuriſdictionis Eccleſiaſticæ ; ſicuti conſtat in cauſis decimarum, teſtamentorum, dotum, pupillatus, quæ ideo addicuntur tribunali Eccleſiæ à ſummo Pontifice, vt pro bono iuſtitiæ tutandæ, innocentiæ, fidei, & religionis in illis æquiùs à Iudice Eccleſiaſtico procedatur, quæ cùm naturis ſuis ſint temporalia, eadé ſubiecta eſſe ſpirituali poteſtati ſummi Pontificis fide liquet. Niſi quis velit dicere erraſſe Eccleſiam Dei hucuſque, ſua praxi plus iuſto ſibi iudicaſſe, falſum pro vero populo obtruſiſſe, quæ omnia dicta, vel cogitata ſunt hæretica. Huc etiam ſpectant Pontificiæ diſpenſationes, commutationes in promiſſis, votis, & iuramentis, & irritationes contractuum nonnullorum alioquin ciuilium vi Iuris Canonici, in quæ poteſtatem retinere fide eſt indubitatum, niſi quis reputet hæreticum non eſſe, affirmare Eccleſiam erraſſe in moribus, & docuiſſe populum contra virtutem obedientiæ, & religionis, Deo, & Principibus repugnare.

M 4

pugnare. Cum itaque hæc temporalia sint, fidei scitum est temporalia subdi spirituali summi Pontificis potestati. Quo in genere illustris est à Gregorio Magno correctio legis editæ à Mauritio Imperatore vetante implicatum negotijs secularibus ingredi in Ordinem monachorum, vel milites eorū stipulatione facta ad certum tempus militiam exercendi, idem vitæ sequi institutum. Nam sanxit posse eiusmodi iuratum militem, & implicatum secularibus admitti in monachum, vouereque religionem monasticam etiam ante expletum tempus lege Imperatoria præfixum, quod factum pro bono religionis, & fidei, ne secularis vitæ genus impediret perfectionem ex virtute, & cultu Dei. Atque ex hac ipsa Ecclesiæ potestate spirituali descendit illa prohibitio Pontificia, qua, non obstante quocunque voto, promissione, iuramento, Principis iussione, vetitum absque licentia summi Pontificis omnibus Christianis peregrinari in terram sanctam. Quum enim multi paupertate coacti, vel à suis vagabundi malè tractati à Turcis, alijsque de causis fidem in Christum in illis locis abnegarent, ad hoc malum euitandum Romani Pon-

Greg.lib.7. Indict.1.

Pontifices definierunt, nemini integrum
eò ire fine Apostolicæ Sedis conceſſione.
Eodem modo prohibent Pontifices mercaturam cum Turcis quoad arma, vel naufragorum bona rapere, idque pro bono fidei, & religionis. Probatum itaque maneat
ex fidei dogmate manifeſtum eſſe, ſpiritualem ſummi Pontificis poteſtatem habere
pro materia ſubiecta temporalia, non quidem vt temporalia, vtpote in ſuis naturis
conſiderata, vel vt iuſta, & prohibita à
Principibus ſecularibus, vel relata ad temporalem in republica tranquillitatem vt finem, ſed vt ſubſunt hiſce duobus reſpecti-
bus, conducendi ſcilicet ad finem virtutis,
vel abducendi homines à virtute, deſtinan-
do eos ad vitia, ideoque vt dimiſſa ſpirituali Eccleſiæ poteſtati induunt illam conditionem, & qualitatem, quam fines, nempe virtutes, & vitia continent, quæ non
ſunt temporalia, ſed æterna, propria, directa, dataque Eccleſiaſticæ poteſtatis obiecta. Priuſquam autem aggrediar alterum
membrum probare, ex dictis deducam tria
Corollaria, atqz ita demum ex demonſtra-
to primo membro, atqz corollarijs, illud ſecundum membrum confirmabo.

12   Primum Corollarium sit, spiritualem Ecclesiæ potestatem sese extendere ad
temporalia in vniuersum, vt subsunt duobus dictis respectibus, auocandi à bono virtutis, & conducendi ad bonum virtutis.
Nam summus Pontifex directè pro munere suo accepit à Christo Domino ius suis
ouibus præcipiendi actus externos virtutum, (vti facit mandando ieiunia, occasio-
nes continentiarum, & Dei cultum) &
prohibendi actus externos vitiorum, aut
conducentes ad vitia: proinde prout est
Pastor, sub istis respectibus comprehensa
habet temporalia, vtpote suæ iurisdictionis
obiecta. Hoc enim iure in temporalia fre-
tus summus Pontifex mittit Apostolicos
viros ad regiones infidelium, vt ibi maneant, alantur, foueantur à subditis, baptizent, concionentur; atque vt vel inuito
Principe isti Apostolici viri ius habent ibi
habitandi, & munere sacro fungendi, ita
subditi inuito Principe possunt, ac debent
illos audire, & amicè tractare, etiam ex iure diuino illis necessaria suppeditare, eo
quòd hæc temporalia conducunt ad virtutes, & vitam æternam: quam ob rem potestate Ecclesiastica ita sunt exempta à seculari

Hug. lib. 1.
epist. 42.

lari potestate, vt in ea nihil iuris retineat
Princeps secularis. Atque idem iudicium
est de alijs recensitis rebus temporalibus
numero 6. 7. 8. 9 10. eo quòd sint aut
conductiua ad bonum virtutis, aut auocatiua, vt ita loquar, à bono virtutis; ac proinde eodem iure, quo potestatem obtinet
summus Pontifex in virtutes, & vitia, subiecta habet temporalia, vtpote actus huma-
nos, & res istius mundi, ea præcipiendo, vel
prohibendo vt conducentia, vel auocatiua
à suo fine spirituali. Exceptio tamen hîc
est interserenda. Nam si contingat actum
aliquem humanum, vel omissionê eius esse
ita intrinsecè malam moraliter, veluti sunt
mentiri, peierare, blasphemare, rebellare seditiosè, ita vt nullo fine virtutis possint
honestari, tunc licet conducant physicè,
aut moraliter ad finem bonum, & auocent
à fine prauo, non tamen possunt præcipi,
aut prohiberi à Pontifice, tum quia Pontifex non potest præcipere peccatum, tum
quia non est faciendum malum, vt inde
eueniat bonum, iuxta Apostoli sententiam, Rom.3.
Quapropter si omissio obseruandi illud
quod in temporalibus Princeps mandat,
sit malum ab intrinseco in genere moris,
honē·

honeſtari non poteſt, aut præcipi à ſummo Pontifice. Similiter ſi illud quod præcipit Pontifex in temporalibus repugnante imperio Principis, aut eius lege ſit ab intrinſeco malum, honeſtari non poteſt fine appoſito ab ipſo Pontifice, atque ideo nec præcipi. Sin verò omiſſio obſeruantiæ erga Principem in rebus temporalibus ex vna parte non ſit mala ab intrinſeco, & ex altera humano iudicio æſtimante ſit medium neceſſarium, vel conducens ad virtutem, quæ finis eſt, & ſcopus ſpiritualis poteſtatis in Pontifice, tunc certum eſt, & de fide illam omiſſionem eſſe præceptibilem, & ſubiectam Pontifici. quia ex eo quod fide conſtat ſummum Pontificem poſſe, ac debere in ſuis ouibus procurare virtutes, pariter eadem conſtat illum poſſe aſſumere ad illum finem idonea media, nempe quæ non ſunt ab intrinſeco mala, ſed quæ vt conducunt ad fines virtutum phyſicè aut moraliter, ita illis virtutum finibus poſſunt honeſtari. Hoc mihi manifeſtiſſimum vel ex ipſo immediato fidei pronunciato, vel ex ſeque la inde euidenter deducta.

13   Alterum Corollarium ſit iure diuino, & Eccleſiaſtico de facto coercitam
eſſe,

esse, & limitatam potestatem ciuilem præcipiendi in Principe, ac diminutum, atque
restrictum ius faciendi multa in ipsismet
subditis aliter quàm ipsis ex iure naturæ vel
gentium merè, ac purè contingit : adeoque in vtrisque pro bono virtutis adhuc
magis posse coerceri, atque limitari iura,
quæ habent in res temporales. Hoc patet
verum esse ex missione sacrorum hominum in prouincias quorumcunque Principum. Nam quòd in eorum ditionibus
maneant externi clerici, vel alioquin ciues,
quòd prouidere sibi possint in ijs locis sibi
ad victum necessaria, quòd ius diuinum
habeant ad aquam pro baptismo, quòd foueantur à subditis, & excipiantur in eorum domos, non est concessum sacris per-
sonis, vel pijs subditis iure ciuili, aut naturali, sed diuino, à quo iure abstrahendo ius
ciuile, & ius gentium dat Principi potestatem expellendi eiusmodi sacras personas, &
subditi vi eiusdem iuris non tenentur obedire Principi iubenti illas non excipere in
suas domos, sed vi potius expellere patriæ
finibus, si id duxerit Princeps suo sibi politico conueniens : ergo quòd hi Pastores
legitimè missi in Principum dominijs con-
siſtant

fiftant inuito Principe,& contrarium præcipiente, & quòd fubditi non tenentur o-
bedire Principi mandanti eorum expulfio-
nem vtpoterem temporalem,euidentèr liquet lege diuina, & fpirituali poteftate
Pontificis reftrictam, & coercitam poteftatem Principis etiam quoad res temporales. Nam fiftendo cogitatum in iure gentium quis non videt obligari fubditos Principi mandanti rem temporalem inferuien-
tem paci temporali, vti contingeret fi per-
fonæ illæ facræ iure diuino non effent de-
ftinatæ ad certas prouincias, morem gerere? Ergo cum fides definiat tales fubditos
non teneri Principi imperanti illam expul-
fionem, vel inhofpitalitatem, obedire, eadem fide liquet iure Ecclefiaftico diminutum effe ius ciuile in Principe. Similiter fi
fpectetur ius gentium purè, quare non
poffunt Principes exigere vectigalia à Sacerdotibus, eos ad militiam tranfcribere,
ipfis decimas adimere,cogere vt viuant ex
labore manuum, perfonas, & caufas ipforum addicere tribunali ciuili? Cæterùm
hæc Principi non licent,vt ex fide conftat,
ergo ex fide innotefcit fpiritualem Pontificis poteftatè dilatari in res temporales,am-
plam

plam illam Principis potestatem in temporalia coercuisse, terminis inclusisse vltra
quos eius ius non excurrit, pro bono tamé
fidei, & religionis, quibus terminis, ac finibus moderationes Ecclesiasticæ in rebus
temporalibus honestantur. Vnde si Princeps aliquis haberet subditum, vel manci-
pium, qui ex voto, iuramento, aut promiss-
sione in gratiam ipsius obligatus esset exercere militiam, mercaturam, aut rem medi-
cam, eo ipso quo talis subditus, vel manci-
pium sacris Ordinibus esset initiatus, solutus maneret iure Pontificio ab omni vinculo promissi, voti, iuramenti, adeoque ab
ipsa seruitute, & Princeps amitteret omne
ius illos cogendi ad eiusmodi munera exequenda, vt constat ex facto B. Gregorij, inu.
11. Hinc ergo manifestum iure Ecclesiastico temperatum esse imperium Principis
etiam in res temporales. Eodem pacto retinet Princeps ius, quatenus Princeps in sua
ampla, & natiua potestate imperandi subditis vt ipsum in suas domos excipiant, vt
cum ipso domesticè, & ciuiliter versentur,
vt voce honoraria salutent, ac venerentur.
Verùm testantur literæ Apostolicæ delinquentes post culpam ab Ecclesia manife-
statam

statam, & reprehensam in certis casibus
non excipiendos in domum, non salutan-
dos,vel admittendos ad conuictum;neque
vllo priuilegio Principes exemptionem
possunt prætendere quantum ad absolu-
tam potestatem in Ecclesia, cum Ecclesiæ
sint oues, communémque cum alijs debeant Ecclesiæ obedientiam, eandemque
cum illis disciplinam iure diuino stabilitam
in se admittere, nisi applaudere velimus I-
conomachis,qui dicere solebant obligatio-
nes iuris diuini in Regibus cessare. Verùm
quis non videt hæc restringere potestatem
ciuilem in Principe, vtpote non recipi in
domum, non honorari, non connesci? ergo de sententia fidei certum,ciuile ius Principis subditum esse iuri diuino quoad ter-
minos, & limites præcipiente Ecclesiâ pro
bono fidei, & religionis. Pariter Regina
vxor,quæ simul esset subdita alicuius Principis, si non possit manere cum illo absque
iniuria fidei, summi Pontificis munita sententia declaratoria integrum habet discedere, ac relinquere eius thorum, quod
sanè diminuit ius connubiale, & ciuile
Principis, quo alioquin sibi vendicet cohabitationem. Denique hoc ipsum com-
probant

probant quæ retulimus de tranſlatione
per Eccleſiam quarundam cauſarum à foro
ciuili ad forum Eccleſiaſticum contra Principum ſtatuta, de irritatione contractuum,
quos vt ciuiles nollet Princeps eſſe irritos,
de prohibitione vendendi arma Turcis, &
rapiendi naufragorum bona, vt declarat
Bulla Cœnæ, aut inuiſendi loca Paleſtinæ
ſine licentia ſummi Pontificis; adeo vt non
poſſet iã Princeps vllo iure lucri, honoris-
ve cauſa, aut alio ex fine pro libito ſuo ven-
dere arma Turcis, vel deſtinare ſuos in Paleſtinam. Hæc verò, vt luculenter apparet,
moderantur, & reſtringunt amplam Principis poteſtatem etiam in res temporales,
pro bono tamen fidei, & religionis. Pariter
dixi iure ſacro Eccleſiæ cohiberi ſubditos
in multis ciuilibus, vt quod non poſſint no-
cere ſacris perſonis, illaſve expellere ma-
nentes in ſuis prædijs, quod non poſſint illis denegare victum, & veſtitum, vel aquam
fontis, putei, vel fluminis ad baptizandum;
quod non poſſint legere libros prohibitos
ab Eccleſia, vel illos apud ſe retinere, quod
non poſſint ciuiliter verſari cum excom-
municatis, & notoriè malis modo explicato in ſacris literis: quod ius decimarum

N   non

non poſſint infringere, quod non poſſint deferre arma ad Turcas, vel ſine licentia ſummi Pontificis peregrinari in Paleſtinam, quæ omnia ipſis adempta concederétur ſecundum purum ius naturæ vel gentium, denegantur autem iure Eccleſiaſtico. Quocirca ſicut ex fide conſtat diminutum eſſe Principum, & ſubditorum ciuile ius iure Eccleſiaſtico pro bono fidei, & religionis, ita eadem fide exploratum in alijs etiã, in quibus adhuc non ſunt factæ diminutiones, poſſe eas fieri mouente, & vrgente eodem fine virtutis, quo tales diminutiones factæ, vel faciendæ honeſtentur. Nam res temporales in vniuerſum ſumptæ reſpectu eiuſdé poteſtatis in Principe ſunt ſimilis naturæ, ergo ſi in hac re ex iure Eccleſiaſtico poterit legitimè fieri diminutio ciuilis imperij, vel iuris in Principe, aut ſubdito cum honeſtaméto ex fine virtutis, etiã in alia poterit, ſi occurrat vtrobiq; eadem, vel ſimilis neceſſitas promouédi virtutem, & honorem Dei.

14 Tertio loco Corollarium eſt, poſſe virtute iuris poſitiui vel diuini ita promoueri finem virtutis, procurari, & conſeruari, vti Principi obſiſtenti quoad temporalia infera-

inferatur inde damnum, seu nocumentum
temporale. Probatur hoc primò ex potestate Pontificia mittendi Pastores. Etenim Princeps iniquus, vtpote Atheus, vel
hereticus, reputat se grauiter læsum in temporalibus, quòd contra suam voluntatem,
& legem videat manere in regno homines
externos, multo magis alioquin subditos,
ibíque procurare ad victum necessaria,
quòd Ecclesias ædificent, quòd baptizent,
quòd concionentur, quódque etiam subditi ipsius eis omnia requisita ad vitam, &
propagandum Euangelium suppeditent;
patitur itaque hinc in teporalibus incom-
modum vi iuris diuini, & Ecclesiastici. Vlteriùs si huiusmodi Princeps malo animo
affectus iuberet Sacerdotibus discedere,
desinere exigere aliquid à plebe, vt stipendium iure diuino debitum Altari, quod
ius Apostolus Paulus dixit se habere su- 1.Cor.9.
mendi temporalia pro seruitio spirituali,
non conuocare concionem sub pœna capitis, atque sub eadem mulcta præciperet
subditis non illos fouere, vel audire, tunc
si tá Clerici, quàm subditi ciuiliter vi iuris
naturæ consisterent in armis ad vitam contra tyrannidem defendendam, neque de-

ponerent

ponerent arma, aut feorſim vellent agere
ad imperatum Principis ſuorum cohorte
illos aggreſſuri, & occiſuri, quod ipſis ſubditis & Clericis licitum dubio procul, gra-
uiſſimè ſe in temporalibus læſum eiuſmodi
Princeps exiſtimaret. Quod vero hæc defenſio ſui ſit licita, patet ex communi iure
naturæ, quo datur vnicuique ius defendendi vitam contra iniuſtum inuaſorem,
quæ quidé defenſio cómuni iure naturæ
cadit ſub præcepto, quando id commodè,
& ſine maiori damno fieri poſſit. Sumus e-
nim vitæ cuſtodes non domini, quandoq;
rationem reddituri huius cuſtodiæ Deo
auctori vitæ, & necis. Hæc tamen ſui defenſio in cauſa fidei non ita ſtrictè obligat,
quin interdum poſſit omitti non ſolum ſine culpa, verùm & cum laude martyrij, vt
intelligamus legem naturæ ſuperueniente
fidei conſilio non ſemper obligare. Affirmare verò huiuſmodi Clericos, & ſubditos
non poſſe in hoc caſu armis defendere ius
ſuum naturæ & diuinum, ſed debere potius iure politico obijcere ſe nudos mucronibus confodiédos, eſt Turcicum, Muſco-
ueticum, Barbarum, horrendum, & recens
quorundam politicorum poſt hæreſim ab-
iectiſſimæ adulationis idololatria. Neque
in

in hoc casu Clerici cum alijs externis &
subditis detrectantes obedire Principi in
temporalibus, ordinationi Dei resistunt,
quod B. Paulus omnino dissuadet. Nam Rom. 13.
Princes iniquo animo affectus erga veram
religionem, & ad promouendam suam impietatem legem condens, vel vim adhibens
disponendo de temporalibus, dupliciter
delinquit, primò abutens rebus temporalibus, (quæ cùm naturæ constitutione inseruire deberent virtutibus, ad vitia ab ipso
destinantur.) Deinde non agit vt Rex, hoc
est, non exercet actum potestatis illius Regiæ, quam à Deo habuit, aut Republica, eo
quòd quæ à Deo sunt ordinata sunt, neque
directa vllo modo ad destructionem, vt docet Apostolus; sed agit vt Tyrannus ex potestate, quam iniquè sibi vendicauit, ac
dæmon inspirauit. Quod verò ex sacris
literis quidam politici inferunt de potestate Regis iure diuino apud Iudæos, vel Caluino teste, profanum, immò blasphemum,
asserentes Saulem accepisse à Deo potestatem regio iure peccandi, finem politicum
destruendi per tyrannidem, & impietatem;
re enim vera Rex non habet plus potestatis, aut in alio sensu, quàm primiùs con-
N 3   cessit

cessit Respublica. Idcirco quando Ecclesia, vel subditi in causa virtutis resistunt
Principi, non resistunt in rebus temporalibus, vt res temporales sunt, sed vt sunt media vsurpata à Principe ad promouenda vitia, maximè infidelitatem. Neque resistunt
Principi vt Principi, sed operanti ex potestate illegitima, quæ reuera nulla est,
quandoquidem à Deo minimè ordinata.
Maneat itaque probatum in casu prædicto
posse Clericos, & subditos armis defendere ius suum sanguinis, & religionis, quo
iure diuino & naturæ se læsum iri Princeps
reputabit. Quod si hæc defensio sit licita,
& opus virtutis, quare non poterit præcipi
à summo Pontifice, cuius munus directè
versatur circa virtutes, nisi Catholicum
Doctorem debeat vexare, summum Pontificem posse fidem, religionem, & cæteras
virtutes tueri? Immo B. Ambrosius videns ratione cædis Thessalonicæ à malo
Imperatore Theodosio perpetratæ conueniens esse moderationem adhibere, coegit
Theodosium, & illi præcepit, vt scribit
Theodoretus, legem condere, cuius sententia erat, non valiturum de cæde, aut
bonorum publicatione promulgatum edi-
ctum,

Theod. lib. 5.
hist. cap. 17.

&um,nisi exacto spatio triginta dierum ab
eiusdem pronunciatione. Existimauit ergo Ambrosius Episcopalem auctoritatem
subiectam habere Regiam potestatem pro
bono charitatis. Poterit itaque Papa vt
Papa præcipere quodlibet ciuile, si in eo
ratio virtutis, & pietatis inueniatur. Neque
iuuat, quod respondet Widdringtonus,
illud *præcepit*, vel *coegit* apud Theodoretum
idem valere, quod *persuasit*. Quis enim
hoc pacto non possit omnia testimonia e-
ludere? Sed familiare est huic vbique venari ambigua, vel æquiuocationes, vt pres-
sus argumento, sensum, quem ipse vult,
arripiens aliquo in sinu triumphaturus eua-
dat. Sed de hoc postea, ac pergo. Princeps
malo animo affectus in pietatem, existi-
mat se læsum exemptione Clericorum,
conquestus, insignem numerum eorum,
qui vi patria fuere subditi, iam iure Pontificio solutum à coercitiua legum ciuilium
potestate; Decimas porro quod exigant
hi Clerici iure diuino, eiusmodi Princeps
apud se statuet multum detrahere suo æra-
rio, maximè cum immunes sint à solutio-
ne vectigalium. Ascripti quoque militiæ
ex iuramento ad certum tempus ab Eccle-

sia liberi fiunt ad ingreſſum Religionis,
quod Princeps merè politicus cogitabit
aduerſari obedientiæ ſibi debitæ in ciuilibus, vt reipſa cogitauit Imperator Mauri-
tius diſpenſante, & irritante eiuſmodi iuramentum, & ſtipulationem B. Gregorio.
Vlteriùs quòd Pontifex ſua ſententia poſſit vxori Regis facultatem impertiri diſce-
dédi ab ipſo quantum ad cohabitationē in
caſu, in quo cohabitatio iudicabitur ab ipſo fidei periculū creare, vel quod Eccleſiæ
canonibus eidē permittatur ante conſum-
matū matrimoniū ingredi ordinē Religionis intra duos méſes à celebrato matrimonio, vt habetur cap. *Dudum*, cap. *Verū*, cap.
Ex publico de conuerſ.coniug.iniuſtè priuatū
ſuo bono temporali apud ſe Rex definiet.
Similiter quod iure diuino percellere poſſit Pontifex Principem cenſura excommunicationis, atque inde prohibere, ne exci-
piatur in domum, ne ſalutetur, quæ in ab-
ſoluta eius poteſtate contineri certum, ex
cuius vi ſicut vxor loco diſcedit ab illo ad
ſeruandam Deo fidem, ita ſubditi poſſunt
deſerere Principis curiam, & loca petere
remota ipſi non ſubieƈta, vt videtur admit-
Nu.191.289. tere Widdringtonus; grauiter hoc feret
Prin-

Princeps, maximè hęreticus videns se spo-
liatum commercio vectigalium, & ciuili
subditorum necessitudine, veluti si omnes
ciues illico aufugerent appellente Principe
ad eorum ciuitatem. Eodem pacto si Princeps Christianus nimis esset propensus in
Turcas, cuperétque eorum institutionibus
rempublicã suam administrare, animaduer-
tens se lege Ecclesiæ in rebus temporalibus
prohibitum arma Turcis dare, suos pro libito in Palestinam mittere, ægrè hoc feret,
& pro dispendio duceret, quæ tamen lege
Ecclesiastica firmantur. Eadem ratione
videns Princeps ex canone Concilij Tri- Seff.24.c.8;
dentini subditos priuari posse proprijs ædibus pro bono virtutis, vtpote habente Epi-
scopo, vel Ordinario potestatem eijciendi
pellices extra ciuitatem, vel dioecesim, tametsi Princeps in illas indulgétior cuperet,
ac iuberet manere, atque suis frui, pro no-
cumento habebit sibi in hac re temporali
ab Ecclesia adimi potestatem. Perturbare
etiam Principem minùs pium poterit,
quod Ecclesia irritos faciat contractus con-
nubiales intra quartum gradum, etiam inter Principes, qui alioquin ciuiles essent,
& sacri. Certum est itaque, & de fide posse
Eccle-

Ecclesiam sic lege sua disponere de temporalibus, vt inde inquus Princeps, maximè
atheus vel hæreticus se læsum existimet, ac
iudicet; quod euidentissimè apparet vel
maximè in emancipatione seruorum pro
honore, & bono fidei. Licet enim Ecclesia requirat præuium consensum dominorum, tamen vi Ordinis Sacri suscepti e-
mancipantur, Can. *Si seruus, dist.*54. Et
si dominus nollet manumittere, est tamen
in potestate Ecclesiæ pro bono publico
præsertim spirituali seruum libertate donare, vt colligitur ex verbis D. Pauli ad Philemonem. Corollarijs modò ad exitum
deductis alterum Principale membrum
pertractandum occurrit.

15 Tria quantum ad hoc membrum
sunt distinguenda; primò consideranda qualitas, & conditio subditi cui incumbit officium obediendi, quæ quidem non est vt
obediat despoticè, hoc est, iure mancipij,
sed ciuiliter, vti admonet Aristoteles, veluti
ciuem & liberum decet. Secundò in considerationem venit ipsa obedientia quantum ad eius partes, obiecta, & finem.
Partes obedientiæ ciuilis sunt duæ, vtpote
actum aliquem externum exercere vi legis
præ-

præcipientis, & quoſdam actus externos omittere vi legis prohibentis. Obiecta huius obedientiæ ſunt res temporales, vtpote dominia, pecuniæ, poſſeſſiones, corpora, eaque omnia externa ſenſu perceptibilia, quæ inſeruire poſſunt bono reipublicæ: finis huius obedientiæ cernitur in emolumentis huius mundi iuſtè acquiſitis, & poſſeſſis, ac bonis moribus vſui applicatis ad communem pacem, & tranquillitatem. Sciendum tamen eſt obedientiam in ciuilibus genere ſuo bonam poſſe ex circumſtantijs, maximè ex malo euentu euadere malam, & ſcandaloſam. Vnde fit etiam opera virtutum, aut vſum rei legitimum deprauari, & eſſe illicita, & ſcandaloſa, vi ſequuturi inde ſcandali, nempe inde alijs, eorum concurrente infirmitate, data cauſa damni, & ruinæ ſpiritualis. Atque hinc Apoſtolus Paulus affirmat, ſe non manducaturum carnes in æternum, ſi eo frater eſſet ſcandalum paſſurus. Conſtituendus eſt itaque præ oculis caſus, in quo ciuilis obedientia eſt ſcandaloſa prudentum iudicio, & reipſa, vtpote certa deſtructio finis ciuilis, & ſpiritualis per vitia, hæreſes, aut infidelitatem. Veluti ſi Princeps obe-

dientiam

dientiam subditorum adhiberet vti medium exterminandi eos, hæresibus polluendi, & priuandi sacris medijs necessarijs ad salutem animarum ipsorum. Tametsi verò non sit subditorum munus procurare bonum spirituale ex authoritate, cum oues sint, nihilominus iure naturali, & diuino obligantur nunquam suo facto, aut omissione procurare malum spirituale, aut id facere vnde certò & necessariò sciant sequuturum detrimentum salutis animarum. Tertio loco Rex ipse intuendus habens à Deo etiam immediatè potestatem imperandi, prohibendi, puniendi, præmiandi, ac leges condendi, atque quantum ad ista Dei in se maximam similitudinem in terris exhibens. Duo tamen sunt, quæ huc spectant, primum, Regem non accepisse à Deo, vel à republica potestatem aliquam imperandi contra finem politicum, multo minus contra finem Euangelij & Ecclesiæ, eo quod iuxta sententiam Apostoli Deus nemini concessit potestatem ad destruendum bonum. Alterum, quamuis ad Principem ciuilem non attinet virtute præcepti affirmatiui, per suas leges procurare bonum spirituale, eo quòd non sit Pastor

in

in Ecclesia, sed ouis, iure naturali tamen, &
diuino ad negatiuam tenetur, hoc est, nunquam leges condere in temporalibus, aut
præcipere obedientiam ciuilem, quæ causa sint scandali, aut damni in spiritualibus.
Quod si aliquando cum scandalo, & damno spirituali præstiterit imperando, non
operatur vt potestatem habens à Deo, aut
republica, quia non est ipsi licentia concessa ad peccandum, vel destruendum.
Talis potestas condendi leges, & iubendi
obedientiam ciuilem est duntaxat nomine
tenus potestas, reipsa vana, & nulla, eo
quod nulla sit potestas nisi à Deo. Instituo itaque hoc argumentum.

16   Spectat ad summum Pontificem,
vt Pontifex est, sicut præscribere virtutum
actus, ita prohibere peccata, & scandala
quæ potest: sed in casu nostro ciuilis obedientia, seu obedientia in temporalibus interdum vitiosa est, ergo prohiberi potest,
& interdici à summo Pontifice. Animum
cogitanté de probatione maioris subit admiratio, dum mecum repeto quonam
spiritu à quibusdam inuehitur hodierna
die in summū Pontificem, quod sibi vendicet auctoritatem dispensandi cum Principum

cipum subditis quantum ad ipsorum obedientiam ciuilem iuramento promissam,
cum hæc ipsa auctoritas nihil aliud sit,
quàm potestas exterminandi vitia, proscribendi scandala, seruandi Ecclesiam, propagandi virtutes, liberandi hominum infinita
millia ab æterna damnatione, ac in cœlum
transferendi. Probatur itaque maior. Vna
virtus, vt admonet sæpe B. Chrysosto-
muc, prodest fidelibus, & vitium solum
nocet, idcirco in istis duobus versari præcipue debet Pastoris officium pro bono
suarum ouium. Hac enim de causa Pontifex mandat virtutes, vtpote religionem, ie-
iunium, continentiam, quæ in se comple-
ctuntur res temporales, vtpote actus externos, qui quidem actus, licet vt tales, nó sint
subditi eius auctoritati, vt tamé annexi virtutibus subduntur, & virtutú induunt naturas, atq; euadunt quodam modo res spirituales: virtus autem procurari nequit, nisi
pellatur contrarium vitium, & scandalum,
quæ in se implicant res quoque temporal-
les, nempe actus externos, qui actus externi, & temporales subduntur Pontificis potestati, non vt tales, sed vt adiuncti vitijs,
& scandalis in quæ directè habet potestatem,

tem, qui ouium eſt * Pater ſpiritualis, * Paſtor
& ſubeunt, vt dixi, qualitates vitiorum &
ſcandalorum, quibus inſeruiunt, ergo cum
temporalia euadant vitia, ac ſcandala quo-
dāmodo, nimirum reductiuè, ſunt iam res
ſpirituales, & ſubſunt propterea ſpirituali
ſummi Pontificis auctoritati. Minor probatur euidentia, quando Princeps ſuis fauoribus præficit hæreticos alijs, priuatq́ue
pios omni loco, & auctoritate in republica. Neque valebit ſi quis occurrat dicendo eſſe malum intrinſecè, ſubditum non
obedire ſuo Principi in temporalibus, ita
vt honeſtari non poſſit vllo ſpirituali fine,
in quem directè habeat ſummus Pontifex
auctoritatem. Nam dico, idque mihi fide
Chriſtiana certum, potius in noſto caſu
dicendum, obedientiam in ciuilibus eſſe
intrinſecè malam, repugnantem quippe
iuri naturali, & diuino, & proinde talis o-
bedientia prohiberi poteſt à ſummo Pontifice. Nam ſi Princeps præciperet dare
pecunias ſuas Turcis, vel eas proijcere in
mare, faces ædibus ſubdere, committere
poſſeſſiones ſuas externis, ſeipſos interficere, in iſtis caſibus eſſet intrinſecè malum
obedire, & intrinſecè bonum repugnare.
Nam

Nam hæc imperata directè funt contra finem ciuilem, cuius gratia funt fubditi; funt
mala, funt inciuilia ; tum etiam quia funt
mandata à Principe ex nulla poteftate,
quam ipfe accepit à Deo, vel republica,
hoc eft, reuera non funt mandata. Similiter fi fubditi viderent manifeftè Principem
ex affectu hæretico, vel Turcico præfcri-
bere illis obedientiam aliàs legitimam, &
ciuilem, ita tamen vt ipfis euidenter con-
ftet, talem obedientiam effe fcandalofam,
& paulatim introducturam hærefim, &
Turcifmum ad ruinam fpiritualem fuam,
filiorum, & nepotum, ac totius pofterita-
tis in perpetuum, iure tenentur euitare hoc
fcandalum, omittendo obedientiam ciuilem, tum quia ad hoc obligat charitas
vetans etiam bonum facere, fi inde malum
proueniat; tum quia Princeps nullam habet poteftatem mandandi obedientiam ciuilem pro fine impio, & deftructione corporali, ac fpirituali tot millium ; propterea
à nulla auctoritate proceffit tale imperium:
atque grauiffimè, ftante hoc fcandalo, fubditi peccarent contra fidem, religionem,
charitatem, obedientes in temporalibus.
Cum ergo videat fummus Pontifex obedientiam

dientiā in ciuilibus esse malā, scandalosam, neq; ad eam præstandam teneri subditos, sed potius obligari ad non exhibendam talem obedientiam iure naturæ, & diuino, similiterque animaduertat non esse à Deo datam potestatem Principi destruendi spirituale bonum Ecclesiæ, aut adhibendi obedientiam in ciuilibus vti medium ad inducendam hæresim, vel impietatem, poterit hoc publicè declarare, ac præcipere vt seruetur à subditis hac in re ius diuinum & naturale. Nam, vt scribit Gregorius Lib. 4. in Pſ. 4. Magnus, nulla ratio sinit, vt inter Reges habeatur, qui destruat potius, quam regat imperium. Hoc argumentum præcipue deducitur ab obligatione in subdito, quam habet ad parendum iuri naturali, & diuino, atque ex defectu potestatis in Principe. Adijciam secundum directè petitum ex ipsa auctoritate summi Pontificis.

17 Nemini obscurum, respectu boni spiritualis, quod prouenire poterat Reipublicæ Christianæ, valde conuenientem esse hanc in Ecclesia potestatem in temporalibus, adeòque obedientia ciuili ordinanda. Hinc enim firmari potest fides,

O   religio,

religio , ac reliquæ virtutes in Republica,
simulque Princeps videns eam obstare suf-
ceptæ ab ipsomet impietati continebit se,&
ad meliorem mentem redibit. Atque cum
disertè , & eleganter duas hasce potestates,
spiritualem nempe in Ecclesia , & temporalem in Republica comparet B. Gregorius Nazianzenus animæ, & corpori, sicut
pro bono hominis anima obtinet imperium in corpus, (non quidem vti illud occidat, vt cauillatur hac in re Widdringtonus,
hoc enim esset contra finem ipsius animæ,
& contra naturale desiderium quod habet
manendi cum corpore, potius cupientis; vt
docet Apostolus, superuestiri (naturæ instinctu) accessu gloriæ, quàm spoliari ictu
mortis) naturæ iure corpori imperare vult
actus corporeos , & illos cohibere, ipsum-
que corpus , teste Aristotele, animæ obedientiam præstat, non ciuiliter, sed despoticè,hoc est,ad nutum,& ex certo,directo-
que sui pondere, inde confici apparet ciuilia subiecta esse Ecclesiæ , non vt Ecclesia
eo iure abusa peccet,seipsam impediat, vel
destruat, veluti si anima suum corpus occideret, sed pro bono virtutis, hominum salute, sempiternaque Dei gloria de illis difponat.

Orat. ad pop. tim. percul-sum.

ponat, Videmus enim res alioquin natu-
rales muneribus virtutum referri in finem
supremum, ac supernaturalem, vt constat
ex cultu Dei exterius per creaturas exhibi-
to, ex charitate amoris Dei ergo largientes,
ex continentia, mortificatione, & virtutum meritis, quæ actionibus corporum
constant, ita præclarum erit temporalem
obedientiam, potestatem, subiectionem, a-
deoque res ciuiles per spiritualem in Ecclesia potestatem moderari, ac reduci non solùm ad bonum naturæ, & politiæ quod
per Principem efficitur, sed etiam ad fidem,
religionemque excolendam, æternamque
hominum beatitudinem. Disquirendum
itaque quomodo temporalia non sint subiecta summi Pontificis curæ, & prouidétiæ
ad hæc bona procuranda tam præclara, &
conuenientia.

18. Multum in hoc insistit Widdringtonus, quod res temporales nó sint subiectæ
spirituali Pótificis auctoritati, eo quòd instrumenta, & media potestatis spiritualis
debeant esse spiritualia, non carnalia, vel
téporalia. Verùm hoc apertè fidei Christianæ repugnat. Nam penetrare in regnum
aliquod, ibi manere, assumere aquam

O 2   ad

ad baptizandum, deligere loca ad concio-
nandum, & administrandum Sacramenta
sunt res temporales, subditos fouere, &
nutrire Pastores suos, ad illos adire, temporalia sunt, tamen praecipi possunt à summo
Pontifice, quandoquidem licita iure diuino, subiectaque eius officio temporali. Si
itaque licet summo Pontifici praecipere
actum virtutis, constantemque officio
temporali, qui non est contra obedientiam ciuilem, quare non potest prohibere
obedientiam temporalem pro bono virtutis, cum vtrobique sit res temporalis, &
idem finis ex virtute? Ergo ciuilis obedientia non est ex hac parte indispensabilis,
quod posita in re temporali. Miror hic quo
animo Dominus Blackwellus cum hominibus suae factionis tutum, & licitum in
conscientia ducunt, cum iuramentum fidelitatis praetensae susceperint, manere in
Anglia, accipere eleemosynas à populo, &
ad faciendum illos suadere, hortarique,
cum haec directè sint contra obedientiam
in ciuilibus, ac rebus temporalibus, de
quibus in vniuersum iuramentum emiserunt. Nam quaero quo iure hic manent
contra leges? Dicunt iure sanguinis, &
inno-

innocentiæ. Verùm quo iure petunt eleë-
molynas? an vt ciues laico ritu, vel vt Sacerdotes? si vt ciues tantùm, jam renun-
tiarunt iuri Pastorum, & fatentur contra
Apostolum, se non posse modò corporalia   1.Cor.9.
metere serentes spiritualia. Si vt Pastores
id peragunt, ergo dicunt iure Ecclesiæ, &
missionis à Paulo quinto se absolutos ab
obedientia in ciuilibus, & cum ipsis dispensatum in hoc genere. Et reuera si nihil
esset præter innocentiam, & ius sanguinis,
non possent licitè manere in Anglia, aut
stipendia à populo accipere. Nam potest
quæuis respublica alto suo dominio exules
facere ex suis aliquos pro bono communi,
vtpote ad vitandas seditiones, lites, cædes,
& mala huiusmodi, atq; re ipsa præscripti-
onis titulo ad dirimendas, & finiendas lites
transfert   dominia ab vno in alium
nulla culpa intercedente. Quis etiã meritó
improbare potest Ostracismum Athenien-   Plutarch. cõ-
sium, & Venetorũ, quo exulare coguntur parat. Arist.
ditiores, & qui deuenere in magnũ fauorẽ
populi, etiam absq; eorũ culpa, ad vitandas
factiones simultatũ? Quod si ius sanguinis,
& innocentiæ ad hóc valeat solummodo,
quomódo tunc externi, vtpote B. Augustinus

nus cum suis mitti potuere in Angliam?
quod, obsecro, illis ius ad manendum,
& reliqua facienda contra Principum leges, si non deriuatum à Gregorio Magno? Nisi ergo notam hæreseos incurrere
velint, fateri debent se in Anglia morari,
& eleëmosynas accipere contra leges regni
potestate ad id accepta à Sanctissimo Paulo quinto, qui in istis temporalibus auctoritatem habet dispensandi pro necessario
fine Ecclesiæ, & bono eiusdem spirituali.
Quod si in hoc temporali spectante ad o-
bedientiam ciuilem cum illis dispensatum
à Sanctissimo Paulo quinto, concessaque
potestas agendi contra obedientiam ciuilem, quare eandem facultatem illis non
poterit largiri respectu aliorum temporalium in ordine ad eundem finem spirituale?
an in vno licitum agere contra obedientiã
temporalem, & non in alio, omnibus eundè
finem indifferenter respicietibus? Exemp-
tiones Cleri respiciunt res temporales, in-
famia per detectionem criminis, discessus
negando conuictum, & cohabitationem
temporalia implicant, hospitalitates, mer-
caturæ genera, officia tutorum, emanci-
pationes, solutiones debitorum, causa-
rum

rum iudicationes, irritationes cotractuum, dispensationes in votis, & iuramentis, peregrinationes, punitiones versantur in rebus temporalibus, tamen de fide certum in hæc potestatem habere summum Pontificem pro bono fidei, & religionis, ergo ex eo quod obedientia ciuilis sit res temporalis, non efficitur eam exemptam iuri Pontificio. Immo sic arguo. Obedientia ciuilis, & leges Principum in casu ruinæ, & scandali, non sunt res temporales nisi materialiter, moraliter enim ex fine & euentu sunt res spirituales, ergo si fide constat spiritualia subiecta Pontificis auctoritati, etiam & temporalia modo explicato. Antecedens probatur; *Vnaquæque res talis est, qualis eiusdem finis,* vt habet regula Iuris: sed actus temporales, & ciuiles subditorum, atque Principum, vt sunt interdum conductiui ad bonum virtutis, ita nonnunquam auocatiui ab eodem bono, vt sic loquar doctrinæ causa, ergo speciem sumunt à virtutibus & vitijs, & qualitatem spiritualem ab illis desumunt. Quod si vel vnum temporale pro bono virtutis subijciatur Pontifici, etiam & reliqua: nam sine discrimine eandem po-

O 4   testatem

testatem respiciunt in Principe, quæ est immediatè à Deo, & eosdem fines virtutum, & vitiorum, & proinde temporalia in vniuersum affecta istis duobus respectibus conductiui, & auocatiui subijciuntur iuri Ecclesiæ.

19   Porro si quis diceret, ideo obligationem fidelitatis in subdito esse indispensabilem, eo quod sit iuramento firmata, is nihil efficeret, quandoquidem fide constet Ecclesiam dispensare posse in iuramentis, & votis. Vnde sic argumentor. Votum virtutis dissolui potest per summum Pontificem, vtpote prohibentem materiam voti; scilicet actum externum, vel loco Dei restituentem votario verbum suum, ergo officium iuramento homini promissum per Pontificem dissolui potest. Antecedens est de fide. Consequentia à maiori ad minus affirmatiuè, & sanè multo magis, & immediatiùs Deus dominus est factus per votum promissi, quàm Princeps est dominus officij ciuilis in subdito, vt constat; proinde quod Princeps habeat potestatè immediatè à Deo, nó infertur ciuilia haud spectare ad ius Pótificis.

20   Verùm in hoc potissimum insistunt

stunt contrariæ sententiæ assertores, ideo
à Pontifice dissolui non posse vinculum
ciuilis obedientiæ ex iuramento, quòd
Princeps, cui talis obedientia debetur, habeat suum ius immediatè à Deo, & propterea nullus præter Deum poterit ei adimere ius in subditum, adeo vt sit intrinsecè
malum non obedire subditum in ciuilibus
suo Principi, vt est blasphemare, mentiri,
vti in nullo planè casu sit licita, aut vllo bono fine honestabilis contraria omissio officij. Infirmum sanè est argumentum. Iure
enim naturæ, vbi non est dominium Principis, homines sunt domini suarum rerum
immediatè à Deo habentes possessionem,
quia nulla est potestas nisi à Deo, nihilo- Rom. 13.
minus ex fide constat, res temporales istorum dominorum subijci iuri Ecclesiastico. Nam si inuenirenter tales in orbe terrarum, illos adire possunt concionatores
missi ab Ecclesia, & in eorum locis ius sibi
vendicare manendi, prædicandi Euangelium, Sacramenta administrandi, atque si
conuersi essent ad fidem, adhuc destituti
Principe, & ciuili imperio, poterit nihilominus Pontifex eis prohibere contractus
quosdam, interdicere consortium, & mercaturam

caturam cum infidelibus, difceſſum ab illis
iubere, & omnia illa temporalia, quæ ſupra
recenſuimus; ergo ex eo quòd Princeps
habeat immediatè à Deo ſuum ius, non
infertur Eccleſiam minimè retinere poteſtatem in res ciuiles ad ipſum ſpectantes.
Si Principes haberent ſuam auctoritatem
à Deo immediatè, vt nihil aliud veluti ſecunda cauſa efficienter concurreret cum
ipſo Deo, tunc reuera Principis auctoritas
eſſet, diuina, & ſupernaturalis, quandoquidem nulla cauſa ſecunda valeret attingere collationem eiuſdem; eſſet quoque
eius lex immutabilis, & indiſpenſabilis, vt
patet de iure diuino, quod in ſacris literis
declaratur, quæ falſa omnino ſunt; eſt e-
nim poteſtas Principis ciuilis, politica, humana, & immediatè à iure gentium determinante, & applicante generale ius naturæ ad quædam particularia pro bono vniuſcuiuſque reipublicæ. Ipſumet ſub Principe officium gerentes habent poteſtatem
ſuam immediatè à Deo, vt mox explicabo,
tamen eorum imperata poſſunt mutari,
& violari per Principem, ergo non infertur legitimè ex eo quod poteſtas Principis
ſit immediatè à Deo, eius imperata à ſolo

Deo

103

Deo mutari posse. Sicut enim Prætor habet supra se Principem, ita Princeps Pontificem; non quidem in eodem genere, sed
in diuerso, nempe in sacro, & spirituali pro
bono animarum, quando Principum iussa
euadunt auocatiua à bono, & impulsiua
ad malum, siue intrinsecè, & ex obiecto id
accidat, siue extrinsecè ratione euentus, &
scandali, nam tunc sequuntur naturam spiritualium. Itaque sic arguo. Certa fide definitum, esse in Ecclesia potestatem, quæ
disponere poterit de rebus quibusdam
temporalibus pertinentibus ad Principem,
atque ad obedientiam subditorum, ergo
eadem fide contestatum temporalia Principum, subditorumque obedientiam, subijcienda spirituali summi Pontificis auctoritati pro bono virtutis, beatitudinis, &
maioris Dei gloriæ. Antecedens sic probatur, Princeps immediatè à Deo accepit ius
constituendi ciues, & incolas sui regni, prohibere tamen non potest quo minus Catholici Doctores licet externi intrent in e-
ius regnum, ibique maneant, aut habitent,
aut ne audiantur, vel sustententur à subditis, ergo licet Princeps immediatè ius
habeat in rem temporalem, vtpote eam
pro-

prohibendi ex vi naturalis, atque ciuilis
auctoritatis, non infertur tamen inde ab
Ecclesia tale ius non posse cohiberi. Similiter accepit ius à Deo immediatè Princeps ea remouendi quæ procurare solent
animorum alienationes inter ciues, tamen
Princeps videns introducendam fidem
Christianam effecturam esse alienationes,
vtpote inter subditos Ethnicos, & fideles,
hæreticos & Catholicos, impedire nihilominus nequit cursum Euangelij in suo regno, aut ea prohibere, quæ ad illud conducunt, eo quod fides sit absolutè necessaria
ad salutem, ergo ciuilis potestas immediatè à Deo accepta non obstat dispositioni
Ecclesiæ quantū ad res temporales,& obedientiam subditorum, Immediatè accepit
à Deo Princeps ius ad cohabitandum cum
vxore, ad ciuile obsequium à subdito exi-
gendum, nihilominus ius Ecclesiæ potest
diuortium constituere inter ipsum & vxorem, iubere vt subditus non recipiat eum
in domum,sed habeat pro Ethnico & publicano, non salutet, sed pedibus exeat
à Babylone, hoc est, de ijs locis, in quibus
ipse dominatur, quando horum contraria
præstari nequeunt sine dispendio fidei in
sub-

Apoc.18.

subdito. Retinet Princeps ius immediatè à
Deo suis subditis imponendi munera ciuilia; prohibetur tamen ab Ecclesia Clericos deputare ad militiam, aut impedire
quo minus subditi relictis istis muneribus
ingrediantur in Ordinem aliquem religionis. Cum itaque ex istis, atque similibus
fide constet, acceptum à Deo immediatè
ius imperij non obstare quo minus eius
actus ciuiles ab Ecclesia cohibeantur, illa
immediata in Principe à Deo acceptatio
potestatis non erit in reliquis temporalibus
impedimentum, cum intœgrum fuerit Ecclesiæ de rebus temporalibus Principis, &
subditorum pro bono fidei & religionis
statuere, & determinare. Neque potest
quis dicere ius diuinum immediatè confe-
rens regulam Principi potestatem ex vi iuris
naturalis adeo amplam concessisse, vt eam
possit aliud ius diuinum sacris literis expressum, vel ab Ecclesia traditum posteà restringere, sic enim ius diuinum esset contrarium iuri diuino, quod non est dicendum. Præterea omnem rem temporalem
spectantem ad Principem, & subditum, af-
firmandum indifferenter Deum subiecisse
potestati Ecclesiæ vi iuris diuini pro bono
fidei,

fidei, & religionis. Si enim Princeps secundum ius ciuile mandaret omnibus vx-
oratis simul versari in eadem domo, ciues
in vniuersum amicè, & benignè hospitali-
tate, & salutatione intercedentibus in ciui-
litate degere, non alia decernere stipendia
Clericis quàm hoc, vel illo valore constantia, non videretur secundum ius ciuile præ-
cisè consideratum excedere suam iuben-
do potestatem, tamen hæreticum est dicere, non obstante lege contraria summi
Pontificis, debere subditos in istis temporalibus Principi obtemperare, vt patet in
iure Ecclesiæ tradito in sacris literis, ergo
fide innotescit esse in Ecclesia potestatem
etiam in temporalibus supra ciuilem in
Principe potestatem.

21   Verùm *obijciunt politici*, licet obedientia à subdito exhibenda Principi in
rebus temporalibus fit interdum scandalosa, & contra finem Euangelij, animarum-
que salutem, non tamen infertur inde o-
mitti posse à subdito illam obedientiam
virtute mandati Ecclesiastici. Nam obedire Pontifici malè viuenti, & detrimentum
Ecclesiæ grande malo exemplo adferenti
est scandalosum, & nociuum Ecclesiæ, nihilominus

nihilominus est tali Pontifici obediendum
in spiritualibus, ergo scandalosa lex, aut
factum Principis non sunt idonea causa ob
quam à Pontifice deponatur. *Respondeo,*
in diuersis diuersam esse rationem ipsa fide
Christiana determinatam. Nam morem
non gerere malo Pontifici in spiritualibus
stante, & permanente imperio Pontificis
est intrinsecè malum, & contraria obedientia est prorsus in præcepto. Atque quan-
do actio bona posita est in præcepto, magnaque inconmoda sequerentur, si eius officium omitteretur, illa actio non est vitanda propter illa incommoda. Idcirco obedire sedenti in Cathedra Moysis, licet inde
sequatur euentus nociuus, & scandalum
ex malis moribus sedentis, & præcipientis,
non est vitiosum, sed potius vi legis sacræ
præceptum. Nam in tribus fides Christiana nos certos facit. Primum, huiusmodi
Pontificem non posse errare docendo hæresim, vel mandando aliquid contra bonos mores, si vt Pontifex, & ex cathedra
præscribat. Alterum, non permissurum
Deum Ecclesiam destructum iri prauis
moribus Pontificis. Tertium, alio modo
immediatè summum Pontificem accepisse

à

à Deo auctoritatem, alio verò Principem.
Quantum ad prius, mandatum Principis
potest esse scandalosum, & errore viola-
tum:quantum ad alterum, potest Rex totam suam ditionem per ciuilem obedientiam vt mediũ abducere à vera fide:Quan-
tum ad postremum, Rex est filius Ecclesiæ, eiusque bona temporalia vt instrumenta virtutis subduntur Ecclesiæ, habet-
que in terris superiorem non in re temporali, vt temporalis est, sed in re temporali
reductiue, & finaliter modo supra explicato iam facta spirituali.

22 Existimo itaque cuncta esse à Deo
immediatè (sola excepta nequitia peccati)
ita vt omnia bona entis, naturæ, gratiæ,
virtutis, & potestatis, quæ moralia sunt, id
est, haud posita in rebus concretis, & phy-
sicis, fiant immediatè à Deo, vt à causa efficiente; non tamen horum ita Deus est
causa efficiens, vti nihil aliud vt causa efficienter concurrat : nam est Deus immediatè per suum suppositum, & virtutem
causa illuminationis, tamen per Solem, &
cum Sole in ordine suo pariter efficiente.
Est Deus causa sapientię, & virtutis immediatè in homine, per eiusdem tamen intel-
lectum,

lectum , & voluntatem vtì causas efficien-
tes , in qua subordinatione causæ primæ,
& secundæ in naturalibus determinatio ad
gradum effectus oritur à causa secunda. I-
deo Deus tantum, vel tantum illuminat,&
accendit ex virtute causæ secundæ , & dis-
positionis in subiecto magis illuminans per
Solem , quàm per facem , plus gemmam
quàm carbonem. Est itaque Deus efficiens
causa immediatè Regiæ potestatis, simul
tamen cum Republica, & cum illa vt causa
efficiente secunda , & completo principio
collatiuo , & donatiuo eiusdem potestatis . Hoc inprimis docet philosophia , eo
quod potestas Principis sit res quædam ciuilis, naturalis, non diuina aut supernatu-
ralis, cum finis, & media illius sint res na-
turales, pax & tranquillitas populi. Idcirco
cum potestas Reipublicæ sit nobilissima,
continet in sua virtute Regiam potestatem efficienter códendam; quod est manifestum ex duobus, primò ex varia limitatione potestatis in Principe in diuersis prouincijs, vbi Principes aliqui creantur electione,alij iure sanguinis ; aliqui ex se habent
potestatem condendi leges, alij vero non;
cuius moderationis , & diuersitatis non

P   alia

alia causa quam in Republica vti proxime efficiente causa Dei supremæ efficientiæ subiecta,& illam ad certum modum determinante. Secundo nobilissimi philosophi, vtpote Aristoteles, Cicero, & alij insignes Theologi,& Iurisperiti, (neque rem ipsam inficiatur Widdringtonus, & in Anglia nostra Bilson, & Robertus Abbatus id scriptis libris asseruerunt) definiunt, quando Princeps degenerat in Tyrannidem, incidit in insaniam, esse in republica potestatem se & sua defendendi, etiam Principem Imperio abdicandi pro fine suo consequēdo, bono nempe politico, neque Barclaius hoc vllo solido argumento improbauit. Quod si verum sit, inde euidens Rempublicam esse immediatam causam efficientem, donatiuam & collatiuam iuris Regij. Hæc denique videtur mens B.Petri Regem cum sua potestate appellantis *humanã creaturam*, id est, ab hominibus immediatè, efficienterque constitutam.

Bilson de auctoritate. Abbatus de Antichristo.

2 Petr.2.

23 At vero potestas Pontificia est immediatè à Christo Domino vt à sola causa efficiente collatiua, & donatiua, Cardinalibus solummodo eius personam in electione designantibus, & causæ efficienti

Christo

Chriſto veluti applicantibus. Etenim poteſtas Pontificia eſt ſupernaturalis, propterea non datur efficienter ab Eccleſia, cum
conſtitutum medium dandi poteſtatem
ſpiritualem ab Eccleſia ſit Sacramentum
Ordinis, quo non vtuntur Cardinales; Neque Pontificia auctoritas poſita eſt in mera Iuriſdictione noua, ſed in poteſtate do-
cendi totam Eccleſiam, & eam gubernan-
ni cum infallibili aſſiſtentia Spiritus ſancti
in eum finem. Iuriſdictio porro non datur
niſi à ſuperiore, non eſt autem Eccleſia ſuperior Pontifice, ſicut neque membra capite eminentiora, inde concluditur ſolam
efficientem cauſam poteſtatis Pontificiæ
eſſe Chriſtum Dominum. Hoc vlterius
ex eo confirmari poterit, quòd in ſummo
Pontifice ſit poteſtas quædam ad certos
actus, quæ non reperitur in Eccleſia ſe-
orſim à ſummo Pontifice, vtpote poteſtas
ad definiendam infallibiliter veritaté ex ſe,
vel cum Concilio generali, quam poteſtatem cum exercere non poſſit Eccleſia ſeor-
ſim à ſummo Pontifice, liquet, efficienter
& collatiuè eam non dediſſe ſummo Pontifici, ſed Chriſtum Dominum. Nam
qui communicat alteri poteſtatem, vt patet
in

in Rege, & officialibus sub ipso, illam exercere poterit, quam dat. Rex etenim constitutus à Republica non potest exercere vllum actum potestatis & iurisdictionis, quam Respublica illa nequit exercere si non haberet Regem. Atque ideo Respublica Veneta potest iam omne illud facere ciuiliter,& cum imperio, quantum ad leges condendas, poenam vel praemium decernēdum, quod facturus esset Rex, si Ducem suum vellet creare in Regem. Proinde manifestum,potestatis Regiae immediatam causam efficientem, donatiuam, & collatiuam esse originaliter Rempublicam, neque hanc efficientiam vlla proportione excedit potestas Regia. Quibus differentijs explicatis inter Pontificem, & Regem apparet vnde semper obediendum sit Pontifici in spiritualibus, cum deponi non possit ab Ecclesia, non vero perpetuo mos gerendus Regi etiam in temporalibus praecipienti.

24   Atque haec habes charissime, quae pauculis horis descripta de hac re tota iudicium meum tibi aperirent. Non enim historias, & res gestas summorum Pontificum huc adferre volui, sed ea solum communia

munia

munia principia in medium adducere, quæ
à nullo Catholico iure negari poſſe videantur, atque inde in ſententiam veritatis
quam breuiſſime veluti per capita , &
ſtrictim diſſerere mihi fuit inſtitutum.

25 Cogitatione verò iſtius rei haud
mediocrem mihi incutiente hoc tempore doloris ſenſum, æquum exiſtimaui, &
amicitiæ iure mihi conceſſum, querelam
apud te deponere. Iuuabit enim teſte Gregorio Nazianzeno, & lenit aliquantulum
exulcerati animi ægritudinem , eius cauſam , loquendo, aut flendo, vel in aërem
effundere ; multo vero magis auribus, ani-
moque prudentis amici commendare. Pupugit me, licet & id antea perſenſeram,
quod ſæpius inculcat Widdringtonus ex Nu.33 &
Trithemio aſſerente diſputationem hanc 470.
de ſummi Pontificis auctoritate in temporalia non eſſe definitæ , certæque veritatis
vlla ex parte , adhuc litem ad Iudicis tribunal pendere, quod & ab ipſo Widdringtono habeo in conceſſis ; nihilominus legis Anglicanæ ſeueritate, nondum hîc in
patria diſcuſſa veritate per Doctores Catholicos, veluti ſubitanea facta impreſſio-
ne, non corpora ſolum, verum & in animas

P 3   obijci-

obijciútur nobis diræ fpecies perpetuæ incarcerationis, amiffionis omnium bonorum, interdum etiam extremæq; filiorum, ac nepotum egeftatis, & quod Widdringtono excidit multo fanguine agitata quæftione, non folùm adigimur ad affentiendum Parlamento, fed & facramento fententiam illius conteftari, adeoque in errore, vel hæreſi verfari quotquot ex aduerfo contrarium opinantur iurato adfirmare cõpellimur. Qui quidem terror non eſt idoneum medium ad inducendum aliquem derepente animo affenfum, fed potius ad confternendam trepidationem, efficiendumque vt crimine periurij, hærefeωs, & facrilegij præualente timore, nofmetipfos contaminemus metu perculfos tantorum malorum, quæ iuramentum non fufcipientibus decernuntur. Porro notiffima B. Auguftini doctrina, qua dicitur præcipuum medium, & organum ad fidem ingenerandam effe auctoritatem externam virtute illuftrem, quæ non minus rebus fidei præeft, quam ratio fcientijs, vt ipfe difertè pronunciat. Cæterum nos, præfertim rudes, & literarum exortes, multum mouet infignis & magna auctoritas, quæ

Iuramenti

In præf. ad Lectorem.

De vtilit. Credendi.

Iuramenti fufceptionem vetat, vtpote fummi Pontificis Pauli quinti, quem in rebus iftiufmodi non poffe errare *fides* nos docet, qui ad grauitatem rei toti Ecclefiæ indicandam fingulari, ac memorabili hac in re vfus diligentia, tribus inftrumentis publicis Iuramentum illud fidei aduerfari declarauit, ex omni natione præcipuorum Theologorum, ac Iurifprudentium nomina, & libri Iuramentum profcribentes pondere fuo nos vehementer vrgent. Neque vllo prudentiæ, vel naturalis iudicij æftimatu nobis innotefcit, grauiorem, melioremque effe auctoritatem Anglicani Parlamenti, & paucorum quorundam qui obnituntur Iuramentum admittentes, cum fummæ miferiæ, vt dixi, obiectu iubemur litem hanc definire, æftimare, iudicare, idque ftrictiffimæ religionis facramento. Verùm non eft opus refricando hoc vlcus moleftiam mihi, & alijs ingerere, fatis fuperque res ipfa lancinat, & exacerbat. Solùm pietas fupereft numini exhibenda, quo eius munere, inftillato Magiftratui fuæ gratiæ balfamo, cum leniores, tum fuauiores in nos, fideliffimè Principi fubiectos, efficiantur.

P 4

ciantur. Vale chariſſime, & multum honorande, atque iſtis fruere, ſicut
apud te conſultum
fuerit.

Tibi multis titulis deuinctus

L. C.

PAUL HARRIS

A Briefe Confutation of ...
Mr. James Usher
1627

A BRIEFE
CONFVTATION
OF CERTAINE ABSVRD,
HERETICALL, AND DAMNABLE
DOCTRINES,
DELIVERED BY Mr.
IAMES VSHER,
IN A SERMON,

Preached before King IAMES our
late Soueraigne, at Wansted, Iune
20. Anno Domini. 1624.

By PAVLVS VERIDICVS.

Narrauerunt mihi iniqui fabulationes, fed non vt
lex tua. Pfal. 118.

At S. OMERS, For IOHN HEIGHAM,
ANNO M. DC. XXVII.

THE

PREFACE

TO THE READER.

ENTLE Reader, I haue here examined for thy ſak, M. Iames Vſher, *his new church,* according as himſelfe deuiſed the ſame, in his laſt ſermon preached before King Iames at Wanſted. *Such a Church as ſince the beginning of Chriſtianity, nor ſince the dayes of* Adam, *hath beene heard of. Happily thou haſt read in* Primalion of Greece, *in* Huyon of Burdeaux, *or the Knight of the ſonne, of enchanted Caſtels in the Ayre, made by the art, and ſpell, of cunning Wiſards. Thoſe caſtles, are the true patternes, and platformes of*

A2   M.

M . Vshers *Church* , *into which he hath gathered frō the foure corners of the earth, Eaſt,* Weſt, *North, & South, all the Profeſſors of Chriſtianity , excepting only, the learned Papiſts, which members of this new Church, albeit like vnto the foure windes, which the Poetes faigne in ſome tempeſts, to haue blowen all at once, they do continually breath and puffe out , the contrary blaſts of incompatible doctrines, and not a few of them falſe, and erroneous , yet hath this luſty Æolus, by vertu of his* coinopiſa ſo *couched them togeather, in his vaſt denne, as perforce they muſt all conſpire , to the making vp of a Church, in which he beares vs in hand, ſaluation is to be found .*

In the examination of whoſe fantaſticall, and pernicious doctrines , thou (good Reader) wilt clearely perceaue, this teacher to be one of thoſe, of whome the Apoſtle aduertiſeth (2. Tim. 3. v. 13.) But euill men, and ſeducers, shall profit to the worſe,

worſe, erring, and driuing into error.
*For verily this man hath ſo profited in he-
reſy, and infidelity, as he hath out-ſtripped,
and ouer-growen all his Predeceſſours, yea
thoſe of his owne tyme.*

Quantum celſa ſolet Salices ſuperare
   Cupreſſus.

*As farre as the Cypreſſe tree in growth,
ſurpaſſeth the Willowes. Our Sauiour
ſayd*(Matth. 7.14.)Narrow is the gate
and ſtrait is the way, that leadeth vnto
life, and few there be that finde it. *But
this preacher, with his* communiter credenda, *and the apartenances thereof, hath
ſo amplifyed, and enlardged that way, as
Hell gates cannot poſſibly be wider.*

*VVell, howſoeuer that which is falſe,
is manifould, and the labirinth of errour is
inextricable, yet is the truth euer one, and
the ſame, like vnto it ſelfe. The Church
is Catholike, but not diuided. The fayth
of the ſame Church is vniuerſall, yet ſim-*

ple : Vnica eſt Columba mea, amica mea . *My Doue is one, my loue is one .*

Let then this brocher of fancyes paſſe with his coinopiſa, *& his Capriches, let him buyld his Church in the cloudes, & in the ayre, we know the Church which our Sauiour purchaſed with his bloud, is built vpon a Rocke, & not to be ſubuerted with any ſtorme or tempeſt, and much leſſe with euery blaſt of vaine doctrine . Take then (courteous Reader) that holeſome admonition vnto thy ſelfe, which* S. Paul *gaue to his ſcholler* Timothy : Tu vero permane &c. *But continue thou in thoſe thinges which thou haſt learned, and are committed to thee , knowing of whome thou haſt learned them, being carefull to preſerue the vnity of Fayth, in the bond of Charity . And ſo if thou beeſt a profeſſor of that Catholike, and one fayth, I commend my ſelfe vnto thy prayers .*

From the Iland of Saints.
Paulus Veridicus .

A BRIEFE
CONFVTATION
OF CERTAINE ABSVRD,
HERETICALL, & DAMNABLE
DOCTRINES,
DELIVERED BY Mr.
IAMES VSHER
IN A SERMON

Preached before King Iames, our late So-
ueraigne, at VVansted, Anno Domini
M . DC . XXIV .

CHAP. I.

AVING perufed your late fermon M. Vsher, preached before his Maiefty at Wanfted, and now twife printed : I had a great defire to haue cóferred with your feife, as touching fome points therin deliuered . But for that I perceaue your ftay in England to be long, and your returne into your Coûtrey vncertaine , I thought good to fend you thefe papers, admonishing you of fuch doctrines, as doe not

A 4

only,

only fwarue from the common rule of Fayth, but euen from common fenfe, and reafon.

For firft you haue called into your Proteftant Church and community, the Greekes, Mofcouites, Ægyptians, Æthiopians, togeather with the Chriftians fcatered ouer Afia, euen from Conftantinople, vnto the Eaft Indyes. And was not this well, for one fermon? It is reported by S. Luke (Act. 2.) that S. Peter gained three thoufand foules at one fermon, but you, M. Vsher, haue drawne into your proteftant Church, at leaft thirty tymes three thoufand at one preach. And I doubt not but at your next pulpitting, you will plucke in the Iewes, & Turkes alfo, and then you will haue a moft florifhinge, and a famous Church indeed. And verily you haue noe collorable reafon, to fhut the doores of your reformed Churches, againft the Iewes and Turkes, forfomuch as it is certaine, and fhalbee made apparent in the next Chapter, that they approach neerer by many degreesvnto the Religion eftablifhed in England, and Ireland, then eyther the prefent Mofcouite, Gretian, Ægyptian, or Æthiopian, to whome notwithftanding you haue oppened the wide bofome of your compaffion, in this your fermon preached at Wanfted, as may appeare by your owne wordes, which now we are to examine.

M. Vsher pag. 10. & 11.

VV Hat muft then become of the poore Mofcouites, and Grecians, to fay nothing of the reformed Church in Europe? What of the Ægyptians, and Æthiopian Churches in Affricke? What of the great companyes of Chriftians fcattered euen all Afia, euen from Conftantinople vnto the Eaft Indyes? which haue, and ftill do endure, more afflictions, and preffures for the name of Chrift, then they haue euer

done,

done, who would bee accounted the only friendes of Chrilt ? Muſt theſe, becauſe they are not the Popes ſubiects, be therefore denyed to be God his ſubiects ? Becauſe they are not vnder the obedience of the Roman Church, do they thereupon forſit the eſtate which they clayme in the Catholike Church, out of which there is no ſaluation? Muſt we giue all theſe for gone, and cõclud that they are certainly damned ? They who talke ſo much of the Catholike Church, but indeed ſtand for their owne particular, muſt offorce ſincke as low in vncharitableneſſe, as they haue thruſt themſelues deepe in Schiſme. We, who talke leſſe of the vniuerſality of the Church, but hould the truth of it, cannot find in our harts, to paſſe ſuch a bloudy ſentence, vpon ſo many poore ſoules, that haue giuen their names to Chriſt. He whoſe pleaſure it was, to ſpread the Churches ſeed ſo farre, ſayd to Eaſt, North, Weſt, and South : Giue , It is not for vs then to ſay : Keepe backe , he hath giuen to his Sonne, the Heathen for his inheritance, and the vttermoſt parts of the Earth, for his poſſeſſion: we for our parts dare not abridge this graunt, and limit this great Lordſhip, as we conceaue it may beſt fit our owne turne, but leaue it vnto his owne latitude, and ſeeke for the Catholike Church, neyther in this part, nor in that piece, but as it hath beene before ſayd in the wordes of the Apoſtle, among all that in euery place, call vpon the name of Ieſus Chriſt, our Lord, both theirs, and ours.

Confutation.

T Hoſe then are your wordes, in which you doe admit, and matriculate all the aforname d Chriſtiãs, into the Proteſtant Church.

Now in the firſt place it is to be conſidered, what beleefe theſe Chriſtians do embrace, what is the fayth,

which

which they do profeſſe, by which we may vnderſtande the Churches, and groundes which you M. Vſher had, to naturaliſe, & to incorporate them into your Church. To beginne then with the Greekes, as the moſt eminent ſect, to whome the Moſcouits, and the Ægyptians doe adhere (whome ſince her vnion with the RomanChurch in the Councel of Florence, about the yeare of our Lord 1439. from which vnion they ſoone after did departe) I find not that in any ſubſtantiall point, they do diſſent from the Roman Catholike Church, excepting the matter of primacy: which they denying vnto the Biſhop of Rome, aſcribe vnto their Patriarch of Conſtantinople.

True it is, that they were queſtioned about the proceſſion of the Holy Ghoſt, the third perſon in Trinity, whome albeit they more willingly maintayned in reſpect of tearmes, to proceed *A patre, per filium*, then as the Catholike Church vſeth to expreſſe it : *A patre, Filioq;*, and therefore were ſuſpected of a dangerous errour, as to defend the proceſſion of the third perſon, not equally and indifferently to be from the firſt, and ſecond, but more principally to be from the Father, aud leſſe from the Sonne, yet being required to explicate themſelues, they were found to beleeue very orthodoxly, and catholikely, in the ſame matter, and for ſuch were admitted.

Now then (ſay I) albeit, the Grecians in that one matter of ſupremacy, haue made a ſeparation from the Roman Church, yet in the ſame haue they not clapt vp an vnion with the Proteſtants. For they confer the Supremacy vpon their owne Patriarch of Conſtantinople, not vpon any ſecular Prince, as the Engliſh doe. Beſides, if it be erroneous in the Pope, to claime ſupremacy oner all Churches, it can be no leſſe in the Patriarch of Conſtantinople, vnles an error be not the ſame, being not held of the ſame perſon; the Proteſtants denying
any

any one man to be head of the vniuersall Church vnder Christ, but euery prince within his owne dominions. Obserue then M. Vsher, that you hauing admitted the Grecians, the Moscouites, and Ægyptians, haue receaued into your Church those, whome in one only point dissent from vs. And in no point at all agree with your selues, I say *in quantum* you are Protestants, and dissent from the Catholike Church.

For first (as hath beene seene) the Grecians hold, one Supreme head of the whole Church vnder Christ. The Protestants not. The Grecians hold the reall presence of our Sauiour his body and bloud, in the Eucharist. The Protestants not. The Grecians defend the necessity of Baptisme vnto saluation, and that originall sin is remitted thereby. You not. They, that workes doe iustify with fayth. You not. They maintaine Freewill, euen in the best actions. You not. They seauen Sacraments. You not. They say that Christ dyed for all mankinde. You not, but only for the electe. They confesse that God hath giuen sufficient grace to euery one, to be saued. You not, but only vnto the elect. They pray, & offer sacrifice for the dead. You not. They inuocate Saints, & Angells. You not. They worship the Crosse, and Images. You not. They honour Reliques. You not. They maintaine Traditions. You not. They Auricular confession. You not. They Euangelicall Councels, and workes of superogation. You not. They the merit of good workes. You not. Of all which their differences with you, and consent with vs, I will alledge no other writers, then your owne, I meane of the reformed Churches. First a Treatise set out by the Deuines of Wittenberg. Anno 1584. whose title is.

Acta Theologorum Wittenbergensium , & Patriarch. Constantinopol.
Chrispinus de statu Eccles. pag. 253. whose words are these

Græca, & Romana Ecclesia , & c . The Greeke , and
Roman Church are deuided only in the controuerſy of the Primacy , and variety of Ceremony -

Syr Edwine Sands , in the relation of the ſtate of Religion
of the Weſt, towardes the end of his booke, whoſe
wordes are theſe : *The Greeke Church agreeth with the
Roman, in the maintenance of Tranſſubſtantiation , and
generally in the ſacrifice, and the whole rite of the Maſſe ,
the Inuocation of Saints, Auricular Confeſſion , Oblation ,
and prayer for the dead, Purgatory, Adoration of Images ,
&c.*

And yet M . Vſher is come at length to embrace the
vnion, and communion of the Greeke Church, notwithſtanding all theſe differences, in moſt materiall pointes
of Religion , dayly impugned , and confuted, as moſt
grieuous errours, by our Proteſtants , and in particuler
by Iames Vſher himſelfe , wittnes his booke , *De ſtatu,
& ſucceſsione Eccleſiarum Chriſtianarum,* as alſo his late Anſwere vnto the Ieſuits chalenge.

And now out of this vnion, and communion of M.
Vſhers Church with the Greeke, will I proue M . Vſher
to be a Papiſt, a thing which he ſo much doth abhorre ,
and deteſt . Thus then I reaſon , *Ad hominem,* from theſe
two propoſitions, the former whereof is acknowledged
by himſelfe . The ſecond already proued .

   1 .   M. Vſhers Church, and the Greeke is all one .

   2 .   The Greeke Church diſcenteth from the Roman
only in the matter of Supremacy .

Sic argumentor.

Thoſe who embrace the communion of the Gretian
   Church, notwithſtanding the errour of Supremacy
   therein maintayned , cannot in reaſon refuſe the
   communion of the Roman, for the ſame error . *Bus.*

M . Vſhers Church embraceth the communion of the
   Greeke Church, notwithſtanding that error. *Ergo.*

M. Vſhers Church may not refuſe the communion of
                      the

the Roman Church for the same error.

Thus you see, M. Vsher by making himselfe a Greeke, a Muscouit, and a Gybsie, hath also turned himselfe vnawares vnto a Papist. And being a Papist, and withall learned, he must needes be damned, and that by his owne sentence, and acknowledgment. For in his sermon pag. 7 he only exempteth from damnation, the simple and ignorant of the Roman Church, but not the learned: which his opinion he hath also in priuate conference vttered to diuers (as himselfe wel knoweth) namely, that no learned Papist can be saued.

But now I will proue, that M. Vshers Church can haue no vnion, or communion with the Greeke Church at all.

Sic argumentor.

That Church which is a member of another Church, that other Church must also be a member of it. *But.*
The Greeke Church is no member of Maister Vshers Church.   *Ergo*
M. Vshers Church is no member of the Greeke Church.

The Maior of this Syllogisme, is that knowen doctrine of S. Paul (Rom. 12.4.) *For as in one body we haue many members, but all the members haue not one action. So we being many, are one body in Christ, and ech one others members.*

The Minor is to be proued, namely, But the Greeke Church is no member of M. Vshers Church. See for this a Treatise set forth Anno 1588. by Hieremias Patriarch of Constantinople, contayning the definitiue sentence, and condemnation of the Protestant doctrine & religion, in which booke the Bishop of Constantinople, and the Greeke Church, gathering the Protestants doctrine, into certaine Articles, or Heads, send them all with their *Annathema*, vnto the pit of hell, from whence (they say) they were fearched. This booke is refuted by the Deuines of Wittenberge, vnder the name of an *Antidotum*, vnto the censure of the Patriarch of Constantinople.   The

The fame alfo haue the Mofcouites done for their partes, fo farre from making vp one Church togeather with your reformed Churches, as they in a diftinct treatife fend you home, with their curfe, and with one voice crye out: *Noli me tangere*. Come not neare me. See for this booke intituled, *Refponf. Bafilij magni Ducis Mofcouiæ*, fet forth Anno Domini 1570. and confuted by one Iohn Lafcicius a Proteftant of Polonia. So you fee how little the Grecians, and Mofcouite Churches, do efteeme of your communion, difclayming all fellowship, and fociety with you. As for the Churches of Ægypt, they in the dayes of Clemens octauus, abandonning the Schifme of the Grecians, haue reconciled themfelues vnto the Roman Church, as may appeare by their letters, and Embaffage from Gabriel then Patriarche of Alexandria, and is to be read with Baronius, in the latter end of his fixt Tome of Annalls, of which I wonder you tooke no notice. Now as for the Chriftians fcattered in Afia, from Conftantinople, vnto the Eaft Indies, thefe are commonly knowne by the name of Armenians, and Georgians. As for thefe, I know not what intereft you haue in them, but it wel appeares that Abdifu Primat of the Armenians, fubfcribed vnto the late Councell of Trent. And generally all of them hold eyther of the Latin, or the Greeke Church, faue, that it is thought among diuers of them, do remayne the dregges of the Neftorian, and Eutichan herefyes.

It remayneth in the laft place, to confider of your vnion, and attonement which the Æthiopians, commonly called the Abiffini, vnder Priefter Iohn their King. And furely M. Vsher, when you admitted thefe Chriftians into your Brotherhood, I dout not but you thought of that faying of the Apoftle. 1.cor. 7. 19. *Circumcifio nihil eft, & præputium nihil eft*. Circumcifion is nothing, & Præpuce is nothing. For albeit the Æthiopians baptife as we do, yet they circumcife alfo, not only the Males,

as was

as was commanded by the law of Moyſes , but *ex abun-*
danti, their femals alſo: in all other things, profeſſing the
fayth of the Catholike Church, acknowledging the Pope ſupreme Head therof , and Chriſts vicar vpon earth .
All this may appeare by the confeſſion of their fayth, ex-
hibited vnto Pope Gregory 13. and recorded by Poſſeuinus . And truely I can neuer ſufficiently wonder at
your deſparation, your wild, and incompatible doctrines , heere embracing the Æthiopians as bretheren &
fellow-members of one Church, albeit infected with al
the errours of the Roman Church (as you call them
none excepted . You ceaſe not daily to cenſure the Roman Church , for Antichriſtian , crying out with wide
throts : Come out of her my people, in the meane tyme
thruſting your ſelues into the Gretian, Moſcouit, Ægyptian, and Æthiopian communion, polluted and defyled
as your ſelues are forced to confeſſe, with all the Super-
ſtitions, falſe doctrines , and Idolatryes of the Roman
Church .

But you receaue a iuſt recompence of your prepo-
ſterous zeale, and inconſequental proceedings , For your
louing them, they loth you: you kiſſing them as friends,
they kicke you out as foes : you embracing them as
brethren , they flye from you , as ſtrangers . So as when
all is done, you reape but your labour , for your trauels
and are forced to beare apart with the forlone louer .

All ſadly may you ſing, and to your ſelues.
     complayne ,
A Hell it is to loue, & not be loued againe.

In this Chapter is layd downe, the maruellous consent of beliefe, and doctrine, betwixt the Iewes, and the Turkes of the one side, and the Protestants of the other, shewing how easily the matter might be composed, as touching an vnion among them, by M. Vsher, or any other zealous Minister.

The second Chapter.

WEll now M. Vsher, you may now say with the Poet : *Pars est exacta laboris*. Part of your taxe is performed, and indeed the greater, for that which remayneth is very short, sweet, and easy. It is no more, but to take in at your next sermon, or in some other small penned Treatise, the Gentill, the Iew, with his Talmud, & the Turke with his Alcaron, into the communion of the Protestant Church. A matter of small labour, and of great consequence, and well beseeming your endeauours. And to facilitate the matter, I will helpe you with a few notes. Happily your leasure is not so good as mine at this tyme, for besides the care of your Irish congregation, you haue your domesticall encombrances of wife, and children, of which my selfe (I thanke God) am free.

And what should hinder you from so good a worke? Is it because those miscreants admit not of Baptisme, and cannot abide to be christened? But that impediment is taken away, by all the purer sort of Caluinian Protestants, with whome it is a plausible doctrine, that Baptisme neyther hindereth, nor furdereth in the way to saluation, but that the childe dyinge vnbaptised may be saued, and the childe with Baptisme. damned. See these Authors following, and tell me if I lye.

Caluin Antidot. Concil. Trident. Sess. **6**. cap. **5**.
Caluin

Caluin inftit. lib.4.cap. 96. paragraph. 24. and 25. Zuinglius in his booke of true and falfe Religion. Bucer in
Matth. cap. 3. Rogers in his booke intituled ; The Catholike doctrine of the Church of England, art. 25. Wil-
let in Synopfi controuerf. 11. queft. 3. Babington comment. in Genef. cap. 17. 7. All thefe, and many more
with one voice do hould Baptifme not at al neceffary vnto faluation. Their reafons are, for that fo many as be-
long to Gods election, whether chriftened, or vnchrifte-
ned, muft be faued, and it is a common pulpit doctrine,
that Almighty God hath his Church and elect, among
both Iewes and Turkes.

Againe, the children of the fayfhfull (fay they) be-
long vnto the promife, according as God promifed vnto Abraham, Genef. 17. *Ego era Deus tuus & femini tui.* I
will be thy God, and the God of thy feed : which promife did not only concerne Abrahams next iffue, and
pofterity, but euen, *In mille generationes,* for a thoufande
defcentes from Father Abraham, neyther is the Turkes
child, which was borne yefterday, a thoufand generati-
ons from Noah, or Adam, who were both fayhfull.
Thefe be your Proteftants argumentes obferued by M.
Hooker, in his booke of Church pollicy, and fitted to
our prefent purpofe.

Haue not thefe you noble Predeceffors, layd a notable foundation for you M. Vsher, to make a worthy
fuperftruction, not of hay, ftraw, or ftuble, but euen of
Gold, Siluer, and precious Stones, I meane to bring the
Iew with their expected Meffiach, and the Turke with
his great Brophet Mahomet, into the bofome, and lappe
of the Proteftant Church? The matter wants but a little
more countenance, & I nothing doubt, but one fermó
preached at Pauls croffe, a play of the fame Argument
at the blacke Fryars, and a well fong Balled in Holborne,
to make it plaufible in the peoples eares, will make vp
all. Courage man, Aduance forward. *Maiora canamus.*

        B   Straigne

Straigne vp your ſtringes, to a higher note. You know both Turke and Iew beleeue, that there is one eternall, and omnipotent God, maker of heauen and earth. They beleeue in the immortality of the ſoule, that after this life, there is a place of reſt, for the good, and of torment for the wicked, they can abide neyther Maſſe, nor Mattines, they defye the Pope, they ſcoffe at Reliques, they pray to no Saints, nor yet for the dead, they worſhip no Images, they can pul downe a ſtone croſſe, or a wodden Crucifixe, as valiantly as any Syr Ihon Kill-croſſe in all England, or Ireland, they can ruine Churches and Monaſteryes, as brauely as a french Hugonot, they can put away their wiues, & mary others as readily as a Rochell Churchman, directed by the Geneua Canons. And although they be a little more preciſe in faſting and abſtinence, then ordinarily Proteſtants be, it is to be hoped, they will not be ſo willfull therein, but that a little inſtruction, with a great deale of good example (whereof they cannot want, among you) many reclayme them.

And in good earneſt M. Vsher, I ſee not how, or by what reaſon, you can deny admiſſion, or ſhut the doores of your reformed Churches vpon theſe Iewes, & Turkes, forſomuch as it is euident, that they come neerer by many degrees, vnto the Religion eſtabliſhed in England, and Ireland, then eyther the preſent Moſcouit, Gretian, Ægyptian, or Æthiopians, whome notwithſtanding, you haue entertayned in your late ſermon, as may appeare in the precedent Chapter.

Happily it may be argued againſt the Iewes, and the Turkes, that they beleeue not the Trinity of Perſons, in the God head. No more (ſay they) did Martin Luther, who confeſſeth for his part, that he knoweth not whether the Trinity was a man, or a woman, a hee, or a ſhe, and therefore he baniſhed out of the Dutch Litanyes. *Sancta Trinitas vnus Deus, miſerere nobis.* Holy Trinity, one God, haue mercy vpon vs. And in a ſermon,

De

De natali Domini, among his Poſtiles he teacheth : *Chriſtū hominem non eſſe omnipotentem .* Chriſt man, not to be omnipotent, and ſo conſequently not God . And yet I trow
you are not about to exclude Luther out of your reformed Church ? O no, for Caluin witneſſeth of him, that
he was , an excellent ſeruant of God, a faythfull Miniſter
of the Church, *Epiſto.* 14 5. *ad Mabachium.* Item, a ſingular Apoſtle of Chriſt, by whoſe mouth God thundered ,
lib. contra Pigh . To whoſe commendation our Engliſh
Proteſtants adde : That he was a thrice holy man, ſent
from God, to enlighten the world . *Gabriel Powell in anſwere vnto the Papiſts petition pag.* 70. An Angell, and Gods
laſt trumpet, whoſe miſſion was from God extraordina-
ry . *Cartwright contra VVhitgiftum pag.* 217. Another Elias
the chariot, and Coachman of Iſraell. *Fox Act monument.
pag.* 416.

And yet this great Coachman of Iſrael, taught ſuch
doctrine as you haue heard touching the Myſtery of the
Trinity . And Caluin, whoſe prayſe in the Ghoſpell is
throughout all the reformed Churches, at leaſt of England, and France, auoucheth the fiſt perſon only to be
God *per excellentiam ,* and moreouer, that the Father be-
got the Son, *qua voluit,* becauſe it pleaſed him ſo to do,
whereas if he had not ſo willed the ſame, the Sonne had
not beene , and the Sonne by nature, and neceſſity, not
being, muſt of force be a meere creature and not God .
Laſtly he ſayth, that it is a very harſh and an improper
ſpeech of the Nicen councell to call the ſecond perſon in
Trinity : *Deum de Deo, lumen de lumine .* All this ſhall you
find in a booke, that Caluin wrote againſt a certaine I-
talian heretike called Valentinus Gentilis, in the confutation of his tenth propoſition .

So then M. Vſher, you eſteeming Luther, and Caluin, not as ordinary, but principall members of your
Church, you need not to refuſe for this point of the Trinity, the Iewes, and the Turkes, and ſo much the rather

for that both of them, no leſſe then Luther or Caluin, do aſcribe vnto our Sauiour, all attribution of honor incident to a moſt holye, and a deuine man. Firſt, for the Iewes, Ioſephus a famous hiſtoriografer, a Iew both by birth, and profeſſion *De antiquitate Iudæorum lib.* 18. *cap.* 4. ſayth of Ieſus, he was a moſt holy man, if it be lawful to call him a man, who is beleeued to haue riſen from death the third day.

And as for the Turke. It is wel knowne that he honors him, as a principall prophet, greater then Moyſes, as may appeare by his carefull preſeruation of his monument in Hieruſalem, vnto which, more Turkes, then Chriſtians goe on pilgrimage, laying their hands vppon the ſtone of the Sepulcher, & ſo often againe ſtroaking their heades, and faces. And being about to make a pilgrimage vnto their great Prophet Mahomet at Mecha in Arabia, they firſt viſit with great deuotion, the monument of our Sauiour in Hieruſalem. Yea that very ſtone on which our Sauiour ſtood, when from the mout of Oliuet he aſcended vp into heauen, forty dayes after his reſurrection, haue the Turkes lately remoued, and placed, as a principall ornament in the wall of one of their temples, or moſchos, yea the Turkes are ſo Religious in the honour and worſhip of Chriſt, as if any ſhould blaſpheme eyther him, or his Bleſſed Mother, the Virgin Mary, whether by denying her virginity, or any other of her excellent vertues, he ſhould be burned with a fire. I woſſe not made of Iuniper, but of Dogges daſinges, which may well reproue the irreuerent behauiour of a number of our Puritans, in this age, who are not aſhamed (euen from the Pulpit) to reſemble the glorious Virgin vnto a Saffron bagge, which contayneth a pretious commodity, it ſelfe being of ſmal reckoning: by which baſe languadge of the Miniſter, it comes to paſſe, that the dounghill ſort forbeare not to compare her with their wiues, and whome the Angell Gabriell

pronounced

pronounced full of grace, and bleſſed aboue other wo-
men, their shamefull mouthes do mate, and rancke with
their ordinary houſewiues, albeit (to ſay the truth) both
Proteſtants and Puritans of late, are become more mo-
derate in this kind, then heeretofore they haue beene.

If you obiect (for I would fayne put all ſcruples out
of your head) that the Iewes and Turkes, deny all Sacraments, and that therefore there can be no agreement
twixt you, and them : I anſwere, neyther can that difference preiudice them, for firſt your ſelues hould as few
as may be, for the Philoſophers defend, that two is the
loweſt number, and more then two, are not commonly
maintayned in England, namely Baptiſme, & the Lords
ſupper. Now as for Baptiſme, we haue already proued,
by many teſtimonies of Proteſtants, and ſuch as be of
beſt note among you, that it is not at all neceſſary vnto
ſaluation. But the Iewes, and Turkes held the ſame. May
you not then all daunce in a ring, and merily ſing ? *Iam
ſumus ergo pares* .

As for the Lords ſupper, it is a knowne Maxime a-
mong you, that it conferreth no grace at all, and that
the vſe thereof, is but only to ſigne, and ſeale the promi-
ſes of the Ghoſpell, vnto the faythfull Communicant.
Now then, me ſeemeth, that albeit among men, it be
very conuenient, yea neceſſary (as theſe tymes are) to
haue writinges both ſigned and ſealed, to make good
what is agreed vpon, and couenanted betwixt partyes,
and all little enoughe, yet with God Almighty, you
need not be ſo curious, or ouer-miſtruſtfull, for hauing
his word in the Scriptures, you may well beleeue it, &
it would (in my opinion) be a ſigne, not only of inge-
nuity, but alſo of a better, a more ſtronge, and ſtedfaſt
fayth in you, not to require theſe ſignes, and ſeales at
his handes . But now will I demonſtrate vnto you, that
of neceſſity you muſt contradict all reaſon, if for a matter of Sacramentes, you deny communion vnto thoſe
miſcreants .

miscreants . And thus I argue .

Suppofing the word of God teacheth, that there be only two Sacraments . Then is it all one danger, and errour, to hould three Sacraments, as to hould no Sacrament .

But Luther, and Caluin, do hould three Sacraments. *Ergo* they might as well hould no facrament .

But Luther, and Caluin are not excluded out of the Proteftant Churches, for houlding three Sacraments .

Ergo neyther the Iewes, nor the Turkes, can be debarred for houlding no Sacrament .

There is no more to be done, but that I proue, that Luther, and Caluin did hould three Sacramentes . Firft, Luther did hould thefe three Sacraments , Baptifme, Eucharift, and Pennance , proued. *Luther in affertione 35. contra Louanienfes .* Pennance with the vertue of the abfoluing keyes, I do willingly confeffe to be a Sacrament. Befides, it is the common doctrine of the Lutherian catechifmes, vnto this day, and the confeffion of *Augufta art.* 13. fayth thus : *Thofe be truely Sacraments , Baptifme, the Supper of our Lord, Abfolution, which is the Sacrament of Pennance , for thefe ceremonyes haue the Commandement of God, and the promife of grace .*

Now for Iohn Caluin, he held alfo three Sacramēts though not the fame with Luther, namely Baptifme, Eucharift, and Order . See inftitut. cap. 18. paragraph. 19. 20. Where he tels vs that there be only two Sacraments, namely Baptifme, and the Supper. Yet a little after, cap. 19. paragrapho 31. He accoumpts Orders among the true Sacraments , and he giues this *caueat* , that when as before , he fayd there was only two, his meaning was of fuch Sacraments , as were common vnto the whole Church . And fo accordingly confuting the councell of Trent, he only caftes out foure from the number of the Sacraments ; namely Confirmation, Pennance, Matrimony, and Extreme vnction , and leaues the other three Baptifme, Eucharift. and Orders . *Antidot: Concilij Tridentini dent. feß. 7. Canon. 1.*

Lastly to conclude this point . Haue not you M . V-
sher in this present sermon, admitted into your Church
the Grecians, and Muscouits, who teach and maintaine
seauen Sacraments ? If then the Grecians, and Musco-
uites can come in at your Church doore, with seauen
Sacraments vpon their backes , which according vnto
your doctrine, is fiue too many, may not the Iewes, and
the Turkes enter with more ease , bringing with them
two, too few , that is iust none at all ? You see then how
want of Sacraments, can be no sufficient cause, to keepe
those good fellowes out of your Church .

But now, will you doubtlesse argue against the Iewes,
and the Turkes, that they doe not receaue all the books
of sacred Scripture, and for that cause they be no Protestants .

To this I answere : That indeed it cannot be deni-
ed, but that as they doe admit of some part of the written word, so doe they exclude other portions thereof .
For example both Iew, & Turke receaue the fiue bookes
of Moyles, & some other scriptures: diuers agayne they
do reiect, and generally all the bookes of the new Testament. Yet (say I) this is no sufficient ground to hould
them out of the number of the reformed Churches, forsomuch as it is manifest , that Luther himselfe (that
Coachman of Israel , a Iohn Foxe stileth him) did not
only with Zuinglius , and Caluin , and the rest of his
successours, cast out al such bookes of the old Testament
as are not found in the Hebrew , but euen such also as
are both in England and Ireland, and diuers other reformed Churches admitted and embraced .

As for example, the booke called *Ecclesiastes* , of
which he sayeth the Author of that booke seems to him,
to ride without bootes and spurres only in his Gamma-
shoes, as himself was wont to do, when he was a Fryar.
Luther conuiuall serm . tit. de lib . veter. & noui testament .

B 4   And

And as for the Epistles of S . Iames, he sayeth, it is *Contentiosa, tumida, sicca, stramnea, & apostolico spiritu indigna*. It is contentious, swelling, drye, made of straw, and vnbeseeming an Apostolical spirit. Luther Preface *in Episl. Iacobi edit. Iene*. He moreouer excludes from the sacred Canon, the Epistle to the Hebr . and of S . Iude, as may appeare by his Prefaces before them .

So Adam Francisci a famous Protestant writter, in his *Margarita theologica,* pag. 448. sayth : That the Apochriphall books of the new Testament are, the Epistle to the Hebrewes, the Epistle of Iames, the second, & third of Iohn, the later Epistle of Peter, the Epistle of Iude, & the Apocalipse. Now I demande, what lesse liberty hath the Turkes, and Iewes, to loppe away what branches of the sacred Canon they list, then Luther, and his adherents, whose practise we haue already seene ? No, rather let vs heare them altogeather: *Pares enim cum paribus (veteri prouerbio) facillime congregantur*. Like will to like &c .

It may be you will not admit of the Iewes and the Turkes, for that they retayne still Circumcision, according vnto the law of Moyses . I answere, that you are not to loue them the worse for that ; for if you remembre , you haue in this very same sermon preached before K. Iames at Wansted, admitted already the Æthiopians, who as it is well knowne do most carefully circumcise al both Males, and Females . Besides it is a most receaued doctrine in the reformed Churches, that the Sacraments of the new Law, do not surpasse in vertue, and excellency those of the Old , and in particuler, that Baptisme is nothing better, then Circumcision, to which it did succeed . So *Caluin lib.* 4. *instit. cap.* 14. *paragraph.* 23.

How then should this be, *Paries maceriæ,* a wall of partition betwixt you ? Tell me would you haue better Christians then S. Paul, & Timothy were ? And did not S . Paul euen in the primitiue, and best tymes of the Ghospell, circumcise his disciple Timothy as himselfe confesseth ?

confesseth. By whose example your Brethren the Æthiopians do admit of Baptisme, as they omit not (according vnto the law of Moyses) to circumcise their Infants, the eight day, retayning for better assurance, both the one and the other, knowing that a twisted corde, is not easily broken. See for this *Posseuinus in confessione Abyssinorum*.

Againe, It may be obiected, against the Iewes, and the Turkes, that they vse *Poligamy*, or plurality of wiues, the Iewes successiuely, and the Turkes at the same tyme, but what can that hinder them, from being most blessed, and fruitfull branches, of the reformed Churches? No, M. Vsher, there is no such scantity of roome among you, as you need to say: *Stratum angustum est, & non recipit duos*. Our bedde is strait, and will not hould two, but rather sufficient to entertaine the Iew, with his libell of diuorce, and the Turke with his plurality of wiues.

For the former, true it is that the Iew, as in our Sauiours tyme, so to this day vpon sleight occasion, wil giue *libellum repudij*, a bill of diuorce vnto his wife, by which he testifyeth, that for his parte he leaueth her, to mary where she liketh, no lesse then himselfe. But not halfe so many causes of diuorce, doth the Iew pretend, as the reformed Churches, and their Doctors, haue inuented. First, is not this the doctrine of Luther? And are not these his expresse wordes? (I would be sorry M. Vsher, that you should be able to charge me with an vntruth, or a false citation, as I haue you, many tymes in one Epistle) Sometymes wiues (sayth he) proue so froward, that though their husbands should oftentymes fall into fault, yet such would be their harshnes, that they would not reagrd it, then is it meete for the husband to say: If you wilbnot, another will: if the Mistresse will not, let the mayd come, put away Vasty, and take Hester, after the example of King Assuerus. So *Luther serm. de matrimonie*.

monio tom. 5. *fol.* 123. The same Luther teacheth, that in case the husband perswade the wife, or the wife the husbande to any sinne , in case a rich woman mary a poore man, and her friendes mislike the match, and in case the man, and the wife braule and scould , and cannot liue peaceably, it shalbe free for them, to marry againe with others . *Luther in comment. in* 1. *Cor. cap.* 7. *anno* 1523. *& lib. de causis Matrimonij* . *Anno* 1530. And so Luther.

Now let vs see, what Caluin , and his schoole teacheth vs : In case (sayth Caluin) that two be contracted without the consent of their parents, or in case a man mary a whore, in place of a Virgin, or in case eyther party be absent, for the space of a yeare , or in case, eyther party be infected with any contagious diseases , or in case the husband will not keep home, after three monethes admonition, the mariadge may lawfully be dissolued, and eyther party, new match themselues . See for this, *Caluin in his Institut. lib.* 4. *cap.* 19. *Idem in Statut. Geneuensibus pag.* 29. 32. 40. & 41. If a husband, say the Geneuan Canons , shalbe absent , let his wife cause him to be called by the publike Cryer, and if he come not within the time limited, the Ministred shall licence his wife to take another husband . *Canon Geneuen. Anno.* 1560. & 1562.

Thirdly , Martin Bucer , reader of Diuinity in the vniuersity of Cambridge, in the raigne of King Edward the sixt, whome the English Church acknowledgeth for one of her primatiue Apostles , Caluin for a faythfull Doctor of Christ his Church, I say, this Bucer doth not only giue his applause to all the aforesayd cases , but numbreth vp many others (which for breuityes sake I omit) and are to be seene in his booke intituled . *De regno Christi, lib.* 2. *cap.* 42. & 37. 38. 39. &c.

What thinke you M. Vsher ? Is the doctrine of these euangelicall Teachers , and Apostles of the reformed Churches, heauenly, spirituall, and from aboue, or rather

ther earthly, carnall , and from below ? Which were it
admitted in common wealths, by temporall Magistrats,
and practised with as great liberty , and freedome as it
is published, and printed by thefe carnall Ghoſpellers ,
what ſtrange, and deformed Republike ſhould we behould ? Yea, were it not that the very light of nature ,
which illuminateth euery man cōming into this world ,
did not condemne and defy this ſenſuall doctrine,in the
breaſts, and conſciences of men, who haue but the fee-
ling of common honeſty , what a prodigious confuſion
would enſue in the iſſue , and poſterity of man-kinde ?
Such ſtrange petidegrees, kinreds, and conſanguinityes,
aliances, and affinityes would hence ariſe, as neither the
learned Caſuiſt would be able to reſolue , nor the cunning Hearrald, or the skilfulleſt in Genealogyes , could
ſet downe, and expres : Not to ſpeake of the vtter ouer-
throw of all breeding , and neceſſary education of Infants, which perforce muſt enſue, and accompany the
practiſe of the aforeſayd caſes . Yet among our Engliſh
Proteſtants (I confeſſe) I find not many of theſe caſes *in
vtridi obſeruantia* . Albeit in caſe of fornication, and of
frigidity (though happening after mariage) as alſo in
precontractes, where no conſumation was , and in caſe
where eyther party ceaſing to be a Proteſtant , embraceth the Catholike Religion , we ſee diuorces graunted,
and licence of a ſecond mariadge permitted . Looke thã
M . Vsher in ſuch liberty of wiuing, which way you can
keep out Barrabas the lewe , though ſeauen tymes di-
uorced, and as often wedded from your reformed Sina-
gogues, and ſo much for diuorces .

    Now for the ſecond point, which is , Plurality of
wiues, all *in eſſe et de præſenti*, which is the Turkes caſe .
Let vs now conſider, what ſingular allowance, your ſenſuall Ghoſpellers doth afford . Firſt , Luther that greate
Coachman of Iſraell ſayth , That Poligamy or plurality
of wiues at once , is leaſt indifferent, and neither forbi-
den

den, nor commanded . Luther *in expositione in, Genef. Anno* 1525. And Philippe Melanchon is confident, that K. Henry of England, with credit, and a good conscience, if his end was to haue had issue, might haue more wiues, because (sayth he) Plurality of wiues is not against the law of God, since Abraham, Dauid, and many holy men had many wiues at once . So Melancton *Concil. theolog. p.* 134. And accordingly haue we seene this doctrine practised by diuers of note in King Edward, and Queene Elizabeths dayes, which who list to see, may haue their names in a booke called the *Vncasing of heresies cap. 2.* Yea the practise of this Poligamy grew so strong, as it was thought conuenient vnto the King, and common welth, to restraine the same by Act of Parlament. And so in our late Kings dayes, it was made fellony for a man to haue two wiues, or a woman two husbands at the same tyme liuing .

You see then M . Vsher, how little cause you haue, to repell from your congregations, eyther Iew, or Turke from plurality of wiues, vnles you would haue them better Protestants then Luther, Caluin, Melancthon , Buter , &c.

And now you M . Vsher, who allow so well of the doctrine, and practise of the Roman Church, for the six hundred yeares immediatly after our Sauiour, in so much as in your booke, *de statu et successione Christianarum Ecclesiarum* , dedicated vnto King Iames pag. 18, you are confident to auouch : *Omni asseuer_atione, in vniuerso terrarum orbe conspectum esse neminem, quem Papistam iure appellare possis* . As much to say . As through the whole world, there was not one, whome a man might truely tearme a Papist . Yet I chalenge, and prouoke you to giue one example, within the compasse of the foresayd tyme, in which you and your followers peremptorily auouch the same Religion was taught, and practised, which at this day is professed in England and Ireland, I say to pro-
duce

duce one example, of eyther of the former sortes of Poligamy allowed by the doctrine of the Roman Church,
eyther the, or since till this day. This if you canot do, you
may plainely see, *Quantum mutatus ab illo*: How much the
Euangelicall state of the reformed Churches doth differ
from that, which hath your owne testimony to be the
true Church without blemish, your Pastours & Church
men allowing diuorces, and Poligamy lawfull. As much
to say, open whoredome, which that Church did euer
condemne, and detest .

Happily you will say by way of Recrimination, that
the Roman Church doth also dispense in Mariadge, and
allowe of diuorces, for example, Clement the 8. Pope,
dispensed with Henry of Borbon late King of France, to
forsake Magarita de Valois his wedded, & bedded wife,
to marry Mary de Medicis, of the house of Florence, by
whome she had Lewis the 13. who now raigneth . To
which I answere, that, *Plus quam genere differunt.* your diuorces and this , For heere was made no diuorce or separation of man and wife at all , for it was found by de-
position of witnesses, by confession of the partyes , by
presumptions, by probabilityes, & al kind of arguments
that from the beginning there was no marriage , no
matrimoniall knot betwixt these personnes , eyther for
want of mutuall consent, or some other essentiall point,
for where true mariadge is contracted, & consumated ,
no power in heauen, nor earth can dissolue the same, the
partyes both liuing , I say to vnlose the wedding knot,
as they may be at liberty to marry, albeit I confesse ; in
respect of bed, bord, & cohabitation, a separation may
be iust in some cases, eyther finall , or for a tyme , but
then is there allowed no second wedding . And thus at
length haue we established, a perfect harmony and con-
sort twixt the doctrine of the Iewes, and the Turkes, &
the Protestants of the reformed Churches, and that in
the most serious and weighty matters of Religion , as
namely

namely Trinity, Sacraments, Baptifme, Euchariſt, Circumciſion, Matriadge, Sciiptures. Other differences are of ſo ſmal moment, as they can breed no variance amóg them : true it is that the Iewes and the Turkes, doe eate no Swines fleſh, nor they ring no bells, for the fiſt, I can ſay no more, but as the Northern man ſayd : If they will eate no Porke , they muſt haue other meate, and I know the charity of the Proteſtants to be ſuch, as they will rather conforme themſelues vnto their cuſtome, thē breake with them , for ſo ſmall a matter, obſeruinge the Rule of S. Paul, 1. Cor. cap. 13. *If meat ſcandaliſe my Brother, I will neuer eate fleaſh, that I may not ſcandaliſe him.*

As for Bells, thoſe that enforme themſelues of the primitiue tymes of the Proteſtant Church , in the dayes of King Edwaid the fixt, ſhall find, that it was in conſultation vnder the Duke of Someriet, then Protector, whether the Bells ſhould come downe from the ſteeple, and walke vnto the Eſchequar, where well neere ringing their laſt knell, they hardly eſcaped fiom being confiſcated vnto the Kinges vſe, leauing one in euery ſteeple to toll the Pariſhoners by the eares, vnto the Pariſh church, accord* ing vnto the cuſtome of Rochell, and Geneua : & what harme were it for the Miniſter, morning and euening, to go vp vnto the Church ſteeple, when firſt being well breathed with the aſcent , he might ſummon the people, eyther *viua voce, & bonis lateribus* , with a ſhrille voyce, and good ſides. *Almodo Turqueſco* , as the Turkes Miniſters vſe to do, from the top of their Moſcos, or els *in voce, Tubæ tonneæ*, as Gentlemen of the innes are called to their commons ? Beſides the taking away of the Bells, would giue no ſmall contentement vnto our Puritans , who accoūt it as one of the rotten raggs of Popery, that Bells are yet hanging in the ſteeple , which might be better employed, changed vnto Morters to pound ſpices in, ſome into Pots to hang ouer the fire with beefe, & cabage, others into Braſen pieces for defence of the Ghoſpell.   Laſtly ,

Lastly, it is true, that the Turkes drinke no wine at all, as for the gentle Iew he is not Abstennus, for Mahomet their great Prophet, one tyme passing by the way, saw some of his disciples drinking with great mirth, which much côtented him, but returning back not long atter, he found them altogether by the eares, with bloudy noses, which their intemperance he so much detested, as he put his curse. aud maledictiō vpon wine, so as since that tyme, neuer durst Turke tast of that liquor, well good leaue may the Turkes haue to drinke with his horse, our English, and Dutch Protestants know how to recreate themselues, with the Canary and Malego Xeres &c.

To conclude we see, how *Abissus abißum inuocat*, One absurdity is a shoing-horne for another : our Protestants who haue entred into community with those, who are so different from them in beleefe, cannot disclayme the fellowship, and brotherhood of Iew and Turke, who differ from a Geneua Puritan scarce the breadth of a nayle, according vnto that

Qui Bauium non odit, amat tua carmina Mæui.

a picture of M. Vsher *his Alchimisticall,* Chimericall, Poeticall, *fantasticall Church,* no *where extant in* rerum natura, ante opperationē intellectus, *drawne by his owne pencill, in his last sermon preached before King* Iames *at* Wansted, Anno Domini 1624.

The Third Chapter.

Iames Vsher pag. 28.

THus, if at this day, wee should take a suruay of the seuerall professions of Chriſtianity, that haue any lardge spread in any parte of the world (as of the Religion of the Roman, and the reformed Churches in our quarters, of the Ægyptians, and Æthiopians in the South, of the Gretians and other Chriſtians in the Eaſterne part.) and should put by, the points wherein they differ one from another, and gather into one body the reſt of the articles wherein all generally agree, wee should find, that in those propoſitions which without all controuerſy are vniuerſally receaued in the whole Chriſtian world, so much truth is contayned, as being ioyned with holy Obedience, may be ſufficient to bring a man vnto euerlaſting ſaluation, neyther haue we cauſe to doubt, but as many, as do walke according vnto the rule, neyther ouerthrowing that which they haue buylded, by ſuperinducing any damnable hereſyes thereupon, nor otherwiſe vitiating their holy fayth, with a leued, and wicked conuerſation, peace shall be vpon them, and mercy, and vpon the Iſraell of God.

The

The examination, and vtter defolation of the forefayd Church .

THe glorious temple of King Salomon, being deftroyed by Nabucodonofor, was builded againe vnder Cirus & Darius, but it is fayd, that the old men, who had feene the beauty of the firft Temple, behoulding the fecond, fell a weeping, becaufe the latter was not fo excellent as the firft. But haue not our Proteftants, much more caufe to weepe, and lament, to fee their Church which hath beene almoft the fpace of one hundred yeares in buylding, in one fmall patch of an houre-glaffe fermon, to be vtterly deftroyed, and not fo much as a Chappel, or an Oratory erected in place therof? For heere M. Vsher hath drawne vs out a Church, no Church, but a meere *Ens rationis*, compofed of fhadowes, negatious, priuations, like vnto an enchaunted caftell in the ayre, as by examination fhall appeare.

Firft then as he bidds vs, let vs take the Roman, and reformed Churches, the Ægyptian, the Æthyopian, and the Grecian Churches, lay all thefe before vs. Then fayth he, put by all the pointes wherein thofe Churches differ one from another: and thirdly, gather into one body the Articles wherein they do agree, & that is your Church; for in thofe articles (fayth he) fo much truth is contayned, as being ioyned with holy Obedience, may be fufficient to bring a man to faluation &c.

Well then, handes to worke, and according to our prefcribed rule, let vs extracte (if it be poffible) this quinteffence of a Church. To beginne then with the Sacraments, and as you, M . Vsher, haue prefcribed, neyther more, nor leffe, we will take away all pointes of difference in the fame, and the remaynder we will referue, for your new Church. About the Sacraments then, I

find thefe differences . Firft, that the Roman, the Gretian, the Ægyptian, and Æthiopian Churches, doe beleeue feauen Sacraments to haue been inftituted by our
Sauiour. The reformed Churches of the Lutherans, three.
The reformed Churches of England & France, two. And
all this neither more nor fewer . What am I then to doe?
Mary, according vnto my rule, I muft throw the Sacraments out of doores , becaufe thefe forefayd Churches
cannot agree about them, for it is impoffible (fay I) that
there should be feauen Sacraments, and no more, nor
fewer : three, and neyther more, nor fewer : two, and
neyther more, nor fewer . Well yet we will trye another
way, for me thinkes, a Church should not be without Sacraméts. Now then for a fecond extraction.

And firft we will infifte in Baptifme, which the Romã
Church and the Gretian fay, was inftituted by our Sauiour, to abolish that originall corruption contracted in
our firft Parents, and that there is no other vfe of Baptifme, but to wash away finne . So *Concilium Trident. feſſ.*
7. Canon. 7. 8. The Proteftant Churches of England and
Geneua, fay: that it is no lauer of regeneration at all, but
only a feale of Gods promife made vnto the party baptifed , and that the child vnbaptifed, may be faued, and
the baptifed damned . What are we now to do ? Truely,
according M . Vshers rule, Baptifme you muft walke,
the Churches agree not vpon you, & therefore you may
coole your felfe in the Church-yard , and if you can
ftay but a while, I thinke the Lords fupper will come after you .

For about this facrament of the Supper, I find no
leffe variety of iudgementes . The Roman, and the reft
of the Churches fay, all with one voyce , that in the Eucharift is the reall prefence of the body and bloud of our
Sauiour, or els no facrament at all, but a meere profanation, and an abufe . Our English reformed Church on
the other fide houlds with Caluin, that it is the fubftance of

ce of bread, and wine, sealing by a fayth, the promises
of Christ vnto the faithfull communicant, and that o-
therwise it were no Sacrament. So M. Vsher in his Epi-
ftle vnto Syr Chriftopher Sibthorp pag. 32. *Heere is
harpe and harrow*. What is now to be done with the Supper? Truely, according vnto our rule, we can do no leſſe
then ſend the Supper after Baptiſme, to ſeeke their for-
tunes. What haue wee left remayning for our new
Church of M. Vshers deuiſing? Truely nothing, or if
ought be, leſſe then nothing. And ſo much for a Church
without Sacramentes.

Now for Fayth, let vs ſee, whether M. Vshers Church
hath any fayth or not. For ſurely if this new Church
haue neyther fayth, nor Sacraments, I trow you will ea-
ſily graunt it to be no Church. Firſt then our Proteſtants
diſtinguiſh three ſortes of fayth, to wit, *Fidem hiſtoricam,
Fidem miraculorum, & Fidem iuſtificantem*. An hiſtoricall
Fayth, a Fayth of working miracles, and a iuſtifying
Fayth. For the firſt they ſay, that is not at all proper vnto
the Church, becauſe the Diuels may haue the ſame. Iac.
2. 19. *Demones credunt & contremiſcunt*. The Diuells beleeue, & tremble. For the ſecond, it may be in the wicked, and ſuch as are not of the elect, or members of the
Church, according vnto that of our Sauiour *Math.7.22
Many ſhall ſay vnto me in that day: Lord, Lord, haue wee not
prophetiſed in thy name, and in thy name wrought many miracles? And then I will confeſſe vnto them, that I neuer knew you:
depart from me; yee that worke iniquity*. Only the iuſtifying
or ſauing Fayth, that alone is the life and ſoule of the reformed Churches, and it is thus defyned by *Iohn Caluin*:
*Fayth is a firme, and a certaine knowledge of the loue of God vn-
to vs, grounded in the truth of the free and gratious promiſe in
Chriſt, reuealed vnto our mindes, and ſealed in our harts*. Inſt.
lib. 3. paragr. 7. or in other tearmes, but to the ſame
purpoſe: *Iuſtifying fayth, is an vndoubted perſuaſion in the wil
and hart of man, aſſuring him of the remiſſion of his ſinnes, in
Chriſt.*

Chrift, and of his adoption into the fonne of God. So the Lutherian catechifmes, and colloq. Altenburg. fol. 3. This
iuftifying fayth is that Achates of the Proteftants Chur-
che, and the confeffed foundation of all Chriftianity, by
this (fay they) a finner is iuftifyed, and once had, it can
neuer be loft, and therfore they are no leffe affured euen
in this prefent life of their future faluation, by this fayth,
then if they now enioyned the fafne, yet notwithftanding is this very fame fayth, togeather withal the appar-
tenances thereof, not only condemned, and reiected by
the Roman, and all the Churches aforenamed, excepting
the Reformed, but alfo moft ferioufly condemned, and
anathematifed to the pitt of Hell, as may appeare by the
Councell of Trent. feff. 6. can. 12. 13. & 23. The Gretiã
Church doth no leffe execrate and condemne this iuftifying fayth of the Proteftant church, as may appeare by
a booke fet out by their Patriarch of Conftantinople.
Now then, what are we to do with this iuftifying fayth?
Mary, for fomuch as the Churches doe not agree vpon
it, we muft according vnto the Rule prefcribed vs by M.
Vfher, caft it after the Sacraments. But what then haue
we left? Surely a Church without eyther Fayth, or Sacraments, a graceleffe, & a faythleffe Church (God knows)
but yet fquared according vnto the line, and leauell of
M. Vfhers *Idea*, or exemplar.

It is fayd, that when Plato had defined man to be a
two legged creature without fethers, that Ariftotle took
a cocke, and when he had well ftripped, and pluckt him
out of his feathers, he held him vp in his hand, and cry-
ed out : *Ecce hominem Platonicum.* Behould Plato his man:
fo we according to the definition, frame, and patterne
which M. Vfher himfelfe layd downe of a Church, haue
moft carefully pulled away all points croffed, or contra-
dicted by other Churches, as himfelfe wifhed, & willed,
fo as now, we may fay. *Ecce Ecclefiam Vfherinam.* Loe M.
Vfher his Church, only the difference is, that *Plato* his

Cocke

Cocke ſtript of his feathers was , *Ens reale,* that is ſome thing, but M. Vshers Church ſo pulled, is *Ens obiectiuum,* that is, iuſt nothing. Yet if Plato his Cocke would ſpare his comb for M. Vsher his Church , then M. Vsher might haue at leaſt ſome thing for his Church, though it were but a Cocks come .

Thus we ſee M. Iames Vsher, by teaching, preaching and printing of his owne inuention, and brayne-ſicke dreames, hath at length arriued at meere Atheyſme, bering his audiens in hand, that ſaluation may be had in a Church, which like the Philoſophers ſtone of the Thymyckes, was neuer yet found out . But now in another reſpect .

To conſider of your *Coinopiſa,* or *Communiter credenda* Articles, as you call them, vniuerſally beleeued of all thoſe ſeueral profeſſions of Chriſtianity which haue any lardge ſpread in the world, theſe Articles, for example may be the vnity of the God-head , the Trinity of perſons, the immortality of the ſoule, redemption, and ſaluation by the death and paſſion of our Sauiour, the reſurrection of our bodyes, the laſt iudgement, & the like. In regard of which agreement in the foreſayd articles , you haue gathered into one church, (as in the firſt chapter of this Treatiſe we haue ſeene) the Gretians, the Moſcouites , the Ægyptians , Æthiopians, and thoſe great companyes of Chriſtians from Conſtantinople vnto the Eaſt Indies, together with the reformed Churches , to whome you haue alſo added all our ignorant forefathers of the Roman Church before Luther pag. 23. excluding only the learned Papiſts , (as you call them) as may appeare by ſeuerall paſſages of this your ſermon, wherein the ſame is inſinuated : as alſo by diuers conferences , which you haue had with particuler perſons , in which you haue plainely manifeſted your opinion to that purpoſe. You acknowledged notwithſtanding in your wordes, aboue cited, that theſe *Coinopiſa* or points common-

ly,

ly agreed vpon, may be viciated eyther by a lewed life,
or by introducing some damnable heresyes vpon them.
But what these heresyes may be, which may vitiate these
common Articles agreed vpon, you haue not taught vs,
or reckoned them vp vnto vs in particuler, in which you
deale, as if a man should say vnto his Neighbour: *Beware*, but tells him not of what, but it seemeth that nothing held or beleeued of the forenamed Churches, is of
that quality, because you haue enclosed them all within
one sould: neyther haue you made any exception of learned, or vnlearned among them, as you haue done in the
Roman Church, in which respect you haue fallen vpon a
notable inconsequence, for that all those Idolatries,
false worships, and grieuous errours, with which you
charge the Church of Rome, are found also in all those
seuerall professions (excepting the reformed) which you
haue allowed for the members of one and the true
Church, as is at large proued in the first Chapter.

No lesse absurdly, and inconsequentially do others
of your Brethren proceed, who albeit they are not so
straigth laced, or so scrupulous as you be, but can be cō-
tented to allow of the Roman Church, both in respect of
Cleargy and Laity, learned and vnlearned, euen as it
standes at this day, to be the true Church of God, in
which saluation may be found, and that therein is the
true Kernell of Christianity, as Thomas Bedell, sometymes Preacher of S. Edmondsbury in Suffolke, was
wont to say, and as M. Hooker in his 5. booke of Eccle-
siasticall policy pag. 130. doth confesse, and as Bunnye
in his treatise of Pacification sayth, that neyther the Papists nor the Protestants ought to make the other stran-
gers from the Church of God, to which agreeth Doctor
Some in his Apollogy against *Penry* the Puritan, and D.
Couel in his Apolligy of the fiue books of *Hooker* his Ec-
clesiasticall policy pag. 77. To which number, many
more might be adioyned of the best note among you.

Yet

Yet (I fay) how the true Church can ftand with thofe
palpable Idolatryes, of worshipping a piece of Bread, &
a cup of wine for the eternall God, adoring Images,
ftockes and ftones, creatures as you chardge them in
place of the Creatour, inuocating Angels, and Saints, &
making more Mediatours then one, detefting from their
hartes that iuftifying fayth, which you make the very
foule of your reformed Churches, how the fame men,
can at the fame tyme, thus erroneoufly beleeue, and accordingly practife, as you accufe them, and yet withall
be members of the true Church of Chrift, it goes altogether beyond my capacity, vnles by a Metaphifical ab-
ftraction, you will haue a man *in quantum* he beleeues
your *Coinopifa*, to be of the true Church, and *in quantum*
he beleeues the feauen Sacraments, or the Real prefence,
or the reft, which your reformed Churches doe difclay-
me, to be none of the Church, as in particular S . *Bernard*, whome you generally acknowledge to haue beene
a Papift, yea, *Acerrimum propugnatorem fedis Antichrifti*, A
moft earneft defender of the feat of Antichrift, yet notwithftanding the fame S . *Bernard*, doth *Whitakers* in his
booke *de Ecclefia pag.* 369. tearme a holy man: *Ego quidem
Bernardum vere fuiffe Sanctum exiftimo* . I verily thinke
Bernard, to haue beene truely holie. Whome *Ofiander
Centur.* 12. *pag.* 309 . calles a very godly man, others a
good Father, & a lamp of Gods Church . But you ought
to know, as one only vice maks a vicious mã, & as the
breach of one commandement makes a man a finner, &
a preuaricatour of the whole law, according vnto that
of S . *Iames* 2. 10. *Whofoeuer shall keepe the whole law , but
offendeth in one, is made guilty of all* . So one onely Herefy,
makes a man an Heretike, how foundly, or orthodoxly
foeuer he beleeues in the reft : *Quia virtus eft ex integra
caufa, vitium vero ex quolibet defectu* .

How fenfeleffe then, and abfurd a thing is it to hould,
one, and the fame man, or one, and the fame Church to

be infected with all the errours of Popery (which Popery in the 26. page of this your printed sermon, you cal the Botch, the Plague, and infection of the Church) and yet to haue beene at the same tyme, a pious man, or a holy Church, both which contraryes your men predicat of S. *Bernard* (as hath beene seene) and of the presente Roman Church.

And this puts me in mind of that which I haue read of a certaine Bishop, who on a tyme, riding for his pleasure on hunting, was reproued in some liberall manner, by a simple country-man, as following a disport vnbeseeming a Church-man, and much more a person of his place, and eminency, Whome the Bishop calling vnto him, sayd merrely : Good fellow , thou art mistaken in mee, I doe not hunt , or follow these disports, as I am a Bishop , or a Church-man , but as I am a temporall Prince, and Lord of this countrey . To whome the honest country-man replyed : Yea my Lord, but if the Diuell (as God forbid) should fetch away your grace, as a temporall Prince , what would become of our good Archbishop.

Verily, if our Proteftants had but as much logicke as this country-man, they would not so grossely mistak, to thinke qualityes to be separated, *a parte rei*, from their subiects , because we can vnderstand them as separate by the operation of our mindes.

For example, Ieroboam worshipping his false Gods, was an Idolater, and therefore wicked , whatsoeuer other good parts he had . Euen so S. Bede and S. Bernard, if the Euchariſt be no more but as our Proteftants tells vs, bread and wine, muft needes be prophane Idolaters and wicked men , making the same their God, and accordingly worshipping it, what other vertue of humility or patience soeuer they had . And yet our Proteftants moft fondly confeffe them to haue beene both the one , and the other , that is, Idolatours, and flaues of Antichriſt

chrift, and yet the true, and faythfull feruants of God.
So *Bedell* againft *Alablafter* tells vs, that the Church of
Rome, as farre forth as it beleeues the vnity of the God-
head, the Trinity of perfons, & faluation by the merits,
death, and paffion of Chrift, it is the tru e Church of
God; but as it beleeues Tranfubftantion, Inuocation of
Saints, worshiping of Images, and the like, it is the
Church of Antichrift. O for a bable !

Heere our Preacher fuppofeth, what he ought to haue
proued, forfooth. That our lay Anceftours did onely
know, and beleeue fuch doctrines, as our Proteftants
allow of, in the Roman Church, and were ignorant of
thofe other Articles, which the Proteftants condemne
in the fame Church, and fo he teacheth, That the
fimple and vnlettred Catholike, might attayne faluati-
on, but the learned not.

The Fourth Chapter.

Iames Vsher in his Wanfted sermon
pag . 23 .

NOw from all that hath beene fayd, two great
queftions which trouble many, may be refolued.
The firft is, what we may iudge of our forefathers who liued in the communion of the Church of
Rome?

Whereunto I anfwere. That we haue no reafon to
thinke otherwife, but that they liued and dyed vnder
Gods mercy. For we muft diftinguifh the Papacy from
the Church wherein it is, as the Apoftle did Antichrift

from

from the temple of God wherein he sitteth; the foundation vpon which the Church standeth, is that common fayth (as we haue heard) in the vnity whereof, all Christians do generally accord: vpon this old foundation, Antichrist rayseth vp his new buildings, and layeth vpon it, not hay, and stubble only, but far more vile, and pernicious matter, which wrincheth, and disturbeth the very foundation it selfe &c.

Item pag . 25 .

Neyther may we account it to haue beene a small blessing of God, vnto our Ancestours, who liued in that kingdome of darknesse, that the ignorance wherein they were bread, freed them from the vnderstanding of those thinges, which being knowne, might proue so preiudiciable to their soules health, for there be some thinges, whith it is better for a man to be ignorāt of, then to know. *August . Enchirid . ad Laurent. cap.* 17. And the not knowing of those profundityes, which are indeed the depthes of Sathan, is to those, that haue not the skill to diue into the bottome of such misteryes of iniquityes, a good and happy ignorance. *And againe pag.* 26.

So as, where these thinges did concurre in any, as wee doubt not, but they did in many thousandes, the knowledge of the common principells of the fayth, the ignorance of such mayne errours, as did endanger the foundation, a godly life, and a faythfull death, there, we haue no cause to make any question, but that God had fitted a subiect for his mercy, to worke vpon, and yet in saying thus, we doe nothing lesse, then say, that such as these were Papists, eyther in their life, or in their death, members of the Roman Church, perhaps they were, but such, as by Gods goodnes, were preserued frō the mortality of Popery that raigneth there, for Popery
it selfe

it felfe is nothing els , but the botch, or the plague of that Church, which hazardeth the foules of thofe it feafeth vpon, as much, as any infection doth the body .

And therefore if any will needes be fo foole-hardy, as to take vp his lodging in fuch a peft-houfe, after warning giuen him of the prefent danger, we in our charityes , may well fay : *Lord haue mercy vpon him* . But he in the meane tyme, hath great caufe to feare, that God in his iuftice, will inflict that iudgement vpon him , which in this cafe he hath threatned againft fuch, as will not beleeue the truth, but take pleafure in vnrighteoufnes . And fo much may fuffice for that queftion.

Confutation .

GEntle Reader, thou mayft vnderftand, that what M. Iames Vsher hath heere brought, it is to make good, a certaine diftinction inuented heertofore by his Predeceffours, but now by him refyned, and vented a frefh, as of a later polifh in this his Wanfted fermon . The diftinction which heere he giues vs, is.

Betwixt a thing called the Papacy, or the mortality of Popery, or the botch, plague, or infection of the Roman Church, on the one fide (for by all thefe names he ftileth it) and the true Church of God, on the other fide.

By the former, namely the Botch , or plague of Popery, he vnderftandeth all thofe doctrines , which himfelfe, and his fellow Proteftants miflike , reproue , and condemne in the Roman Church, and are againe iuftifyed, & defended againft them, by the Prelates, Paftors and learned men of the Catholike Church, of which fort of doctrines, he forbeareth to name any in particuler, faue only, the doctrine of tranfubftantiation .

By the later, namely his true Church, he vnderftandeth all the Profeffors meerely, and only of fuch pointes and articles of trayth, as himfelfe, and his fellowes , can

be

be content to allow of in the Roman Church. Those he cals *communiter credenda*, principles commonly agreed vpon, and beleeued of all Christians. These he affirmes so to haue beene maintayned, both heeretofore, and at this day, by the vnlearned, and ordinary people of the Roman Church, as that they were altogeather ignorant of those other doctrines, in which doth consist the botch and plague of Popery, as Transubstantiation,& the like. This he taketh for graunted, which he should haue proued, as we shall see heereafter, and so accordingly he is content to house, and sould all our ignorant forefathers togeather in one flocke and Church., with the Lutherās, and Caluinists of his reformed congregation: and this is the substance of what is here layd downe, or elswhere through his whole sermon, touching this point, which to be faulse, senseless, and absurd, I heere vndertake to proue. In the meane while, good Reader, I craue thy patience, and heedfull attendance.

And for the fundation of my following discourse, I will presuppose these three propositions following, as most true. First that out of the Church of Christ militant vpon earth, there can be no saluation. Agreed vpon of all handes. Secondly, that this Church is euer visible, and manifest, a proposition neuer doubted of in the Catholike Church, and now adayes admitted by most Protestants, and in particuler by M. Vsher himselfe in his treatise, *De statu & successione Ecclesiarum Christianarum*. Thirdly, that this Catholike and visible Church or flock of Christ, consisteth not of Pastors alone, or of sheep alone, but of Pastours and sheep togeather, I meane of some to feed, teach, & gouerne, & others to be taught, fedd, and gouerned, according vnto that of the Apostle. Ephes. 4. 11. *And he gaue some Apostles, and some Prophetes, and other some Euangellistes, and other some Pastours, and Doctors, to the consumation of the Saints &c.* This proposition, is likewise confessed of all Catholikes, and as I take it, of

Protestants,

Protestants, but for the more assurance , I will confirme
the same by some testimonyes of many .

Caluin institut. cap. 8. de fide sect. 37. The Church can
neuer want Pastours and Doctors . *Fulke against Heskines
pag. 539.* There shalbe Pastors, and Doctors vnto the end
of the world, and haue beene from Christ vnto Luther .
Whitakers contra Dureum lib. 3. pag. 249. The ministery
of the word and Sacraments, are absolute necessary vnto
saluation, and where these be , they make a Church, &
where they are not, the Church is not . *D. Humphrey Ie-
suitismi parte 2. rat . 3. pag. 24.* The Church is visible alwayes, by reason of the exercises of piety therein to be
seene of all the Church ; for while some do teach, others
learne, these administer Sacraments, those receaue them,
he who seeth not these thinges alwayes to haue beene, is
more blind then a Mole &c. Thus then wee see this proposition confessed by the Protestants, namely, that the
Catholike Church consisteth of two sortes of members,
Pastors to teach , and people to be taught.

These three propositions then thus granted , I argue, & proue against M . Vsher, that as well the Pastors
who defended those doctrines (which he iudgeth most
erroneous, as transubstanciation , and the like) were of
the true Church, no lesse then the vulgar, and vnlearned
people, whome they gouerned, and taught . Thus then
I argue ,

Those ignorant , and lay people of the Roman
Church, eyther made a Church by themselues, or together with their Pastours and Doctours , who were infected with that botch of Popery, so often mentioned by
M . Vsher. *But*

Those ignorant lay people, being but one part of the
flocke, could not make a Church of themselues, without
their Pastours by the third proposition aboue graunted.
Ergo.

They made a Church togeather, with their Pastours,
and

and Priestes, infected with that mortality of Popery. Cracke me this nut M. Vsher.

Secondly.

Whereas M. Vsher aboue sayth, that our Anceltors who liued in the Roman Church, (which he stileth the kingdome of darkenes) were by their ignorance, freed from the vnderstanding of those things, which being knowne, might be preiudiciall vnto their soules health. As for example, from the beleefe of the Reall presence of our Sauiour in the Eucharist, Purgatory, Inuocation of Saints, seauen Sacraments, worshipping of Images, & the rest of those Catholike doctrines condemned by our Protestants, in which he telleth vs, consisteth the mortality of Popery.

I vndertake to shew that all this, is but a meere fancy, and a deuice of M. Vshers idle brayne, and that our forefathers neither were, nor possible could be lesse ignorant of those articles aforenamed, censured by him for the mortality of Popery, then of those other doctrines which himselfe doth approue of, as the Incarnation of Christ, saluation by the death, and passion of our Sauiour &c. And that supposing (he sayth) the knowledge, and beleefe of those Articles, by the Protestants reiected as Transubstantiation, and the like, did exclude from the true Church, and were infectious vnto damnation. That then our ignorant, and lay Anceftours in the Roman Church, could neyther be of the true Church, nor attaine Saluation. Thus then I argue.

Eyther our lay, and ignorant Anceftours in the Romā Church did teach, feed, and gouerne themselues, or they were fedd, taught, and gouerned by their Pastours

But our lay, and ignorant Anceftors did not feede, teach, and gouerne themselues (which besides that it is senselesse) is also impossible, and makes them to be Pastors, and no sheep.

Ergo they were fedd, taught, and gouerned by their
learned

learned Paſtours .　*Moreouer .*

What doctrines, the Paſtours, and learned men of the Roman Church, did beleeue was neceſſary vnto ſaluation, thoſe they taught their flockes ; witnes their workes, and monumentes, their doctrinals , and Catechiſmes, their ſermons, and Homilyes, their Paſtorals, and Directoryes, left vnto poſterity, and common among vs .

But the Paſtors, and learned Doctors of the Church, in tymes paſt, did beleeue all thoſe pointes neceſſary vnto ſaluation, which by the reformed Church of the Proteſtants are condemned , and called by you in this ſermon, the botches of Popery , as may appeare by their bookes, and are for the ſame cenſured ·by you, and excluded from ſaluation .

Ergo the Paſtours, and Doctors of the Church, taught our Anceſtors, all thoſe damnable , and infectious doctrines (as you call them) in which conſiſteth the mortality of Popery.

Againe, how can any man with reaſon imagine, that our Anceſtours in the Roman Church could come vnto the knowledge of thoſe doctrines from their Paſtors, & teachers, which you call Articles generally beleeued , & neceſſary vnto ſaluation (as the vnity, and Trinity in the God-head , the immortality of the ſoule, redemption by the bloud of our Saiuour , the reſurrection of our bodyes, the laſt iudgment, and the like) and withall be ignorant of the preſence of our Sauiour in the Euchariſt, the beleefe of Purgatory , Inuocation of Angells , and Saints, the merit of good workes, worſhipping of Images, Auricular confeſſion , and the like ? which you call errors preiudiciall vnto ſaluation , theſe latter being no leſſe taught and inculcated, then the former, and as eaſy to be vnderſtood, and remembred as the former·

Nay, *ex abundanti* . I will make it manifeſt, and palpable vnto your ſenſes, M . Vsher, that our Anceſtours , and forefathers (how ignorant ſoeuer you make them)

　　　　　　　　　　　　　　　　　　muſt

must needes be more cunning, and dexterous in these later pointes, then eyther they were, or possibly could be in the former: and my reason is, for that they were not only taught them, by their Priests, and spirituall Fathers, but that euer, and besides they were _in quotidiana praxi, & vnidi obseruantia,_ in continuall vse, and dayly practise among them.

For example, our Ancestours in the Roman Church did heare Masse euery day in the weeke (as many vse) o at least euery Sonday, and Holy day, as by the lawes o holy Church all were obliged to do). Now then being instructed euen from their cradles by their parents, and Nurses, and after by their Priestes, and Pastours, that in the consecrated Host lift vp by the Priests handes at Masse, our Sauiour Iesus Christ, God and man, was present, to which instruction add accordingly their interiour, and exteriour deuotion, in lifting vp their handes, and eyes, prostrating their bodyes, knocking of their breasts, and the same weekely, if not dayly, how could they be ignorant of this Mistery; which you account to be the most exorbitāt error in the Roman Church? Nay, it both was, and is an ordinary phrase of speach among the common people, and of one Neighbour vnto another, whether they haue seene, or receaued their Maker to day, as much, as whether they haue beene present at Masse, or haue communicated.

Againe, in the dayes of Popery (as you call them) did not our Ancestors, and forefathers, confesse themselues very often vnto their Priests, and communicate? Especially vpon great feastes, and holy dayes, as the Natiuity, Easter, Pentecost, the solemnityes of our Blessed Lady, and the like? Nay, were not all bound _sub præcepto,_ who were come vnto the yeares of discretion, to make their confessions vnto their Pastors, at least once a yeare, and to communicate at Easter? Could they then be ignorant of these two Sacramentes, Pennance, and the

holy

holy Eucharist? to which they could not be admitted before they were instructed in them .

Lastly, euery Christian, come vnto the vse of reason
and yeares of discretion , in any dangerous sickenesse ,
was obliged by the lawes of holy Church, and so accordingly was most carefull before their departure out of
this world, to receaue their *Viaticum*, that is, the pretious
body and bloud of their Sauiour in the Eucharist . And
to the end they might *iudicare corpus Domini*, and be worthy communicants, they first prepared themselues ther-
unto by an humble confession of their sinnes vnto their
Pastor, of whome they beleeued to receaue forgiuenes ,
and absolution , and so accordingly being assoyled, they
receaued their Maker, which was then, and is now , an
viuall speech in that case : Yea and for better assurance
of their fayth heerein , this , both was, and is a particular demaund in all Rituals, of administration of Sacra-
craments (bookes I wis of greater antiquity , then your
English communion booke.) *Frater, credis quod Sacramentum, quod tractatur in Altari sub forma panis, est verum Corpus, & Sanguis Domini nostri Iesu Christi?* that is as much
as to say, the Priest was to demand of them in their own
language : Brother, or Sister, doe you beleeue, that the
Sacrament which is handled on the Altar, vnder the for-
me of bread, is the true body and bloud of our Lord Iesus Christ ? To which demand of the Curate , the sicke
party was to answere : I do so beleeue . Looke for this
in the Rituall of Scrum , *De extrema Vnctione* , and after
this, the sicke party was visually annoyled, with the holy
oyles of extreme Vnction, hallowed by the Bishop, and
reserued in all Churches for that vse, which is another
superstition of popery (as they call it) which in no sorte
our Proteitants can brooke. Of which Sacrament of the
last vnction, our Ancestours could not possibly be ignorant, seeing with their eyes the dayly vse of it in others ,
and at their deaths in themselues. How falsely then, doth

D   this

this bould-faced Preacher, publish in his Wanſted ſermon, that our Anceſtours liuing vnder the Papacy, were ignorant of the preſence of our Sauiour in the Euchariſt, and the reſt of thoſe pointes, which themſelues condemne, of which they had continuall vſe, cuſtome, and practiſe, as we haue ſeene both in life, and death, yea (I may ſay alſo) after death.

For to come to the beleefe of Purgatory, ſo much ſcoffed at, by our Proteſtants ; which of our Anceſtours, dying in the vnity of the Catholike Church, was not moſt carefull to haue their ſoules to be prayed for, by their friends, and neighbours, to haue Maſſes ſong and ſayd for them, in which the healthfull ſacrifice might be offered vnto God the Father, for the good of their owne and all other faythfull ſoules departed? What man, or woman cōming vnto the wake of their deceaſed neighbours, did not pray for the ſoule of the departed ? And going to Church the next day, at euery Croſſe, by the way, was the ſoule prayed for, by the whole people, in a *Pater* and an *Aue* . In the Church there was a maſſe of *Requiem* ſong, where the good neighbours commonly after their prayers for the deceaſed, made their offering at the Altar, & according vnto their ability, the friends of the dead gaue almes to the poore .

Laſtly, whence came it, to be a cuſtome, in our familiar communication, but deſcended from our Anceſtours, that wee neuer make mention of any party deceaſed, man, or woman, but with this addition? God be mercifull vnto their ſoules . Gods peace be with thē, or the like, from which cuſtome of ſpeech, your vulgar Proteſtant, notwithſtanding all your pulpet inuectiues againſt Purgatory, can ſcarce be drawne, but ſtill they will ſay : My Father, God be with him, or my Mother, God reſt her ſoule &c.

To come to the Inuocation of Saintes, held ſo deteſtable an errour by your reformed Churches, could our

Anceſtours

Ancestors be ignorant thereof, thinke you ? Or, not to
speake of the Litanyes . Could they say their Beades ,
trow you ? And is it not three score, and three tymes re-
peated in one Rosary ? *Sancta Maria mater Dei &c* . Holy
Mary, mother of God , pray for me a sinner now, and in
the houre of my death . How came the word *Mary* , to
haue so frequent a place in our English tongue ? As to
this day not only the Catholikes, but your Protestants ,
can make no discourse without often repetition of that
blessed word ? For example, in these , and the like spee-
ches : *Yes Mary did your Syr. Yea Mary that pleaseth me well.*
Mary I will tell you Syr, &c. And what more visuall speech
and what more reproued by Protestants , both in our
Ancestours, and vs (if you knew how to preache , or to
print, consequently one, vnto the doctrine of another ,
but that you will doe, when my fingers grow out all of
one lenght) then to say : God , and our Lady help me .
God and sweet S. Iohn, God and S . Patrike &c. And it
was of ould, our english Embleme, or Motto in giuing
battell vnto our ennemyes : God, and S. George for England .

Againe, for the worship of the Crosse, and Images ,
how could our forefathers looke into any Church , cha-
pel, or Oratory, or passe by the high way side , and not
be put in mind thereof ? Nay your men do so exagerate
the folly , and grosse superstition (as you call it) of our
blind forefathers in the worshipping of Images, as they
spare not to condemne them , for flat Idolaters, & wor-
shippers of stockes, and stones , in the place of the true
God, and that the common people were wholy nusled in
tyme of Popery, being nusled, and brought vp, in these,
and the like superstitions (as you falsly tearme them)
being meerely ignorant of the doctrine of sauing fayth ,
and the true worship of God . And yet contrary to what
his fellowes haue preached, and clattered in euery pulpit, for these three score yeares, and vpward, this vpstart

Preacher

Preacher of quaynter noueltyes, is not ashamed now to tell vs, that forſooth our Anceſtors by Gods great bleſſinge, were ignorant of thoſe errors in Popery; which being knowne, might be ſo preiudiciall vnto their ſaluation, and that our forefathers beleeued neyther more, nor leſſe, but as the Proteſtants doe at this day, and ſo accordingly were members of the true Church. To ſuch ſtraites, and extremityes is the ſeely man driuen, when he is to anſwere this queſtion, Where was your Church before Luther?

But what argument brings M. Vſher, to confirme this his new doctrine, namely, that our lay Catholikes, were ignorant of the Reall preſence, and ſuch other pointes, as the Proteſtants miſlike? Forſooth he tells vs pag. 24. that he talked on a tyme with a certaine Papiſt: & as touching tranſubſtantiation, he anſwered him not according vnto the leuells of our Doctors in that point.

To which I anſwere, but why did he not examine the ſame partye in his *Coinopiſis*, in ſome of thoſe points which himſelfe houlds neceſſarily to be beleeued vnto ſaluation? As how many perſons or natures there be in Chriſt? which of the three perſons in the glorious Trinity, is the firſt, or moſt excellent? or which of them was incarnate? I doubt not, but in thoſe, or the like, he might haue catched a Woodcocke. For I ſay, it is not only vnlike, but meerely impoſſible, that any man, or woman in the Roman Church, ſhould be of ſo ſupine a negligence, and groſſe ignorance of the corporal preſence of our Sauiour, in the Euchariſt (which both by inſtruction, and daily cuſtome of deuotion is ſo notorious) but that the ſame party, is as defectiue, and as farre to ſeeke, eyther in all, or moſt partes of the Catechiſme.

But let it be granted vnto you, which in truth is not a thinge vnlike, but that ſome of our Anceſtours among the vnlettered, and alſo of the common people at this day, eyther for want of due inſtruction, or through their

owne

owne negligence, be ignorant of some mysteryes of their Fayth, and of the doctrine of the Sacraments, in common vse, and custome among them, I meane of such points, as the Roman Church embraceth, and the reformed Churches disclaime, doth it presently follow, that these ignorant Christians are presently transformed into Protestāts ? So soone as a man, or woman beleeues not the Reall presence of our Sauiour in the Sacrament of the Altar, are they presently of your Church? Is there no more required to make a true Orthodox beleeuer with you, but that he be a misbeleeuer among vs? I verily weened, that iustifying fayth had beene of absolute necessity, to a true member of the Protestant congregation. And surely according vnto your doctrine, so it must be, or els you must grant in your Church, to be no saluation. For,

Without iustification, there is no saluation.

But without iustifying fayth, there is no iustification.

Ergo without iustifying fayth, there is no saluation. Nothing in this Syllogisme (according vnto your groūdes) is denyable. Now fayth comes by hearing, & how should they heare without a teacher, or preacher ? But truly your iustifying faith, is not taught, nor preached in our Church at all, but vtterly reiected, and condemned: witnesse the Councell of Trent, our Schooles, and Vniuersityes, the common voyce of all Catholike Doctors, Preachers, and teachers, both in their exhortations, sermons, disputations, and printed Monuments, who with one common voyce, giue to Satan, and to Belzebub, the Author thereof, & your iustifying fayth, held, receaued, and maintayned in the reformed Churches.

And much more, were our Ancestors before Luther, ignorant thereof. Forsomuch as Martin Luther was the first, that broched it. For this is the testimony of Iohn Fox in his Acts, and monuments pag. 402. *Luther was the first, who destroyed the foundation of Popery, by opening*

D 3   *a vayne*

a vayne so long hidden, namely our free iuſtification by only faith in Chriſt. And Antony Wooton, in a booke, whoſe name is, *Examen tituli Cleri Romani,* hath theſe wordes : *Luther might truely boaſt, that himſelfe was the firſt man, who in that age preached Chriſt, eſpecially, as touching that principall, and mayne doctrine of iuſtifycation, by only fayth in Chriſt. Therefore was it an honor vnto Luther, to haue beene a ſonne without a Father, and a ſcholler without a Maſter.* And ſo accordingly doth Luther boaſt of himſelfe in his Epiſtle vnto his brethren of Strasburg anno 1525 . in theſe wordes ; *Chriſtum à nobis primo vulgatum audemus gloriari.* We dare preſume to boaſt, that Chriſt by vs, was firſt preached .

All this is brought to this end, to ſhew that not ſo ſoone, as one with vs is an vnbeleeuer, or a miſbeleeuer, of ſome point, or points generally taught, and receaued in the Catholike Church, albeit the ſame pointes be reiected and condemned by you, that inſtantly the ſame party ſteps ouer the threſhould into your Church ; for albeit you for your part haue made the reformed Church (as you call it) to be of as lardge an extent, as euer any before you, yet the very ignorance of your iuſtifying fayth, if there were no other impedimēt, which is the mayne pillar, the ſoule, the life, the hart, of Proteſtant Religion (for by all theſe names doe I find it called by your wrirers) I ſay the ignorance of this ſauing, or iuſtifying fayth, muſt needes keep ſuch as are of the Catholike profeſſion, from being of the reformed beleefe, vntill ſuch tyme, as they by Apoſtacy fall from vs, and learne the ſame of your Maſters, and Teachers, which thing our forefathers before Luthers tyme, could not poſſibly doe, becauſe (as already we haue ſeene) it was firſt publiſhed, broched, and taught, by Martin Luther. And therefore M. Vsher, neyther you, nor any of your profeſſion, did euer yet anſwere, or aſſoyle this queſtion made by the Catholikes ; *Where was your Church before Luther ?*

Now

Now to requite your tale of Iohn a-Nooke the Catholique, whome you found ignorant in the point of Tranfubftantiation, for which you were ready to catch him vp for a Proteftant.

It was my chance on a tyme, to be prefent when a certaine Minifter, better furnifhed with zeale, then knowledg, came to Newgate in London, to difpute with fome of our Prieftes, *paratus ad omnia*, prouided to argue *ex tempore*, vpon what queftions foeuer. The Minifter brought in his company, a fellow, very well clad, citifen like, for he was by his occupation a Taylor. So it was, as the Minifter finding himfelfe in a short tyme *minus habentem*, his courage being cooled, and his heate well allayed, the honeft Taylor did much long to haue about, and hardly could forbeare to interrupt their conference, thinking that he could farre better acquit himfelfe, then the Minifter did. Wherfore not brooking any further delay, for why? the Buttons of his dublet were now burfting off, by the reafon of the fwelling of his hart, which the Prieft well noting, who is now a glorious Saint in Heauen, I fay the Reuerend prieft, perceauing this fecond champion defirous to breake his lance, in this curteous manner firft preuented him: My friend, I fee you are alfo very earneft to come to difputation? Yes quoth the Taylour; for albeit I am but a lay man, I doubt not to vndertake you, or any of your profeffion, efpecially hauing the truth vpon my fide. Wel then fayd the Prieft, shall I aske you a queftion before we difpute, and I wil anfwere you a couple for it? Yes withall my hart, quoth the Taylour. I pray you tell me (quoth the Prieft) how many perfons are there in Chrift? Mary two, quoth the Taylour. Confider well what you fay (replyed the Prieft) happily you miftake my queftion; for I only aske, how many perfons there be in our Sauiour, God, and man? Truely, and I anfwere, as before, fayth the Taylour. There be two. His Diuinity, and his Humanity. Those

ſ ſayeſ

(sayed the Prieſt) are the two natures in our Sauiour, &
not perſons. Syr (ſayed the Taylour) you may call them
what you pleaſe, but I ſay they be perſons, the Diuine,
and the Humaine, and will maintaine the ſame againſt
you, or any other. For why ? Before Chriſt was borne,
he was the ſecond perſon in the Trinity, and after his
birth being man, he tooke the perſon of man. For what
ſayth the Text : *He was made like vnto vs, in all thinges,
ſinne only excepted.*

Be theſe your profound queſtions of Newgate ? I
proteſt, a child who neuer ſaw a Bible, might be able to
anſwere them. I thanke God (without boaſting be it
ſpoken) I may ſay, as S. Paul ſayd of Timothy : The
word of the Lord dwelleth plentifully in me, becauſe
from myne infancy, I haue knowne the Scripturs, which
are able to make a man wiſe vnto ſaluation. And what
ſayth the Lord : I haue reſerued ſeauen thouſand who
neuer bowed their knees vnto Baall. And know you not
that the ſpirit of the Lord dwelleth in you, vnles you be
reprobates ? And Paul to the Colloſſians bids, that no
man deceaue you, through philoſophy, and ſhew of
learning, according vnto the traditions of men, becauſe
the Lord hath ſayd : That neyther in this mount, nor in
Hieruſalem, ſhall you worſhippe the Father, but the true
worſhippers, ſhall worſhip the Lord in ſpirit, & truth.
He ſayth not, you ſhall worſhip grauen images, ſtockes,
and ſtones, the worke of mens handes, as you Papiſtes
do, whome the Lord I doubt not (as he hath threatned
in the Reuelation) will conſume, with the fire of his No-
ſtrilles, and pull downe that proud Whore which ſitteth
vpon ſeauen hills, with whoſe fornications the Nations
of the earth are dronke.

And after this rauing manner, ranne our Puritan
Taylour, along through the Scripture, as if it had beene
with his bodkin, ſtringing, and winding vp as many
Texts more, as would greſe the axletree of a groning
cart,

cart, in a dry harueft, till the minifter perceauing the prifonners to take no fmall recreation at his vniointed difcours, would needes interrupt him, and fo ending, they returned home: where I doubt not but the valiant Taylour, triumphed among his neighbours, many a day after, of the famous victory he had ouer the Prieftes in Newgate.

Thus you fee M. Vsher, it is no hard matter to catch your men, euen in their *Coinopisis*, or *communiter credendis*. And as for certainty of faluation, by fayth (one of your moft common, and famous doctrines) I feldome haue found any among your vulgar people, who could be perfuaded, that it was any beleefe of your Church at all.

The vanity of M. Vsher *his imagination, namely that our Anceftours beleeued only fo much, as our Proteftants admit, and were ignorant of what they condemne in the Roman Church, is further examined. And in the end it is obferued, how himfelfe by his owne Argument, ouerthroweth that, which without proofe he fo fayne would haue vs to beleeue.*

The Fifth Chapter.

THE thing that fo notably gulls our Preacher, is this. That forfomuch as he, by the worke of his vnderftanding is able to diftinguish, and to difference the thinges, which both we, and they doe hold in common, about matters of fayth, from thofe other pointes, which our Proteftants doe condemne. He, holpen with the force of a ftronge imagination, as men in a frenzy, or in a dreame, doe perfuade themfelues, that what they imagine to be, is fo indeed : fo M. Vsher (I

D 5 fay)

fay) being perfuaded after this manner himfelfe, labours alfo to perfuade vs the fame, as if he ment to make vs as braynefícke as himfelfe ; forfooth , that our Anceftours really, and indeed beleeued with them , what they are pleafed to allow, and of fuch doctrines as they difallow, were meerely ignorant, faue only fo many of our Anceftors, as were learned.

For according vnto this mans fancy, you muft imagine , that the Paftors, and Sheepheards beleeued one thing , and the flocke another . That the paftors , and sheepheards went one way, and the sheep another, that in the tyme of Popery (as he tearmes it) al our Reuerend Archbishops , Bishops, Prelates, Paftors, Doctors, Teachers, and Preachers, Monkes, Fryars, and all Religious men , or whofoeuer were learned , for their misbeleefe in the fecond fort of doctrines, that is fuch , as the Catholike Church at this day defends againft them , were all damned. Only our ignorant forefathers, for their true beleefe in fuch articles as our Proteftants allow of, and their want of knowledge of fuch doctrines as they condemne, were of the true Church, and fo might come vnto faluation . And thus in his owne opinion, and conceit he thinkes , he hath found a place , where, and among whome , before the tymes of Luther, his Church was feated.

Well from Herefy, Frenzy, and Iealoufy , good Lord deliuer vs, for they be three mad thinges, and fo to our purpofe . The point then M. Vsher, wherein you haue fayled, is this ; In that you haue fuppofed as true , and taken for granted, that which you ought to haue proued, namely that dreame of yours, fo often mentioned, That our forefathers of the layty, did beleeue only fo much, & fo many articles , as the Proteftants at this day doe beleeue, and defend to be true , and orthodox , and were eyther ignorant of, or did deteft, all thofe other Articles, **as the Reall prefence, feauen Sacraments, Inuocation of**

Saints

Saints, and the like, which our Proteſtants at this day do miſlike, and condemne. This aſſertion (I ſay) had you proued, you had ſpoken well to the purpoſe, but forſomuch as the ſame is neyther confeſſed by vs, nor prooued by you, your Church among our forefathers, is not yet found out.

Truely M . Vsher, grant me but one propoſition, & I will proue that you are able to fly in the ayre, twixt Holy-head, and Dublin. As thus.

Euery Miniſter is able to fly twixt Holy-head, and Dublin. *But*

M . Vsher is a Miniſter. *Ergo*.

M . Vsher is able to fly twixt Holy-head, & Dublin. In this ſyllogiſme, I deſire no more to be granted me, but the Maior. And ſuch is M . Vsher his proofe, of his Proteſtant Church before Luther. As thus.

They who beleeued only ſo many doctrines of the Roman Church, as the Proteſtantes at this day doe embrace, and were ignorant of thoſe other Articles of the Roman Church, which the Proteſtants condemne. Among them was the Proteſtants Church. *But.*

Our ignorant forefathers of the layty before Luther, did beleeue what our Proteſtants at this day doe allow, & admit among the doctrines of the Roman Church, & were ignorant of the reſt. *Ergo.*

Among our ignorant forefathers of the layty, was the Church of the Proteſtants before Luther.

Our preacher heere deſires no more, but that of your Charity, you would yeeld him the Minor. But becauſe I know no man ſo kind, he muſt content himſelfe with this anſwere, that till he haue proued his Minor, we will neuer grant him his Concluſion.

Now (good Reader) as thou haſt already ſeene this bold aſſertion, ſuppoſed by M . Vsher *gratis*, that is void of all proofe, eyther of reaſon, or authority, namely, that our vnlettered Anceſtors before Luther, were ignorant sant of all those points which in the Roman Church are reiected by our Proteſtants : ſo now it will not be vn-worthy thy labour , to note and conſider,how our Prea-cher himſelfe deſtroyeth his owne workemanſhip ; for heere fighting with himſelfe, he plainely ſheweth , that our forefathers could be no more ignorant of the one , then of the other, I meane , no more of ſuch doctrines by our Proteſtants denyed, then ſuch as by them are al-lowed ; for obſerue his owne wordes .

M . Vsher pag. 25 .

The light of thoſe common truthes of Chriſtianity , (namely ſuch as the Proteſtants allow of, in the Roman Church) was ſo great, and ſo firmely fixed in the mindes of thoſe that profeſſed the name of Chriſt, that it was not poſſible for the power of darkenes to extinguiſh it, nor the gates of hell to preuaile againſt it .

Nay, the very ſolemne dayes which by the ancient inſtitution of the Church, were celebrated for the com-memoration of the Bleſſed Trinity, the Natiuity , the Paſſion , Reſurrection , and Aſcenſion of our Sauiour Chriſt, did ſo preſerue the memory of theſe thinges a-mong the common people, that by the Popiſh Doctors themſelues, it is made an Argument of groſſe, and ſu-pine negligéce, that any ſhould not haue explicit know-ledge of thoſe myſteries of Chriſt, which were thus pu-bliquely ſolemniſed in the Church . *Silueſter in ſumma verb. Fides paragra. 6. ex Thoma in 2.2. queſt. 2. art. 7. &c.* So M . Vsher .

Note gentle , and iudicious Reader , the Preachers Argument . The very publike ſolemnityes of the feaſts , and holy dayes of the yeare (ſayth he) were able to pre-ſerue in memory, the common truthes of Chriſtianity , among our ignorant Anceſtours in the Roman Church , which he proues out of S . Thomas , and Silueſter . As

for

for example, Trinity Sonday, the beleefe of the glorious Trinity, Chriftmaffe day, the birth of our Sauiour, good Friday, the memory of his Paffion, Eafter day of his Refurrection &c .

Now (fay I) if thofe feaftes, and holy dayes, obferued by the Roman Church, were able to worke fuch, & fo notable effects, as to preferue the explicite fayth , & memory of thofe greate myfteryes before rehearfed , wherefore might not as wel the reft of the feaftes folemnized in the fame Roman Church , keep aliue the fayth of thofe pointes denyed by our Proteftants , and maintayned by the Catholikes ? As for example . Corpus Chrifti day , the memory and beleefe of the Reall prefence of the body and bloud of our Sauiour in the Eucharift ? The feftiual dayes of the Apoftles, Martyrs, Côfeffours, and Virgins ; the feaftes of the mother of God, our bleffed Lady ; Feftum omnium fanctorum, commonly called, Hallowmaffe day , might they not as well preferue vnto vs the memoryes of thofe bleffed foules , which now enioy immortality in the heauens ? Our inuocation of them ? Their protection and interceffion againe for vs ? Michelmaffe day , the worship and honour of S. Michael? And all Angels? Feftum omnium animarum , the beleefe of Pugatory, and prayer for the faythfull departed, and not yet in glory ? Inuentio, & exaltatio Sanctæ Crucis , commonly called Holy Roode day, putts vs in mind of the veneration of the Holy Croffe . Shroue-tyde, or Fafting in the beginning of Lent, calls vs vnto the beleefe, and exercife of the Sacrament of Pennance, and auricular Confeffion . Quatuor tempora, or Ember feaftes comming ech quarter , bringes with them the remembránce of holy Orders at fuch tymes côferred by the Reuerend Archbishops , and Bishops , in which dayes, by prayer, fafting , & impofition of handes, meete perfons are ordayned to gouerne, to feed, to teach , and inftruct the reft of Chriftes flocke .

You

You see then, M · Vsher, if the feastes of the yeare, were a sufficient instruction for our ignorant Ancestors, in such articles as the Protestants allow of, they were no lesse sufficient to maintaine also the beleefe of those doctrines, which the Protestants doe deny.

And thus, good Reader, thou hast seene the Preacher taken in his owne snare, beaten with his owne bat, and bafled in his owne argument.

In this Chapter it is proued, that neyther Iames Vsher, *or any other Protestant, was euer able to answere this ancient question of the Catholikes : Where was your Church before Luther .*

The Sixth Chapter .

M . Vsher pag. 27.

THe second question, so rife in the mouthes of our aduersaries, is . Where was your Church before Luther? Whereunto an answere may be returned, from the grounds of the solution of the former questiõ . That our Church was euen there, where now it is . In all places of the world, where the ancient foundations were retayned, and those common principles of Fayth, vpon the profession whereof, men haue euer been wont to be admitted by Baptisme into the Church of Christ . There we doubt not, but our Lord had his subiects, and we our fellow seruants . For we bring in no new fayth, nor no new Church &c .

Confutation .

Now are we come to that Philosophers stone of the Alchimists; that Quadratura circuli of the Mathematicians;

sians ; that Infinitum actu, of the Philosophers ; that cure of the Quartan agew of the Phisitians ; the Athlantique Ilands of the Geographers ; those Hercules pillars of the Nauigators, vpon which was written : *Non plus vltra*. I say we are now arriued at that peremptory, and fearefull demand of the Catholiks. O Protestants where was your Church before Luther ? The answere, and resolution of which question, is more abstruse, and intricate, more darke, and difficulte, yea harder to be found out, then any of the thinges before named. This is that *Adam, vbi es* ? That one Interrogatory, which hath plonged, pusled, perplexed, pinched, punished, and plagued our Protestants, as neuer yet could they dispatch themselues out of the gripe thereof, albeit like so many Cameleons, they haue turned themselues into al colours yea with Proteus the God of the Seas, & the Sea calues, they haue changed themselues into al shapes and formes to delude the same.

But now loe, after so many witts, and after so many winters, beyond all expectation, there is stept vp a preacher, there is rise vp a Prophet, who hath vndertake to giue satisfaction to this problem of Sampson, to compound this Apocalipse, yea and that with as great facility, as if one should say, Reach me these two strawes.

But whether the spirit of truth, or the lying spirit of Satan, hath spoken by the mouth of this Prophet, obserue gentle Reader, and note our successe.

Our Church sayth Iames Vsher, was euen there, when now it is.

That is not so (say I) for to fall roundly to our work, we will leauell no further in Cosmography, then vnto England, Ireland, and Scotland, nor we will ascend no higher in Chronologye then vnto the next age, or hundred yeares before Luther. All will easily graunt, that in England, Ireland, and Scotland, at this day the Protestant Church (if so I may call it) is manifest, visible, and

apparent

apparent . But in the next age, immediatly before Luther , it was not so . And therefore it is an vntruth , and
a fiction, that the Proteſtant Church, was euen there ,
where now it is .

1.   For example . In the age immediatly before Luther, in none of theſe foreſayd Kingdomes , was there a
Church, or congregation of men , who taught, and beleeued, that after our Sauiours aſcenſion, there was to be
no more a viſible Prieſthood, a viſible ſacrifice , vpon
viſible, and materiall Altars .

2.   In the foreſayd kingdomes , and in the foreſayd
tyme, we ſay there was no Church, or ſociety of men ,
who taught , and beleeued , that there were only two
Sacraments . That in the Euchariſt, there remayned the
ſubſtance of bread, and wine.

3.   In the foreſayd Kingdomes , and foreſayd tyme,
there was no Church or ſociety of men, who taught &
beleeued, that Prieſts had no power to forgiue ſinnes .

4.   In the foreſayd Kingdomes , and tymes, there
was no Church, nor ſociety of men , who taught , and
beleeued, Mariage to be no Sacrament , the doctrine &
vſe of extreme Vnction to be ſuperfluous , and ſuperſti-
tious .

5.   In the foreſayd kingdomes, and tyme , there
was no Church, or ſociety of men, who taught, and beleeued, that man had no freewill, that the Commandements of God were impoſſible to be kept in this life .

6.   In the foreſayd kingdomes, and age immediatly before Luther , there was no Church, nor ſociety of
men, who taught, and beleeued, that fayth only did iu-
ſtify, that fayth once had, could not be loſt, that all the
elect of neceſſity muſt be aſſured of their ſaluatiō in this
life .

7.   In the foreſayd kingdomes , and tymes, there
was no Church, or ſociety of men, who taught and beleeued ouer, and beſides theſe aforeſayd pointes , that it
was

was vnlawfull to pray to the faints, in Glory, or for the foules of the faythfull in Purgatory, and that it was Idolatry to make the figne of the croffe, or to worfhip the Images of our Sauiour, and his Sayntes.

All thefe (M. Viher) you know very well, to be your Proteftant doctrines and Tenets. And becaufe the Profeffours, Teachers, & belieuers, of thefe, and the like doctrines, (if fuch there were,) muft needes haue beene men, of the Pofterity of Adam, that is, particular, finguler, and indiuiduall perfons, and not only *in fpecie*, and *vniuerfali*, as *homo*. I aske (M. Viher) and I moft ferioufly require, and in the name, and behalfe of all them that profeffe the Catholique Fayth, I demád, who thofe good fellowes were? In what corners of England, Ireland, or Scotland they liued? what workes, & monuments they haue left vnto pofterity? what Authors, what writers report of them? In what bookes, & hiftoryes we may read of their beliefe, of their doctrine, and Religion? yeeld vs their Chriftian names, or Sirnames, at leaft fome fignes, tokens, and markes, wherby we may be brought into fome ayme, or knowledge of them? You fay, fuch there were, and euen in fuch places where now the Proteftants be. We denye the fame. You are bound to confirme, to proue, and make good your affirmatiue. The lawes of difputation vrge, and enforce you thereunto. Speak M. Viher. Speake out man. Speake that we may heare you. In what City? In what towne? In what Country village? In what family? In what man? In what woman? In what Hermophrodite, was this your beliefe kept, and preferued in the next age before Luther?

Anfwere this queftion, not only for your owne credit, but for the credit of your caufe, and for the honor of your Proteftant Church, and Religion, I chaleng you, and I coniure you to do it. You haue publifhed it, you haue preached it: You haue printed it. You haue propounded the queftion, and difficulty vnto your felfe. You

E   haue

haue vndertaken to affayle it, and to refolue it. You fay the Proteftant Church was euen in fuch places before Luther, as now it is, we denye the fame, and for Inftance we fay in the age before Luther, it was in none of thefe three Kingdomes, England, Ireland, or Scotland, where now it is (and to grant you more fcope) nor yet vnder the cope of heauen, for the fonne neuer faw it.

Now, it is your part (M. Vfher) to come vpon me, like an other Hercules with his club, not indeed like an Vfher, or a *Pedante*, but like vnto a *Cathedraticus, Salamanticus, Iubilatus*, in a moft powrefull manner to fhew me my ignorance, and to tryumph ouer my fimplicitye, with, *O tarde ad credendum?*

Lo, heere the lift of Orthodox belieuers, behold this proceffion of Proteftants, this Congregation of Puritans, Sidrag, Zorobabel, Aminadab, Manaffes, Antoninus, Ricaredus, Conftantinus, Tauuenus, Tarboxus, Bomiraggus, Craffus, Brownus, Iackfonus, Buckus, Tuckus, Bullus, Kitus, Picus, Crowus, Doueus, Swannus, Duckus, Plackus, Whitus, Scarleffus, Tomfonus, Iohnfonus, Ienkinfonus, Carrus, Grimus, Meluinus, Ocarlos, Bermus, Brinus, Mackfwinus, with many others, to long to be rehearfed, which florifhedfome ten, or twenty yeeres before Martin Luther began his reformation, about the yeere of our Lord 1480. and liued fome of them proffeffours of diuinity in Cambridg, and Oxford. Others graduated in S. Andrewes, or citizens of Dunbar, and diuerfe of them dwelt in Mollingar in the county of Meath. All thefe were of the reformed Church, & taught and belieued, neyther more, nor leffe, but what at this day is maintayned by our Proteftants. And to the end you may fee we deale fayrely, and that I obtrude no Inuentions, trickes, or deuices of myne owne head. You may read of them in fuch, and fuch Authors, for example in Guyciardin, Sabellicus, Brouius, Orofius &c,

Lo, thus if you could difcharge your felfe (M. Vfher) you

you were worthy indeed to be a Wansted preacher, yea to preach before our noble King Charles, and all his honorable peeres in Parlament.

For say, that I, Paulus Veridicus do publish vnder my håd, that there were people in tymes past who liued only vpon leekes, neuer saw son, nor moone, nor dyed not, till the dogs woried them. Verily if this be denyed vnto me (as I thinke it will) I am obliged, & bound to shew, what nation they were, in what countryes they liued, in what tymes they florished, what Authors, what writers, what historyes speake of them, which if I cannot do, I must needs say they are as much fooles as my selfe, who will belieue me. And yet I haue already say'd as much for my Prasophagi, my leek-eaters, as you M. Vsher haue done, for your Church of Protestants.

To enlardg my selfe a litle more in this Argument, which is both pleasant, & profitable. For example I suppose Marcus, liued some twenty yeeres before Luther began his ghospell, a man of good vnderstanding, & carefull of his soules health. He was often told, and accordingly did belieue, that out of the Church of Christ there was no saluation. Now I aske where should Marcus haue found out a society of men, professing the same fayth with the Protestants in all poyntes, to whom he might haue ioyned himselfe, and folded himselfe among them? that so being found a member of the true Church, at his death, he might haue beene acknowledged of the great shepherd, for one of his flock & fold, and so haue attayned saluation? I demand M. Vsher, where? or among whom? should this Marcus haue sought & found out this militant Church of Protestants? Name the place? the people? the tyme? Cite your Authors, with whome we may read the historyes, and legends of them, and then will I confesse, that you haue satisfyed fully our demand. Where was your Church before Luther? This if you cannot doe, (for indeed the best you can, you haue done) be

E 2   not

not then aſhamed to acknowledge your ignorance, to confeſſe your Errour, but giue Glory vnto God, and victory vnto the truth, and ingeniouſly confeſſe, that you are no wiſer then your fellowes, and no more able then your predeceſſors, to aſſoyle this ancient queſtion of the Catholiques. O Proteſtants! Where was your Church before Luther?

Now if you ſhall retort this queſtion vpon me, and ſay. But M. Confuter. Where was your Church before Luther? I Paulus Veridicus will preſently ſtand vp, i will ſhew you the beſt face I haue, and without Ifs, or Ands, or any ſtumble at al, I will directly anſwer vnto your Interrogatory, I will name you the Kingdómes, Countryes, and Prouinces, the Cityes, the townes, and villages, and like an ancient Nomenclator, I will giue you a Catalogue as long as myne arme, of their names, and titles, yea of their ſeuerall profeſſions, Artes, Trades, Occupations, who mayntained liuing, & dying the ſame Fayth which my ſelfe (through Gods mercy being a member of the Catholique Church) at this day teach, profeſſe, and belieue. I will nominate the Authors, the writers, the bookes, and hiſtoryes, where you ſhall read of them vſque ad Rauim; till your eyes dazle, and your head ake agayne.

O pulchrum eſt quoties digito monſtraris, & eccos
Dixeris: hinc fraus, hinc terginerſatio cuncta
Exulat. Et quoties hos fida volumina ſignant.

O fayre it is with hand to ſhew, and ſay,
Lo, there the men: Lo there the place, and day:
In which they liued, who taught what we mayntaine,
Such Authors, and ſuch bookes do make it playne.
For how comes it to paſſe, that I am brought to a Nonplus about my Praſophagi, or leeke-eaters? Or why do you iudge that to be but a fable, & an Inuention? which erewhile I told you as a ſad, & a ſober truth. Namely before Luther, there was a certayne nation, who fed only

ly on leekes, neuer saw son, or moone, nor could dye, till the dogs fell vpon them with their teeth. Wherfore I say do you reiect, and reproue my story, as a tale of a Tub, in which there is no shadow of truth? but becaufe indeed, there is no writer, or histeriographer, who tels vs any newes of such people.

Come hither (M. Vsher) behould your selfe in this glasse, and you shall find that your Protestant Church, & my Prasophagi, or leeke-eaters, liued both in one age, they dwelt all in one towne, and they dyed all in one day. And who writes this history of the one, and of the other, thinke you? but those two noble Antiquaryes, and famous Historians, who keep the Recordes, the memoryes and monuments, of the Protestant Church in all Ages before Luther. *Nullus*, and *Nemo*.

Now, wheras you say, in your sermon, that your Church was in all such places, where the Ancient foundations were retayned, and these common principles of Fayth, vpon the profession whereof, me haue euer bene wont to be admitted by baptisme into the Church of Christ. This I denye; For in the next age before Luther, both in Italy, Spayne, France, high Germany, Flanders, England, Ireland, and Scotland, were these ancient foundations, and principles of Fayth retayned, and beleeued, by which men were admitted vnto baptisme; & yet in none of these Countries, in the foresayd tymes, were there any, who mayntayned the doctrine, and beleefe, of our Protestants. If there were such, tell vs theyr names, the place of their residence, and abode, the Authors of your knowledge, we aske no more. This sith you haue not done; I take God, and his Angells, and men on earth to witnesse, that you haue not yet answered this question. O Protestants, where was your Church before Luther? And so much for that poynt.

It followeth in your sermon, (as appeareth by your words set downe in the beging of this chapter) For (say you

E 3

you) we bring in no new Fayth, nor no new Church.)
Yes (fay I) you bring in a new Fayth, and a new Church,
or rather a no fayth, and a no Church.

1. For the olde fayth, and the olde Church, was to beleeue a Priefthood, a vifible facrifice, vpon a vifible Altar, and the continuance of that *iuge facrificium, in tremen-
dis myfterijs*, vntill the fecond comming ot our Sauiour.
But this facrifice haue you quite abolithed, and in place
therof, you giue your difciples a cruft of a Mâchet loafe,
and fometymes of a ranget, with a cup of vine, and for
want thereof a pot of good Ale (which thefe eyes haue
feene) vpon a communion table, handled by a fellow
who is ready to fweare, & well he may) that he is no
Prieft, and fo is his wife ready to depofe for him. And
this is your Proteftants new Fayth, or rather no fayth.

2. Secondly the old Fayth before Luther beleeued 7.
Sacraments: But the new Fayth of our Proteftants fince
Luther, teacheth in high Germany 3. facraments. In England two, and whether in tyme to come, thefe facraments wil fwell into moe, or ihrink into fewer, that neyther you, nor my felfe know. And this is your new Fayth,
or rather your no Fayth.

3. The old Fayth taught vs to worke out our Saluation with feare, and trembling, and that none in this
life without fpeciall Reuelation, can be affured before
hand, whether he is worthy of loue, or hatred. But the
new Fayth, in the new Church, tels vs, that only Fayth
doth iuftifye vs, and that none can be faued, who by
Fayth aforehand is not affured of his Saluation in Chrift:
from which Fayth once had, he can no more fall, then the
glorious Angells from heauen, or the fonne from the
right hand of his Father ; And this is your new fayth, or
rather your no Fayth.

4. The old Fayth taught that God neuer commanded
his creatures things impoffible, and that therefore man
afifted by his grâce, common vnto all, is able to walke in
his

his wayes, and in the pathes of his commandements. But the new fayth, of the new Church tels vs, that the commandements are meerely impossible. And that God giues not sufficient grace to any to keep his law. And so according to your doctrine is your practise, and endeauours in this kind. And this is your new Fayth, or rather your no Fayth. *Et sic de cæteris.*

O M. Viner, lay your hand vpon your heart, Consider of your courses, and according to that light, which enlighthneth euery man comming into this world, thinke, and ponder with your selfe, that a new Fayth, can be no true Fayth. A new Church, no true Church.

You are an Antiquary. It would be glorious vnto you, to listen vnto the voyce of that ancient of dayes, speaking by the mouth of his Prophet. *Ierem. 6. State super vias antiquas, & videte, & interrogate de semitis antiquis, quæ sit via bona, & ambulate in ea, & inuenietis requiem animabus vestris.* Stand vpon the old wayes, behold and enquire of the ancient wayes, which is the good way, & walk therin, and you shall find rest vnto your soules.

Whether you looke into your owne Country of Ireland, or myne of England, you may cleerly behold, that in matters of Fayth, and in the worship of God, it is not among your Protestants, *Sicut erat in principio,* (I say) as it was of ould, in that Church which was planted by S. Patrick with you, and S. Augustin with vs. Now they hauepassed the bouds which their Fathers haue appoynted vnto them.

I vnderstand (M. Viher) that you haue a vertuous matron to your Mother yet liuing in Ireland, who dayly laments your willfulnesse, and with wett eyes, prayes to heauen for your Conuersion. O let not the sonne of so many teares, go longer astray, to the griefe, and discomfort of the naturall mother, the scandall of our spirituall mother, the Catholique Church, and the vtter ruyne, & damnation of your owne soule. *Conuertere Iacob, & appræhende,*

B 4

prehende, & ne dimittas legem matris tuæ.

And thus as my laysure would serue (Gentle Reader)
haue I examyned some few passages of Iames Viher his
Wansted sermon, ministring not a few, but a rich har-
uest of most hereticall, and inconsequentall doctrines, as
hath beene seene. If these my obseruations may do him
good, I shall be right glad thereof, and it is the thing I do
desire. If not, yet at least to thee it must needs be both
pleasant, and profitable, to behold the wild beast, who
laboreth to destroy the vineyard, to be hunted, chased, &
pursued, and in the end (notwithstanding all his win-
dings, and turnings, his old, and his new trickes) to be
catched, and vncased.

From the Ileland of Saintes
thy louing frend.

Paulus Veridicus.